HELLMUTH GÜNTHER DAHMS

GRUNDZÜGE DER GESCHICHTE DER VEREINIGTEN STAATEN

HELLMUTH GÜNTHER DAHMS

GRUNDZÜGE DER GESCHICHTE DER VEREINIGTEN STAATEN

WISSENSCHAFTLICHE BUCHGESELLSCHAFT
DARMSTADT

Einbandgestaltung: Studio Franz & McBeath, Stuttgart.

Einbandbild: Mount Rushmore, South Dakota. Foto: Christian Heeb.
Mit freundlicher Genehmigung des Verlages C. J. Bucher GmbH, München.

Die 1. Auflage 1971 sowie die 2., überarb. Aufl. 1983 sind unter dem Titel
›Grundzüge der Geschichte der Vereinigten Staaten‹
in der Reihe „Grundzüge" als Band 21 erschienen.

Die Deutsche Bibliothek – CIP-Einheitsaufnahme

Dahms, Hellmuth Günther:
Grundzüge der Geschichte der Vereinigten Staaten /
Hellmuth Günther Dahms. – 3., gegenüber der 2.
überarb. und erw. Aufl. – Darmstadt:
Wiss. Buchges., 1991
ISBN 3-534-05358-3

Bestellnummer 05358-3

3., gegenüber der 2. überarbeitete und erweiterte Auflage

Gedruckt auf säurefreiem und alterungsbeständigem Werkdruckpapier
Gesamtherstellung: Wissenschaftliche Buchgesellschaft, Darmstadt
Printed in Germany
Schrift: Garamond, 9.5/11

ISBN 3-534-05358-3

Für
Dr. Howard French
William O. Gatch
Dwight D. Hummer †

INHALT

Anhang

DAS VORKOLUMBIANISCHE NORDAMERIKA

Wer die Geschichte der Vereinigten Staaten überschauen will, muß weit zurückblättern. Zwar sind die USA erst durch die Unabhängigkeitserklärung vom 4. Juli 1776 geschaffen worden. Diesem Willensakt schon bestehender Gemeinwesen, deren Zusammenschluß noch nicht einmal die letzte bündige Form hatte, ist aber eine fast zweihundertjährige Entwicklung der sozialen und politischen Komponenten wie auch älterer Teilföderationen vorausgegangen. Ohne ihre Ansätze, Ideen und Schicksale ließen sich die Grundzüge der amerikanischen Vergangenheit nicht nachzeichnen.

Frühe französische Beobachter glaubten, jenseits des Atlantik einen neuen Menschen zu entdecken. Lescarbot, Lahontan und Labat, Rousseau und Raynal nannten ihn den «homme de nature». Geschichtsschreiber der Vereinigten Staaten, denen es wie George Bancroft, Francis Parkman und Henry Adams um Hervorhebung der nationalen Eigenart ihres Volkes ging, haben sich teilweise von diesen Franzosen anregen lassen. Noch bei Frederick J. Turner und Marcus L. Hansen finden sich, ergänzt und bestätigt durch Darwin, charakteristische Züge des Amerika-Bildes der Aufklärung.

Doch die alte (zuletzt von André Siegfried und Johan Huizinga verfochtene) These, daß bestimmte Naturgegebenheiten der Neuen Welt, vor allem klimatische Einflüsse, den Menschen zur Anpassung gezwungen und damit verändert hätten, ist unhaltbar. Erst recht mußte das stilisierte Porträt des „edlen Wilden“, der unter dem amerikanischen Himmel in vollkommener Freiheit und Gleichheit lebe, ein Feind jeder festen Ordnung, zugleich die mustergültige Idealgestalt für den schrankenlosen Individualismus späterer Zeiten, nüchternen Aspekten weichen.

So weit sich der amerikanische Doppelkontinent über die Nordhalbkugel erstreckt, kann er nicht kraft seiner besonders machtvoll gearteten Natur den Einwanderer umgeprägt haben. Wohl erlauben die Streichrichtungen der langgestreckten Appalachen und Rocky Mountains arktischen wie subtropischen Luftmassen abwechselnd das Vordringen in die Tiefe des Erdteils, wo sie heftige Unwetter auslösen können. Wichtiger ist für Nordamerika jedoch die großzügige Ausbreitung des gemäßigten Klimas.

Am wenigsten haben das von den Appalachen in zwei breiten Stufen zum Atlantik absteigende Land und der meerwärts vorgelagerte Dünensaum die europäischen Neuankömmlinge zur Umstellung gezwungen. Der Ostrand Nordamerikas war für Entdecker und Kolonisatoren ein vorzügliches Landebord, zumal Förden und Bodden, Flußtrichter und durchbrochene Nehrungen die Küste gliedern und (im Unterschied zu weiten Gebieten des südamerikanischen Subkontinentes) kein schwer zugänglicher Regenwald das Vorrücken hemmt.

Diese Voraussetzungen gehören zu den entscheidenden der nordamerikanischen Geschichte; sie bestimmten die Ansatzpunkte der europäischen Landnahme sowie den Gang der Kolonisation und Staatenbildung. Daß die Ureinwanderung nicht an der Ostseite des Kontinentes begann, sondern, von Asien ausgehend, zuerst Alaska erreicht hat und dann durch den ganzen Doppelkontinent bis nach Patagonien fortgesetzt worden ist, fällt demgegenüber kaum ins Gewicht.

Die Ureinwanderer waren vorwiegend mongolide Jägerhorden, deren bestes Artefakt, eine blattförmige Steinklinge mit sauber behauener Fläche und fein retuschierten Kanten, dem Neolithikum zugeordnet wird. Die frühen Menschen können nur schubweise und in geringer Zahl den Erdteil erreicht haben, auch müssen ihre Scharen dort noch lange isoliert gewesen sein; anders kann sich die vergleichende Sprachforschung nicht erklären, daß es beim Eintreffen der Europäer nördlich des Rio Grande del Norte insgesamt 55 unterschiedliche linguistische Gruppen gab.

Die ethnographische Datierung ist umstritten. Radiokarbon-Messungen an Relikten aus einer jungsteinzeitlichen Kulturschicht bei Clovis (New Mexico) deuten auf das 9. Jahrtausend v. Chr. Obwohl ältere Bodenfunde in Nordamerika bisher nicht verzeichnet wurden, ist nach jüngsten Ausgrabungen in Chile und Brasilien jedoch anzunehmen, daß Vorfahren der sogenannten Indianer vor etwa 50000 Jahren den Doppelkontinent betreten haben.

Die Nachkommen der Jäger sind teilweise seßhaft geworden. Einige Völkerschaften bauten feste Niederlassungen mit Bewässerungsanlagen und Fruchtgärten. Zwischen 100 und 900 n. Chr. (rund 3000 Jahre nach der Bronzezeit des Vorderen Orients) entwickelten sich die Hochkulturen in Mexiko und Peru. Ihre Träger bearbeiteten Gold, Silber, Kupfer und andere Metalle (ausgenommen Eisen), zähmten aber nur wenige Tierarten und kannten weder die Töpferscheibe noch das Rad. Die Transporttechnik der Urbewohner blieb auf Packlasten und Schleifgestelle beschränkt.

Alfred Louis Kroeber rechnet für die späte präkolumbianische

Epoche mit nicht mehr als einer Million Menschen auf 18706700 Quadratkilometern nördlich des Rio Grande. Die meisten der dort lebenden Ureinwohner waren noch Jäger, Fischer und Sammler. Lediglich in zwei der fünf nördlichen Kulturkreise wurden Pflanzen domestiziert, Maisäcker und Bohnengärten angelegt, Sonnenblumen und Tabak, unter besonders günstigen Klimabedingungen des Südens auch Tomaten und Baumwollstauden gepflanzt.

Es ist unschwer zu erkennen, warum dieses alte Nordamerika die europäische Kolonisation über sich ergehen lassen mußte. Seine geringe Bevölkerungsdichte von nur 5,35 Menschen auf hundert Quadratkilometer, das Nebeneinander sehr verschiedener Kulturkreise und die vielfach noch primitive, dem Jägerstadium entsprechende Sozialstruktur erlaubten keinen machtvollen Zusammenschluß. Die Ureinwohner konnten den weißen Eindringlingen allenfalls in Stämmen oder lokkeren Regionalbündnissen entgegentreten.

Aber nicht nur die Schwächen der präkolumbianischen Amerikaner, auch ihre Leistungen sollten den Europäern das Fußfassen erleichtern. Die Kolonisten durften sich glücklich schätzen, zwischen dem St.-Lorenz-Strom und der Golfküste stellenweise kultiviertes Gartenland anzutreffen. Da es ihnen lange Zeit unmöglich war, genügend Lebensmittel aus der Alten Welt zu beziehen, übernahmen die Weißen vorgefundene Anbaumethoden. Sie säten Maiskorn und gewannen damit eine sichere Ernährungsbasis.

Jahrhundertelang blieb es bei kurzen Fühlungnahmen, den sogenannten Winlandfahrten des Leif Ericson und anderer Nordleute (um 1000 n.Chr.), denen ähnliche Expeditionen nach Südlabrador (Markland) gefolgt sind, zuletzt eine im Auftrage König Christians I. von Dänemark unternommene Atlantikreise der ehemaligen deutschen Freibeuter Diderik Pinning und Hans Pothorst (1472). Die Entdeckungen dieser Schiffsführer und ihre Segelroute wurden in Europa nicht allgemein bekannt.

Zweifellos war die mittelalterliche Hochseeschiffahrt für Atlantiküberquerungen gerüstet, nur genügten technische Errungenschaften allein noch nicht, um Kontur, Eigenart und Wert der Westfeste in das Blickfeld des Abendlandes einzubeziehen. Ehe der ferne Kontinent als solcher entdeckt und erschlossen werden konnte, mußten geistige Umwälzungen das Weltbild verändern, neue Nöte und Bedürfnisse den Wagemut breiter Sozialschichten beflügeln.

Seit Beginn des 15. Jahrhunderts war die Lage in Südeuropa durch Mangel an billigen Arbeitskräften, Edelmetall und ausreichenden Lebensmitteln gekennzeichnet. Das Vordringen des Zuckerrohranbaus von Ägypten über Sizilien nach Spanien und Portugal verlangte die Wiedereinführung der Sklaverei. Die begehrten Erzeugnisse Asiens – besonders Gewürze und Farbstoffe – ließen sich nur mit Gold aufwiegen, das wegen des wachsenden Geldbedarfes der Territorialstaaten jedoch knapp geworden war. Die mangelhafte Getreideversorgung der Iberischen Halbinsel schrie nach Abhilfe.

ENTDECKUNG UND DEMARKATION

Von den zunehmenden Schwierigkeiten waren die Republik Genua, Spanien und Portugal am empfindlichsten betroffen. Das Interesse ihrer Kaufleute und Gelehrten richtete sich daher frühzeitig auf Afrika, wo die Goldvorkommen, Pfefferstauden und Sklavenmärkte im Süden der Sahara starken Anreiz boten. Da der zuerst eingeschlagene Landweg nach dem Sudan durch die ägyptischen Mamelucken bedroht wurde, ließ der Infant Enrique von Portugal in Lagos wendige Karavellen, Spezialschiffe mit Dreiecksegeln, zur Atlantikfahrt an den Westküsten des dunklen Erdteils bauen.

Genuesische Kapitäne, Schiffskonstrukteure und Kosmographen, die der Prinz als Lehrer nach Sagres berief, auch italienische Kaufherren aus Handelskontoren in Sevilla und Cádiz haben die Entdeckungsreisen zu den Azoren und Kapverdischen Inseln, an die Pfeffer-, Elfenbein-, Gold- und Sklavenküsten von Oberguinea finanzieren helfen und gelegentlich sogar geführt. Portugal und Spanien stellten von vornherein wohl die meisten Seeleute, mußten aber noch viel lernen, ehe sie ganz selbständig handeln konnten.

Nord- und Mittelitalien waren durch ihre Renaissancekultur maßgebend. Selbst die unkritische Weitergabe wiedergewonnener Kenntnisse und Fertigkeiten der griechisch-römischen Antike belebten den Entdeckungsgeist. Aus Florenz kam eine Weltkarte, auf der Paolo Toscanelli zum erstenmal den Atlantik in das Mittelfeld, Europa und Nordwestafrika jedoch an den Rand gerückt hatte. Das Astrolabium des Hipparch ermöglichte die Messung der Längen- und Breitengrade. Die von Ptolemaios angestellte Berechnung des Erdumfanges brachte italienische Schiffsführer auf den kühnen Gedanken der Westfahrt nach Indien und Ostasien.

Cristoforo Colombo (Kolumbus), der in Portugal ansässig geworden war, später nach Spanien weiterzog und dort die „Katholischen Majestäten" für seinen Plan gewann, verschrieb sich dieser Idee ebenso leidenschaftlich wie Giovanni Caboto (Cabot), dem König Heinrich VII. von England ein entsprechendes Patent ausfertigen ließ. Beide Seefahrer waren fest überzeugt, nach einer nicht allzu langen Reise „Indien" (Südostasien), „Cipangu" (Japan) oder „Cathay" (China) zu erreichen.

Als Kolumbus seine erste Fahrt (1492/93) glücklich beendet hatte, bemühten sich Isabella von Kastilien und Ferdinand von Aragón um Verankerung ihrer Ansprüche auf die entdeckten oder noch zu explorierenden Überseegebiete. Die „Katholischen Majestäten" hatten Erfolg: Papst Alexander VI. bestätigte mit zwei Bullen, daß sämtliche Länder, die am 25. Dezember 1492 nicht unter christlicher Herrschaft gestanden hatten und im Westen einer bestimmten meridionalen Linie lagen, den Kronen von Kastilien und Aragón zufallen sollten.

Nach dem Schiedsspruch der höchsten kirchlichen Autorität schlossen Spanien und Portugal am 7. Juni 1494 den Vertrag von Tordesillas. Ihre Sachverständigen berechneten die Breite des Atlantik auf 470 Seemeilen. Demzufolge wurde die in der letzten Bulle des Papstes genannte Demarkation verschoben, so daß sie jetzt 370 Meilen westlich der Kapverdischen Inseln von Pol zu Pol verlief. Jenseits dieser Trennungslinie lag das Gebiet der spanischen Expansion, diesseits die portugiesische Interessensphäre.

Offenbar wollten Spanien und Portugal die Welt unter sich aufteilen und dabei alle anderen Staaten ausschließen. Ein ergänzender Vertrag von Saragossa (1529), der die Demarkationslinie des Jahres 1494 durch beide Pole rings um den Erdball weiterführte, ließ diese Absicht vollends deutlich werden, erwies sich aber als zu späte Präzisierung der Herrschaftsbereiche. Denn bis dahin war das von den Königen der Iberischen Halbinsel errichtete Rechtsgebäude schon sehr ins Wanken geraten.

Der Drang nach gewinnbringenden Entdeckungen hatte neue Kräfte auf den Plan gerufen. Die Monarchen von England und Frankreich, Kaufleute aus Bristol und Florenz, Lyon, Dieppe und Honfleur waren Teilhaber erfolgreicher Expeditionen geworden, welche John Cabot und seine drei Söhne (Lewis, Sebastian und Sancio), Binot Paulmier, João Fernandes und Giovanni di Verrazano unternahmen, ohne sich weiter um die Bullen des Papstes und den spanisch-portugiesischen Teilungsvertrag zu kümmern.

Doch nicht allein solche Unternehmungen führten das abgezirkelte System der iberischen Weltherrschaft ad absurdum. Die Portugiesen hatten in der ihnen überlassenen Interessensphäre schon bald Afrika umrundet und den kürzesten Seeweg nach Indien entdeckt. Indessen wurde den Spaniern schmerzlich bewußt, daß Kolumbus nur auf ein „Westindien" gestoßen sein konnte, mochte er seine Konzeption, die unternommene Fahrt und ihre fragwürdigen Erfolge auch noch so hartnäckig verteidigen.

Ein italienischer Humanist hatte für die Entdeckungen des Genuesen längst den Begriff „mundus novus" geprägt. Dieses Wort wurde von

Amerigo Vespucci, der die Lage und Eigenart der Westfeste zum erstenmal auf Grund eigener Beobachtungen beschrieb, erhärtet. Nach ihm wollte die vermutlich von Matthias Ringmann verfaßte „Kosmographie" des deutschen Schulmeisters Martin Waldseemüller den Kontinent benannt wissen. Ihre Anregung fand überall günstige Aufnahme. Der neue Erdteil hieß seither „Amerika".

Obwohl er sich als hinderlicher Riegel zwischen Europa und Asien schob, resignierten die für ihn vermeintlich zuständigen Spanier nicht. Caudillos, die Anführer verwegener Erobererscharen, hatten von jetzt an drei Ziele gleichzeitig: die Entdeckung der Durchfahrt nach Indien und den Griff nach den im Innern des Kontinentes vermuteten Ländern indianischer Herrscher, über deren Goldreichtum zahlreiche Gerüchte umliefen.

Das Goldfieber führte Juan Ponce de León und Pánfilo de Narváez an die Küsten Floridas, Hernando Cortés auf das Hochland von Mexiko, Francisco Pizarro nach Peru, Alvar Nuñez Cabeza de Vaca über den Rio Grande del Norte und ließ Hernando de Soto nicht eher umkehren, als bis er die trostlosen Prärien von Oklahoma erblickt hatte; auch trieb es die eiserne Reiterschar eines Francisco Vásquez de Coronado zu den Pueblos und weiter in die unabsehbaren Grasfluren jenseits des Kansas River (1541).

Hingerissen von den farbigen Berichten dieser Abenteurer, gingen ganze Generationen über die vielfachen Enttäuschungen und Rückschläge achtlos hinweg. Die blutig-goldene Fama der spanischen Eroberung (Conquista) verführte zahlreiche andere Europäer zu weiteren Amerikareisen, wünschte sich doch so mancher Landesfürst „ein Peru" zu seinen Füßen. Wagemutige Handelsherren stellten das Kapital, die Kapitäne und Schiffe und begehrten dafür den Löwenanteil der vermeintlich in Aussicht stehenden Beute.

Durch seinen Kampf gegen Kaiser Karl V. war vor allem König Franz I. von Frankreich zum Widersacher der Spanier auf dem Ozean und in Amerika geworden. Er ließ „Armateure" auslaufen, die eine Westpassage finden und Edelmetall herbeischaffen sollten. Doch die Fahrten von Giovanni di Verrazano, Jacques Cartier und François de la Rocque brachten keinen Erfolg. Karl V. konnte seine Weltherrschaft behaupten und beim nächsten Friedensschluß ein Verbot aller französischen Unternehmungen erzwingen (1544).

Fortan erwiesen sich vorwiegend protestantische Kräfte als gefährliche Widersacher des Systems von Tordesillas und Saragossa – in keinem Fall die Lutheraner aus Deutschland und Skandinavien, wohl aber politisch wache, geschäftstüchtige und militante Anhänger des

Calvinismus und der anglikanischen Kirche. Kein Wunder, daß viele der von ihnen bedrängten Spanier und Portugiesen die landläufigen Begriffe für „Ketzerei“ und „Piraterie“ miteinander verknüpften und auf solche Protestanten anwandten.

Vergebens suchte König Philipp II. von Spanien seinen Kolonialbesitz durch Dekrete und Ketzerverfolgungen zu sichern. Französische Hugenotten gingen in Brasilien und Florida an Land. Englische “Gentlemen Adventurers”, die Schatzschiffen der Spanier auflauerten, das Monopol des Sklavenhandels umgingen und glitzerndes Gestein suchten, kreuzten vor den Küsten der Neuen Welt. Niederländische Seefahrer folgten, sobald der Norden ihrer Heimat das spanische Joch abgeworfen hatte.

Die Hugenotten wurden von den Portugiesen aus Brasilien vertrieben; den Stützpunkt in Florida beseitigte der spanische Admiral Pedro Menéndes de Áviles durch ein blutiges Strafgericht über die Ketzer. Während der Bartholomäusnacht (1572) verloren die französischen Protestanten mit Gaspard de Coligny den führenden Kopf ihrer Amerika-Politik. Doch englische Seeleute wie Martin Frobisher und Francis Drake, Sir Humphrey Gilbert und Sir Walter Raleigh setzten den Kleinkrieg gegen Spanien fort.

Unter Heinrich VIII., Eduard VI. und Maria der Katholischen hatten sie beherzten Zugriffen entsagen müssen. Aber seit dem Regierungsantritt der Königin Elisabeth wurden die von Cabot begründeten englischen Ansprüche auf Amerika wieder energisch verfochten. Die Taten der “Sea dogs” fanden beim Volk lebhafte Zustimmung. Die Herrscherin selbst war an den Freibeuterfahrten finanziell beteiligt.

Daß Philipp II. unterdessen Spanien und Portugal vereinigte (1580), nützte ihm wenig. Der von den Briten unterstützte niederländische Freiheitskampf zehrte an den Kräften des Monarchen. Ohne Gegenwehr konnte Raleigh auf Roanoke (vor der Küste von North Carolina) eine Niederlassung gründen, die er nach seiner unvermählten Königin “Virginia” nannte (1584). Vollends die Vernichtung der spanischen Armada öffnete England das Weltmeer und Nordamerika (1588). Zweiundachtzig Jahre später mußte Spanien die aus dem Vertragssystem von Tordesillas und Saragossa herrührenden Rechtstitel preisgeben.

DIE KOLONIEN IM 17. JAHRHUNDERT

Der Stützpunkt auf Roanoke war bald zugrunde gegangen; Raleigh ließ sein Leben unter dem Beil des Henkers. König Jakob I. von England wollte unabsehbare Konflikte vermeiden, doch hatte er bereits, ohne sich um die spanischen Besitzansprüche zu kümmern, zwei Handelskompanien aus London und Plymouth das Recht eingeräumt, in "Virginia" zwischen 34° und 41° Nord beziehungsweise 45° und 38° Nord sogenannte Pflanzstätten (plantations) anzulegen (1606).

Die weitgesteckten Ziele des Elisabethanischen Zeitalters waren keineswegs verblaßt. Sie fanden vielmehr infolge zunehmender Verbreitung der Schriften von Richard Hakluyt und Thomas Hariot, zum Teil wohl auch mit den interessanten Farbzeichnungen eines John White, noch immer lebhaften Anklang. Gleichzeitig hegten englische Schifffahrts- und Handelskreise die Furcht, daß ihnen fremde Kolonisatoren in der Neuen Welt als Konkurrenten zuvorkommen könnten.

Schon hatten die Spanier bei ihren zahlreichen Vorstößen von Mexiko nach Norden feste Militärstützpunkte und Missionen (presidios, misiones) wie St. Augustine, San Diego, Monterrey und San Francisco gegründet. Auch besuchten Hochseefischer aus Holland, Frankreich, Portugal und Spanien seit langem die Neufundlandbänke und richteten dort an den Insel- und Kontinentalküsten geeignete Plätze zum Pressen des Lebertranes und Trocknen der Fänge ein.

Hier überall entwickelte sich in fließenden Übergängen zwischen Fischfang und Pelzhandel ein Tauschverkehr mit den Indianern. Samuel de Champlain, der seit 1603 auf den Spuren Jacques Cartiers das St.-Lorenz-Gebiet durchforschte, tastete nicht mehr allein nach einer Westpassage, sondern hatte zugleich die Errichtung fester Faktoreien im Sinn.

Angesichts dieser Entwicklung zögerten die englischen Handelskompanien nicht lange. Während Champlain zwischen den auf Neufundland und Kap Breton, in Neuschottland, Maine und New Hampshire gelegenen Trockenplätzen seinen ersten dauerhaften Pelzposten, das künftige Quebec, schuf und so den Grundstein für ein französisches Kanada legte, schickten die Briten jedes Jahr wohlausgerüstete Expeditionen nach Nordamerika, wo sie 1607–1637 eine stattliche Reihe verheißungsvoller Niederlassungen gründeten.

Dabei sollte auf längere Sicht den Ausschlag geben, daß die englischen Schiffe weit mehr Emigranten transportierten, als Spanien, Portugal und Frankreich, die Niederlande und Skandinavien insgesamt für ihre Pflanzstätten gewinnen konnten. Ursache der starken Auswanderung britischer Untertanen waren nicht etwa die Übervölkerung des Mutterlandes und ein materielles Gewinnstreben. Zahlreiche Engländer bewogen die unerträglich gewordenen politisch-religiösen Zustände im Königreich zum Aufbruch.

Die von der London Company 1607 in Jamestown (Virginia) auf einer sumpfigen Halbinsel der Chesapeake Bay angesiedelten Briten waren allerdings noch überwiegend abenteuernde Glücksritter. Sie hatten sogleich mit einer fieberhaften Goldsuche begonnen und waren erst durch bittere Hungersnot und Ratschläge des klarblickenden Kapitäns John Smith zum Ackerbau veranlaßt worden. Schließlich erzwang der Deputy Governor Sir Thomas Dale unter Androhung schwerer Strafen die notwendige Disziplin.

Ganz anders verhielten sich dagegen die Pilgerväter (pilgrims), eine abtrünnige Gruppe der Kirche von England. Diese Separatisten hatten in Amsterdam beziehungsweise Leyden eine problematische Zuflucht gefunden und waren deshalb teilweise zurückgekehrt, um gemeinsam mit anderen Auswanderern auf der "Mayflower" den Atlantik zu überqueren. Als ihr Schiff 1620 außerhalb des zugewiesenen Gebietes vor Kap Cod ankerte, schlossen 41 Männer den "Mayflower Compact", der zur Schaffung „gerechter und gleicher Gesetze" die Wahl einer politischen Körperschaft vorsah.

Die Pilger waren eine Vorhut des Puritanismus. Ihre Glaubensbewegung suchte die Reformation konsequent fortzuführen. „Papistische" Rückstände sollten verschwinden, die hierarchischen Strukturen der Kirche von England entweder durch ein Rätesystem ersetzt werden (Presbyterianismus) oder völlig unabhängigen Pfarrgemeinden weichen (Kongregationalismus). Die calvinistische Theologie der Puritaner sagte besonders dem aufstrebenden Mittelstand und Kapitalismus der Seestädte zu, fand aber auch viele Anhänger in ländlichen Gebieten des Vereinigten Königreiches.

Da die anglikanische Kirchenordnung eine der wichtigsten Stützen des Thrones war, suchten Jakob I. und sein Nachfolger den Puritanismus einzudämmen. Die Mehrzahl der Glaubensstreiter verbündete sich daher mit den parlamentarischen Opponenten des Königtums. Eine starke Minderheit drängte zur Auswanderung und verschaffte sich maßgebenden Einfluß auf neugegründete Gesellschaften: die Dorchester, New England und Massachusetts Bay Companies.

Ohne diese privilegierten Gesellschaften (chartered commercial companies) war eine legale Auswanderung fast unmöglich. Die Companies bekamen vom König, dem alles Land gehörte, zwar nicht völlig freie Hand, durften aber bestimmte Regierungsbefugnisse ausüben. Ihre Aktionäre brachten das Kapital und die Schiffe zusammen, legten Richtlinien fest und ließen durch Bevollmächtigte (deputy governors) die Pflanzstätten (plantations) gründen. Dafür zogen sie später Gewinn aus ihrem Handelsmonopol.

Historisches Gewicht bekam, daß die Gesellschaften den Vollbürgern (freeholders) der Niederlassungen alle in England gewährten Freiheiten, auch das Recht der Mitbestimmung, einräumen mußten. So war in Jamestown bereits eine "Generall Assemblie", die erste Legislatur auf amerikanischem Boden, entstanden (1619). Kurz darauf hatte ein aus der alten Plymouth Company hervorgegangener "Council for New England" der Pilgerväter-Ansiedlung (Plymouth Plantation) Landtitel und Selbstverwaltung zugestanden (1621).

Unsicherheit drohte sich der zum Exodus entschlossenen Puritaner zu bemächtigen, als die London Company zusammenbrach und aus Virginia eine Kronkolonie wurde (1624). Doch bald hörte man, daß Neu-Amsterdam, eine stadtartig erweiterte Faktorei der Niederländisch-Westindischen Gesellschaft am Unterlauf des von Henry Hudson explorierten und nach ihm benannten Stromes, im Handel mit Biberpelzen aufblühte (1624–1626). Die bisherige Form der Kolonisation schien also weiterhin aussichtsvoll.

Den letzten Anstoß gab die Entlassung des Parlamentes durch König Karl I. von England. Diese bestürzende Maßnahme wie auch schwere Niederlagen des Protestantismus im Dreißigjährigen Krieg warfen bedrohliche Schatten über die Existenz der Puritaner. Seit langem schon waren ihnen Gottesdienste, sogar Hausandachten, verboten. Unbeugsamen Männern wurden die Ohren abgeschnitten und Nasen aufgeschlitzt; sie mußten hohe Geldbußen zahlen, kamen an den Pranger oder verschwanden als Kettensträflinge in Gefängnissen.

Um seinen puritanischen Glaubensgenossen zu helfen, verhandelte John Winthrop von der Massachusetts Bay Company mit William Laud, dem Londoner Bischof und wichtigsten Ratgeber des Monarchen. Da dem anglikanischen Kirchenmann an der Öffnung eines Ventils für die unruhigen Protestanten gelegen sein mußte, wurden sich beide Männer bald einig. Die Gesellschaft durfte nach Amerika übersiedeln und ihren Freibrief mitnehmen. Die erste Auswandererflotte landete 1630 in Salem, das schon seit Jahren ein Handelsplatz war.

Charlestown, Boston, Roxbury, Dorchester und andere Niederlassungen wurden gegründet, alle mit eigenen Kirchen und Schulen. In Cambridge stiftete wenige Jahre später John Harvard ein College. Unter der Führung von Winthrop bekam die neue Kolonie nahezu eigenstaatlichen Charakter. Ihr General Court war nicht mehr an die Beschlüsse einer in England zurückgebliebenen Gesellschafterversammlung gebunden. Er konnte die Prinzipien des Puritanismus verwirklichen und Massachusetts zum "Bible Commonwealth" bestimmen.

Das an die Krone zurückgefallene und mit der anglikanischen Kirchenordnung bewidmete Virginia mußte sich stillschweigend eine gewisse Großzügigkeit gegenüber einwandernden Kongregationalisten, Altgläubigen und Juden erlauben. Ebenso nahm das von Cecilius Calvert, dem zweiten Lord Baltimore, nördlich des Potomac River 1634 als Refugium für die in England unterdrückten Katholiken gegründete Maryland, um wachsen und gedeihen zu können, landsuchende Neuankömmlinge anderer Konfessionen auf.

In Massachusetts dagegen bildeten Kirche und Staat eine enge Gemeinschaft, die jeden Siedler strenger Zucht unterwarf, ganz wie es Calvin erzwungen hatte und nun auch John Cotton, der erste große Religionslehrer von Boston, forderte. Toleranz war dem Puritanismus noch fremd. Wer mit der theokratischen Obrigkeit nicht übereinstimmte, mochte auswandern. Nonkonformisten wurden durch den General Court verbannt und, wenn sie es wagten, in die Kolonie zurückzukehren, erbarmungslos hingerichtet.

Damit setzten die Massachusetts-Puritaner ihrerseits eine Auswanderung in Gang, und zwar nicht nur den Exodus einzelner Persönlichkeiten wie Roger Williams, Thomas Hooker, John Wheelwright, Anne Hutchinson und William Coddington, sondern auch größerer Siedlerscharen. Hooker erschloß das obere Connecticut-Tal, Wheelwright und seine Schwägerin Hutchinson gründeten unweit von Plymouth Plantation die Städte Providence und Portsmouth, Coddington schuf den Hafenplatz Exeter an der Küste New Hampshires.

Connecticut war vorerst durch New Haven, eine andere selbständige Kolonie, vom Meer getrennt und mußte ebenso wie Rhode Island, zu welchem sich Providence und Portsmouth vereinigten, noch lange auf eine königliche Charter warten. Unterdessen fiel Exeter samt allen Siedlungen in New Hampshire und Südmaine an Massachusetts. Denn Winthrop verfolgte eine expansionistische Politik. Hatte er doch auch bereits das zu Kanada gehörende Acadia im Süden des St.-Lorenz-Golfes für sechzehn Jahre erobern lassen.

Kämpfe mit Pequot-Indianern und Auswirkungen des im Mutterland entbrannten Bürgerkrieges zwischen Königtum und Parlament führten die Neu-England-Territorien bald enger zusammen. Winthrop schmiedete das Eisen, solange es heiß war, und rief Delegierte der verschiedenen Niederlassungen nach Boston, wo er ihnen zwölf Konföderationsartikel zur Unterschrift vorlegte. Ihre Ratifizierung verwirklichte einen Bund, der Massachusetts, Connecticut, New Haven und Plymouth umfaßte: die United Colonies of New England (1643).

Diese „feste und ständige Liga der Freundschaft und des guten Einvernehmens beim Angriff wie in der Verteidigung“ nahm die 134 Jahre später entstehende Föderation vorweg. Die Beschlüsse von Boston waren ein revolutionärer Akt, der Recht und Gesetz des Mutterlandes, den König und das Parlament überging. Tatsächlich fehlte den Neu-England-Kolonien nicht mehr viel zur vollen Souveränität. Sie besaßen ihre eigenen Institutionen, wählten die Beamten, schlossen Verträge, trieben Handel und führten Krieg.

Auch zwischen Virginia und England wurde der Abstand zusehends größer. Wohl blieb Sir William Berkeley, der königliche Gouverneur, vorerst noch am Ruder. Doch mit seinem Council konnte er dem jetzt alljährlich einberufenen House of Burgesses im Rahmen der General Assembly nicht mehr so selbstherrlich wie früher entgegentreten. Die beiden Elemente des Landtages waren während des englischen Bürgerkrieges auf enge Zusammenarbeit angewiesen. Damit wuchs der Einfluß der gewählten Repräsentanten.

An eine Trennung vom Mutterland war allerdings nicht zu denken. Obwohl mit der Enthauptung Karls I. (1649) die alten Bande zerrissen und das entstehende Commonwealth die bisher durch den Privy Council des Königs geführte Kolonialpolitik auf eine Parliamentary Commission for Plantation übertrug, deren Mitglieder der „gesunden Vernachlässigung“ Amerikas das Wort redeten, gab es noch viele Abhängigkeiten, insbesondere enge verwandtschaftliche Beziehungen zwischen zahllosen Menschen beiderseits des Atlantik.

Die amerikanischen Siedler mochten diesen Rückhalt nicht verlieren, denn sie erlitten unaufhörlich schwere Drangsal. An die Stelle der alten europäischen Kümmernisse waren für viele Kolonisten neue Sorgen getreten. In Virginia hatten von 4000 Einwanderern nur 1300 die Anfänge der Niederlassung überlebt. Bei Kap Cod lag seit dem ersten Winter die Hälfte der Pilgerväter unter der Erde. Aus den Kreisen der Massachusetts-Puritaner riß die Seuche gleich zu Beginn jeden dritten Menschen.

Neu-England drohte ein Krieg mit dem französischen Kanada. Seit Champlain als Gouverneur seines Königs und einer Compagnie de la Nouvelle France nach Quebec zurückgekehrt war, wurde diese Gefahr immer größer. Die bevorstehende Auseinandersetzung verzögerte sich nur, weil der niederländische Statthalter Peter Stuyvesant zum Schutze des oberen Hudson-Tales den Irokesenbund bewaffnet hatte und die in ihm zusammengeschlossenen fünf Indianerstämme das weitere Vordringen frankokanadischer Waldläufer verhinderten.

Eine andere Not, der Hunger, schien überwunden. Da sich die Siedler nicht allein von Wildfrüchten und jagdbaren Tieren der Wälder zu ernähren vermochten und ihre ersten Viehbestände schnell den Wölfen zum Opfer gefallen waren, bildete Mais (Indian Corn) das Grundnahrungsmittel. Zugleich benötigten die Kolonisten große Mengen von Stapelgütern, weil sie nur aus deren Erlös europäische Waren erwerben, Schulden bezahlen, Abgaben leisten, Knechte dingen und Negersklaven einkaufen konnten.

Das wichtigste Handelsgut des Südens war der einst durch John Rolfe von Westindien nach Virginia verpflanzte Tabak. Die Neu-England-Kolonien führten vorwiegend Fische und Felle aus. Aber Tabakblätter und Pelze ließen sich zunächst nur im Mutterland absetzen, und mit dem eingesalzenen Kabeljau ging es kaum anders, solange die unlängst auf den karibischen Inseln entstandenen Zuckerrohrplantagen für ihre noch nicht sehr zahlreichen Sklaven keine größeren Mengen dieses billigen Nahrungsmittels benötigten.

Auch die Werftindustrie der Kolonien blieb auf England angewiesen. Massachusetts, New Hampshire und Maine verarbeiteten wohl erstklassiges Holz, produzierten Teer und Pech, drehten gute Taue und fertigten bald sogar Anker, Ketten und Kanonen an. Ihr Schiffsbau war nicht halb so teuer wie der des Mutterlandes; doch deshalb gingen nach Verabschiedung der ersten Navigationsakte (1651) die meisten Aufträge von britischen Reedern ein, was einseitige Bindungen an das Mutterland zur Folge hatte.

So konnten die Kolonisten zur Zeit des Lord Protectors Oliver Cromwell ihren Handel erweitern. In den Seekriegen gegen die Niederlande und Spanien widmeten sich Schiffseigner aus Neu-England obendrein dem Gewerbe der Kaperei. Manche von ihnen halfen Jamaika erobern und beherrschten fortan den westindischen Markt als Stock- und Salzfisch-Lieferanten, Sklavenhändler und Interessenten der beim Zukkerpressen abfallenden Melasse, einem saftigen Trester, mit welchem sie Rum destillierten.

Auch die Tabakpflanzer in Virginia und Maryland, von denen bisher keiner mehr als 400 Acres bewirtschaftet hatte, erzielten dank der steigenden Nachfrage guten Profit, vorausgesetzt, ihre Plantagen lagen küstennah, im "Tidewaterland", und besaßen eigene Verladeplätze (wharfs). Kein Wunder, daß vor allem virginische Grundbesitzer, die über Landreserven disponierten, ihre Anbauflächen erweiterten und anstelle der nicht beliebig verfügbaren Knechte immer häufiger Negersklaven als Arbeitskräfte einsetzten.

So entstand eine Oberschicht, die man später als „Aristokratie" bezeichnet hat, obwohl davon nicht im europäischen Sinne des Wortes die Rede sein konnte. Maßgebend waren allein das Gewinnstreben und der materielle Erfolg. Beides ließ sich gut mit den dominierenden religiösen Vorstellungen verbinden. Dennoch verlor die Theokratie in den Neu-England-Kolonien durch diese dynamische Entwicklung an Boden. Schon der nächste Umsturz brach die Vorherrschaft des puritanischen Kirchenregimentes.

Als zwei Jahre nach dem Tode Oliver Cromwells die Stuarts wieder das Zepter in England ergriffen, begann auch für das angelsächsische Nordamerika eine neue Epoche der Geschichte (1660). Der alte Privy Council des Königs wurde restauriert. Die zuletzt durch den Lord Protector selbst wahrgenommene Kolonialpolitik ging auf ein vom Herrscher ernanntes Committee for Trade and Plantation über, dessen "Lords of Trade" vorbehaltlich der königlichen Zustimmung alle entscheidenden Schritte einleiteten.

Eine schwerwiegende Maßnahme war die strenge Reglementierung des mittlerweile vielseitig entwickelten Handels der Kolonien in zwei, später drei neuen Navigationsakten. Bestimmte Güter (Tabak, Zucker und Salz, Pferde und Knechte) durften nur noch auf Zwangswegen zwischen angelsächsischen Häfen beiderseits des Atlantik transportiert werden. Zur Überwachung dieses unter merkantilistischen Gesichtspunkten geschaffenen Systems wurden den Gouverneuren vom König ernannte Marineoffiziere beigeordnet.

Virginia erhielt wieder einen königlichen Statthalter in der Person des einst verjagten Sir William Berkeley. Das wankende Eigentümer-Regime in Maryland konnte mit Hilfe des Mutterlandes eine Rebellion unterdrücken und die Aufrührer an den Galgen bringen. Connecticut durfte New Haven annektieren und bekam einen königlichen Freibrief, ebenso Rhode Island, dessen zur Zeit Cromwells vom Parlament ausgestellte Charter nach der Stuart-Restauration nicht mehr als rechtsgültig angesehen wurde (1662/63).

Kurz darauf schickte der König vier Kommissare nach Neu-England. Sie forderten einen Treueid von allen Haushaltungsvorständen, die Aufhebung republikanischer Gesetze, Gleichberechtigung für jeden landbesitzenden Farmer und Toleranz gegenüber religiösen Minderheiten, was zur Entmachtung der Theokratie führen mußte. Connecticut, Rhode Island und Plymouth stimmten zu. Massachusetts aber widersetzte sich auf Betreiben seiner tonangebenden Kirchenmänner John Wilson, Increase Mather und Benjamin Symmes.

Indes war dem Commonwealth-Gedanken von der Krone auch durch ihre Ansätze zu Kolonialneugründungen ein Stoß versetzt worden. Karl II. hatte acht adligen Herren, denen er Dank schuldete, das Gebiet zwischen 31° und 36° N als Eigentum überlassen (1663). Dabei nahm er keinerlei Rücksicht auf bereits ansässige Siedler aus Neu-England und Virginia; im Gegenteil: die ihm zu Ehren als "Carolina" bezeichnete Pflanzstätte wurde bald bis 29° N ausgedehnt und erhielt eine abgestufte Feudalordnung mit "Proprietors", "Landgraves", "Caciques", "Lords of Manors" und "Freeholders".

Im folgenden Jahr verlieh der König seinem Bruder Jakob, dem Herzog von York, das an Massachusetts gebundene Maine, dazu alles Land zwischen Connecticut und der Delaware Bay. Letzteres umfaßte auch die Neu-Niederlande und eine kleine, gegen Ende des 30jährigen Krieges entstandene Kolonie schwedischer Handelsherren, die Peter Stuyvesant kürzlich erobert hatte. Bald kreuzte unter der Felsenküste von Manhattan ein Kommissar Karls II. mit vier Fregatten. Vor dieser Streitmacht kapitulierte der niederländische Statthalter. Aus Neu-Amsterdam wurde New York (1664).

Daß die Holländer ihre ehemalige Kolonie während des nächsten Seekrieges noch einmal sieben Monate lang besetzten (1673), war keine nennenswerte Unterbrechung. New York blieb das feudale Besitztum des englischen Herzogs. Er konnte über sein Territorium beliebig verfügen und hatte auch schon New Jersey, ein Gebiet auf dem Westufer des Hudson River, abgetrennt und zwei bewährten Freunden als Eigentum zugeschanzt.

Vollends triumphierte das Stuart-Regime in Virginia, wo Sir William Berkeley beschuldigt wurde, mit Rücksicht auf die Pelzhandelsinteressen blutige Ausschreitungen der Susquahannock-Indianer tatenlos hinzunehmen und aus diesem Anlaß 1676 Nathaniel Bacon zweimal gegen den Gouverneur losschlug. Der für die politische Selbstbestimmung aller Grafschaften eintretende Rebell starb plötzlich, nachdem er Jamestown erobert und niedergebrannt hatte. Dreiundzwanzig seiner Freunde endeten am Galgen.

Bedenkenlos wurde die letzte Kolonialgründung der Restaurationszeit nach feudalrechtlichen Gepflogenheiten eingeleitet. König Karl II. überantwortete William Penn, dem Sohn eines Admirals, der hohe Geldforderungen an die Krone hatte, das Gebiet zwischen 43° und 40° N, von der Delaware Bay aus fünf Längengrade weit nach Westen (1681), und ließ es geschehen, daß der prominente Quäker sein Waldland (Pennsylvania) mit englischen Glaubensgenossen, Schotten, Deutschen und Holländern besiedelte.

Unterdessen lag die Neu-England-Föderation in den letzten Zügen. Daß sich Rhode Island, Plymouth und Connecticut den Forderungen der Krone beugten und außer Maine zuletzt noch New Hampshire eine eigene Regierung erhielt, schwächte den Einfluß der ohnehin nicht mehr zeitgemäßen Theokratie. Hinzu kam, daß ein Indianerkrieg Massachusetts jeden sechzehnten Milizsoldaten und 90000 Pfund Sterling gekostet hatte; zwölf seiner Städte und die Hälfte aller übrigen Niederlassungen waren vernichtet.

Wie Edward Randolph, einer der königlichen Kommissare, in seinen Denkschriften hervorhob, hatte das "Bible Commonwealth" den geforderten Treueid verweigert, die Navigationsakten mißachtet, Untertanen des Königs wegen ihres Glaubensbekenntnisses hinrichten lassen und anderen verwehrt, sich klageführend an den Privy Council zu wenden. Jahrelang wurde um die Berechtigung dieser Vorwürfe gerungen. Dann annullierte der Oberste Gerichtshof die Charter der alten Massachusetts Bay Company (1684).

König Jakob II. ernannte Sir Edmund Andros zum Gouverneur eines neugeschaffenen Dominion of New England, das alle Kolonien dieses Gebietes, zum Zwecke der militärischen Vorbereitung des nun unmittelbar bevorstehenden Krieges gegen Frankreich auch New York, New Jersey und Pennsylvania, umfaßte. Dabei hob Andros die Freiheitsrechte Rhode Islands und Connecticuts auf. Ferner unterstellte er sich alle Truppen. Und schließlich brachen seine Maßnahmen den Widerstand von John Wise, dem Führer der Neu-England-Theokratie.

Es folgte die Glorreiche Revolution, der Sturz des Hauses Stuart (1688). Als die Siedler hörten, daß Prinz Wilhelm von Oranien mit einem Heer nach England übersetzte, kam auch für sie der Umschwung. Maryland erlebte zum zweiten Mal die Schrecken des Bürgerkrieges, als protestantische Insurgenten unter John Coode die Hauptstadt besetzten. Virginia, das auch einen solchen Kampf hinter sich hatte, packte erneut tiefe Unruhe, ebenso die Carolinas. Ein Manifest Cotton Mathers veranlaßte die Bostoner, Andros und Randolph einzukerkern. In New York ergriff Jakob Leisler, ein Deutscher, die Macht.

Dabei standen am Horizont die Flammenzeichen des auswärtigen Krieges. Der französische Gouverneur Louis de Buade, Comte de Frontenac, und sein tüchtiger Intendant Jean Baptiste Talon sahen in Wilhelm von Oranien den gefährlichsten Gegenspieler ihres Königs und bedienten sich zum Zwecke des Angriffs auf das angelsächsische Nordamerika weitverzweigter Indianerbündnisse. Daß unlängst René

Robert Cavelier, Sieur de La Salle, von der kanadischen Seenplatte aus bis an den Mississippi vorgedrungen und den Strom bis zur Golfmündung hinabgefahren war, hatte diese Konstellation noch verstärkt.

Die Angelsachsen waren sich der drohenden Umklammerung bewußt. Sie ließen daher 1689 von den Irokesen das Kriegsbeil ausgraben. Auch schloß Leisler, ohne Wilhelm zu fragen, ein umfassendes Bündnis, als er 1690 mit Delegierten aus New York, Massachusetts, Connecticut und Plymouth in Albany gemeinsame militärische Operationen gegen Französisch-Kanada vereinbarte. Der anschließend unternommene Angriff endete allerdings mit einem Fiasko.

Pennsylvania, Maryland, Virginia und die Carolinas hielten sich zurück, während Kampfgruppen frankokanadischer Waldläufer alle Siedlungen im Binnenwesten der nördlichen Kolonien zerstörten. Diese Zwiespältigkeit und der wachsende auswärtige Druck verhinderten eine rasche Entfaltung des zuletzt noch von Increase und Cotton Mather befürworteten Gedankens der Autonomie. An eine Trennung vom Vereinigten Königreich war jetzt weniger zu denken als vor 50 Jahren.

DIE KOLONIEN IM 18. JAHRHUNDERT

Die angelsächsischen Gemeinwesen hatten kurz vor ihrer völligen Unterwerfung gestanden. Dem Dominion of New England waren schon alle repräsentativen Einrichtungen genommen. Wäre es König Jakob II. gelungen, die Freiheiten beiderseits des Atlantischen Ozeans aufzuheben, so würde er wahrscheinlich bald die Bildung eines zweiten Dominiums unter Einbeziehung von Maryland, Virginia und Carolina dekretiert haben. Zwischen diesen neuen Herrschaftsregionen und den spanischen Vizekönigtümern Mexiko und Peru hätte dann kein großer Unterschied mehr bestanden.

Die Glorreiche Revolution hatte den Absolutismus hinweggefegt, ehe er vollendet werden konnte. Die neue Ordnung beruhte auf einem Kompromiß zwischen Krone und Parlament. Dementsprechend folgte auch die Empire-Reform einer mittleren Linie. Das fast ohne Schwertstreich auseinandergefallene Dominion of New England gehörte der Vergangenheit an, behielt aber teilweise seinen Umriß, insofern als eine Königliche Provinz Massachusettsbay entstand, die Plymouth und Maine einschloß. Dabei wurden einige Institutionen bestätigt oder neu zugestanden (1691).

Connecticut und Rhode Island konnten sich auf der Grundlage ihrer alten Freibriefe wieder selbst regieren. Dagegen war New York, wo Leisler und sein Stellvertreter am Galgen endeten, königliche Provinz mit eigener Legislatur geworden (1691). Dasselbe galt für die Carolinas (1691; 1706), New Hampshire (1692) und das nach Aufhebung des Eigentümer-Regimentes neu zusammengefaßte New Jersey (1701). Die mit den Stuarts eng verbundenen Lords Proprietors mußten zeitweilig abtreten; Pennsylvania wurde zwei, Maryland dreiundzwanzig Jahre durch Beauftragte der Krone verwaltet.

Diese Regelung war ein für Angelsachsen typischer Kompromiß. Er beseitigte eingerissene Willkür und altes Unrecht, half materielle Drangsal, insbesondere die Kriegsnot, mindern und entrichtete dabei vorherrschenden Vernunftlehren, dem Gebot der Symmetrie des staatlichen Aufbaus, seinen Zoll durch scheinbare Bevorzugung eines neuen provinziellen Kolonialstatus, wich aber in Wirklichkeit letzten Konsequenzen aus und ließ weiterführenden wie auch rückläufigen Entwicklungen freien Raum.

Schon die Zugeständnisse an Connecticut und Rhode Island (1691) und das Weichen der Krongewalt aus Pennsylvania (1694) zeigten, daß nicht alle Kolonien gleichermaßen zu königlichen Provinzen werden sollten. William Penn, der 1699 noch einmal für knapp zwei Jahre nach Amerika reiste, konnte 1701 den Siedlern von Delaware die Unabhängigkeit gewähren und dem Rest seines Territoriums eine Charter of Privileges verleihen, so daß dieses Gemeinwesen nahezu Eigenstaatlichkeit (self-government) entwickelte.

Eine Anregung Penns, die Kooperation zwischen den Kolonien zu verbessern, beachtete König Wilhelm III. von England nicht. Er hatte vielmehr die Zentralgewalt gestärkt und gemeinsam mit dem Parlament die Zuständigkeit des Board of Trade erweitert. Seine Lords regelten nicht mehr allein den Handel und die Fischerei, sondern prüften auch die Gesetze der kolonialen Legislaturen, schlugen Beamte zur Ernennung oder Wahl vor und gaben den Gouverneuren politische Richtlinien und Weisungen.

Zugleich waren sogenannte Vice Admirality Courts tätig, deren Richter die Gouverneure von New York, Massachusetts, Maryland, Pennsylvania und Virginia designieren durften. Diese Gerichtshöfe hatten die Jurisdiktion im Geltungsbereich der Navigationsakten. Außerdem urteilten sie über Fälle des allgemeinen Seerechtes und Verstöße gegen die Zollgesetze. Erste Appellationsinstanz war ein High Court of Admirality, letzte der Privy Council.

Er entschied auch über die von den Lords of Trade gegen Beschlüsse der einzelnen Landtage erhobenen Einwände, wenn nötig jeweils in Form einer königlichen Ungültigkeitserklärung (Royal Disallowance). Von insgesamt 8563 Gesetzen, die der Privy Council zu prüfen hatte, wurden 463 abgelehnt, weil sie mit geltendem englischen Recht nicht zu vereinbaren waren. Annähernd zwanzig Prozent dieser Zurückweisungen mußte sich bezeichnenderweise die pennsylvanische Legislatur gefallen lassen.

An der Spitze des kolonialen Verwaltungssystems standen die Gouverneure. Sie wurden, wo immer es sich um königliche Provinzen handelte, als Statthalter der Krone eingesetzt, in Maryland dagegen seit 1715 wieder durch den Lord Proprietor ernannt, dessen Nachbar, der Eigentümer von Pennsylvania, sich verfassungsgemäß auf sein Vorschlagsrecht beschränkte. Nicht wenige dieser Beamten waren geborene Amerikaner, fast alle hatten hervorragende Eigenschaften, doch fehlte ihnen ausreichende Machtvollkommenheit.

Bald gerieten die höchsten Repräsentanten des Mutterlandes zwischen zwei Mühlsteine. Der Secretary of State for the Southern Department entzog ihnen das Recht, Vergünstigungen zu gewähren. Dasselbe taten die Provinziallandtage. Schließlich wurden die Gouverneure von den Geldbewilligungen der Legislaturen abhängig, alle hohen Kolonialbeamten außer dem Virginier sogar mit ihrem Salär. Kein Wunder, daß South Carolina seinen Statthalter im Kirchengebet auf den zweiten Platz nach der Assembly verwies.

Man betrachtete die Gouverneure lediglich als Chefs der Exekutive. Das durch die Glorreiche Revolution geschaffene System der Gewaltenteilung hatte sich auch in den angelsächsischen Kolonien zu verwirklichen begonnen, denn es schwächte die Zentralinstanzen des Empire und ließ sie immer mehr zu bloßen Partnern der überseeischen Verwaltungseinheiten werden. Nach den ersten zwei Jahrzehnten des Jahrhunderts wies der Privy Council nur noch wenige Kolonialgesetze durch Royal Disallowance zurück.

Die Gedankengänge der Siedler hatten allmählich eine neue Richtung bekommen. Während Increase Mather und Jonathan Edwards, jeder für sich, noch an calvinistischen Grundsätzen festhielten, vertraten Samuel Johnson und Cadwallader Colden bereits Macht und Würde wissenschaftlichen Denkens. Sie wagten den Schritt von der Religiosität zur Aufklärung, die freilich wirksamer noch, weil allenthalben begierig entgegengenommen, durch das philosophische Werk des Engländers John Locke Eingang fand.

Nicht minder weckten die Kriege das kritische Bewußtsein vieler Amerikaner. Wenige Jahre nach dem ergebnislosen "King William's War" (1689–1698) war es wieder zu einer Kraftprobe gekommen, die wegen der Teilnahme Spaniens auch Carolina heimsuchte. Der "Queen Anne's War" (1702–1713) brachte Großbritannien außer Acadia und Neufundland die Hudson-Bay-Länder ein, vor allem jedoch den profitablen Assiento, das Recht, jedes Jahr 4800 Negersklaven in die spanischen Kolonien einzuführen.

Nach diesen kriegerischen Dekaden sahen sich die Carolinas ein weiteres Jahrzehnt in Kämpfe verwickelt. Yamasee- und Creek-Indianer zerstörten viele Niederlassungen. Seeräuber ruinierten den Handel der Stadt Charleston, obwohl man dort 1720 nicht weniger als sechzig von ihnen hängte. Die zweigeteilte Regierung der Kolonie fühlte sich den Schwierigkeiten nicht mehr gewachsen. Sieben der acht Eigentümer verkauften ihre Besitzanteile. Darauf wurde erst South Carolina (1721), dann auch North Carolina (1729) zur Kronkolonie.

Spätestens mit dem Spanienkrieg des Jahres 1728/29 war der Londoner Regierung klargeworden, daß immer wieder Gefahr aus den unbesiedelten Grenzlandregionen im Norden von Florida drohte. Eigene kolonisatorische Schritte waren der Heimatregierung aber auch jetzt noch fremd. So erlaubte sie General James Edward Oglethorpe und neunzehn anderen Gesellschaftern, das Gebiet zwischen Savannah und Altanaha zu erschließen. Damit entstand die letzte der dreizehn alten Festlandskolonien: Georgia (1732).

Der nächste Krieg begann für Amerika schon 1739 als "War of Jenkin's Ear", ehe er in eine weltweite Auseinandersetzung, den "King George's War" (1740–1748) überging. Nachdem sich Oglethorpe auf Florida geworfen, St. Augustine belagert und spanischen Entsatz am Bloody Swamp geschlagen hatte, eroberte William Pepperrall mit den Neu-Engländern das starke Louisbourg, mobilisierte der New Yorker Indianerkommissar William Johnson die Irokesen, ohne verhindern zu können, daß Saratoga und Albany eingeäschert wurden.

Die oft ergebnislosen Anstrengungen mußten großenteils von den angelsächsischen Siedlern unternommen werden. Wiewohl alle Kriege mit Frankreich und Spanien seit der Glorreichen Revolution europäischen Ursprungs waren und fast immer einen Erbfolgestreit zum Anlaß hatten, der in Amerika wenig oder kein Verständnis fand, oblag es den kolonialen Legislaturen, Schiffe und Miliztruppen, Waffen, Munition und Versorgungsgüter zu stellen und häufig sogar für verbündete Indianer Skalpprämien auszusetzen.

Die einzelnen Landtage waren sowenig wie andere Legislaturen des 18. Jahrhunderts wirkliche Volksvertretungen. Das Wahlrecht bevorzugte die küstennahen Grafschaften gegenüber den Inlandregionen. Frauen durften nicht wählen, Männer nur, wenn sie einen Besitz von mindestens 50 Acres nachwiesen (in New Jersey 100, in South Carolina 500 Acres und 1000 Pfund Sterling). Dennoch förderten die Debatten der gesetzgebenden Versammlungen entscheidend den Prozeß politischer Willensbildung bei nahezu allen sozialen Gruppen.

Zur Zeit der Glorreichen Revolution war die Bevölkerung der Kolonien auf eine halbe Million geschätzt worden. Sie bestand überwiegend aus Angelsachsen, den Nachkommen der kinderreichen englischen Einwandererfamilien, zwischen denen nur stellenweise Wallonen und Niederländer, Deutsche, Finnen und Schweden lebten. In der zweiten und dritten Generation hielten diese Menschen kaum noch Verbindung mit der alten Heimat. Die lange Trennung hatte ihr Bewußtsein verändert. Sie alle waren jetzt Amerikaner.

Mittlerweile hatte sich das Schwergewicht der Einwanderung nach den erfolgversprechenden Westindischen Inseln und von dort allmählich wieder zurück an die Festlandküste Nordamerikas verlagert. Die große Mehrzahl der Neuankömmlinge stammte nunmehr aus Deutschland, Ulster und Frankreich. Diese Kolonisten fühlten sich noch weniger als die älteren Ansiedler dem Vereinigten Königreich, seinen Dynastien und Institutionen verpflichtet.

Die ersten größeren Scharen – hessische Pietisten unter Franz Daniel Pastorius – waren dem Ruf der Quäker gefolgt. Andere Einwanderergruppen, sogenannte „Pfälzer“ (Palatines), die mit Conrad Weiser den Atlantik überquerten, sahen sich durch verheerende Kriegszüge König Ludwigs XIV., Mißernten, Hungersnöte und Seuchen zur Flucht genötigt und kamen zu siebzig Prozent gleichfalls nach Pennsylvania, wo sie bald ein Drittel der Bevölkerung bildeten. Insgesamt nahmen die Kolonien während des 18. Jahrhunderts 100 000 Deutsche auf.

Ebenso zahlreich waren die Ulster-Schotten. Sie hatten hundert Jahre und länger in Nordirland gewohnt, fühlten sich aber durch wirtschaftliche Not zur Auswanderung bewogen. Mit ihnen kamen rund 25 500 Hochland-Schotten, die als Stuart-Anhänger 1747/48 unter politischem Druck ihre Heimat verlassen mußten. Die meisten Ulsterleute gingen nach Maine, New Hampshire, Massachusetts und New York, besiedelten das westliche Pennsylvania und breiteten sich von dort über Virginia aus.

Die aus Frankreich vertriebenen Hugenotten, denen Amerika eine Zuflucht bot, waren nicht so zahlreich, trugen jedoch wesentlich zur Mehrung des Wohlstandes bei. Viele ließen sich als Handwerker und Obstzüchter in New York, Maryland und Virginia nieder. Die Seidenfabrikanten bevorzugten South Carolina und Georgia für ihr Gewerbe. Schließlich waren es Franzosen, welche Charleston und Savannah zu den vorübergehend schönsten Städten des nordamerikanischen Festlandes ausgestaltet haben.

Die meisten Neuankömmlinge betraten das angelsächsische Nordamerika in Ketten. Seit die Pflanzer der südlichen Kolonien ihre Tabakkulturen erweitert sowie Reis- und Indigoplantagen angelegt hatten, wurden ganze Schiffsladungen von Negern aus Afrika eingeführt und als billige Arbeitskräfte verkauft. Gegen Mitte des Jahrhunderts zählte Virginia neben 170 000 Siedlern etwa 120 000 dieser schwarzen Sklaven. In South Carolina übertraf das farbige Element an Zahl bereits die weiße Bevölkerung.

Auch viele einwandernde Deutsche, Ulster-Schotten und Franzosen hatten ein schweres Los. Nur fünfzig Prozent dieser Menschen konnten ihre Überfahrt bezahlen, alle anderen wurden von Schiffseignern abhängig, die sie nach der Ankunft in Amerika als Kontraktknechte (indentured servants) veräußern durften. Die gesetzlich vorgeschriebene Dienstzeit betrug drei bis neun, manchmal zwölf Jahre; handelte es sich um Sträflinge (convicts) aus englischen Gefängnissen, sogar vierzehn bis einundzwanzig Jahre.

Zwischen Sklaven und Knechten gab es erhebliche Unterschiede. Der Neger war das Eigentum seines jeweiligen Herrn und hatte kein Recht; er konnte geschlagen, ausgeliehen und weiterverkauft werden, durfte weder Verträge schließen noch Prozesse anstrengen oder als Zeuge vor Gericht aussagen. Der Servant wurde zwar nicht viel besser behandelt, erhielt jedoch eines Tages die Freiheit zurück und wurde dann auf Grund kolonialer Gesetze mit Geld und Kleidung, etwas Land, Saatgut und Gerät ausgestattet.

Dabei war letztlich entscheidend, daß die Kolonien im Unterschied zu den absolutistischen Fürstenstaaten in Europa keine Standesschranken kannten. Wer nicht Neger war, hatte Aussicht, seine Lage zu verbessern. Frauen wurden aus der Knechtschaft losgekauft und geheiratet, ohne daß dies jemand anstößig fand. Entlassene Servants erwarben Besitz, wurden Farmer oder Handwerker und stiegen oft in geachtete Stellungen auf. Jeder zweite Repräsentant des virginischen House of Burgesses kam aus ihren Reihen.

Viele Freigelassene zogen binnenwärts, wo sie auf gut Glück Fuß fassen oder die ihnen von der Kolonialverwaltung zugewiesenen Areale urbar machen konnten. Vom Tidewater-Gebiet führten ihre Pfade über eine parallel zur Küste laufende Härtestufe (fall-line) ins Piedmont, das dichtbewaldete Vorland der Appalachen. Weiter nördlich erschlossen die Neusiedler (pioneers) die fruchtbaren Talböden des Shenandoah, Juniate, Delaware, Susquehanna, Mohawk, Connecticut, Androscoggin und Kennebec River.

Man zimmerte eine Blockhütte, brachte die Baumriesen durch Ringeln der Rinde zum Absterben, zerhackte und verbrannte das Unterholz und schritt zwischen den angekohlten Stämmen zur Aussaat von Mais. Neben der Schweinehaltung im nahen Wald blieb die Büchse der wichtigste Ernährer. Die deutschen Pioniersiedler bewohnten dichtgedrängte Dörfer. Den Ulsterleuten behagte mehr die Streulage, zumal wenn sie Sassen ohne Besitztitel (Squatters) waren.

So entstand zwischen den Küstenregionen und der Wildnis fast überall eine bewegliche Zone, die sogenannte Grenze (frontier). Das Leben ihrer Siedler (frontiersmen) war abenteuerlich, primitiv und hart, aber nicht hoffnungslos, da die Zivilisation langsam nachrückte und der Bodenpreis stieg. Manche Grenzer fanden die Möglichkeit, Geld zu verdienen. Einige stellten den Nachwuchs für die älteren Pelz- und Indianerhändler. Andere schweiften selbst als Jäger (long hunters) und Fallensteller (trappers) monatelang durch den Urwald.

In einigen Küstenstädten wurden aus der Wildnis jährlich eine halbe Million Hirschdecken angeliefert. Bald richtete man hier sein Augenmerk auf die Entwicklung der Westgebiete. Unternehmer gründeten Landgesellschaften, die von Conrad Weiser, George Croghan und Christopher Gist am oberen Ohio River große Abschnitte jungfräulichen Bodens vermessen und Stockaden errichten ließen. Vollends zu Beginn der fünfziger Jahre hatten Waldläufer die Appalachen überschritten und damit französische Interessen verletzt.

Neu-Frankreich (La Nouvelle France) bestand seit La Salles Mississippi-Reise nicht mehr allein aus Kanada, sondern umfaßte auch Louisiana, das Gebiet beiderseits des großen Stromes. Die französischen Stützpunkteketten zogen sich von Louisbourg und Quebec über das Seegebiet bis zur Golfküste, wo Biloxi, Mobile und New Orleans entstanden waren. Da Versailles und Madrid während des Österreichischen Erbfolgekrieges (King George's War) ihr Bündnis erneuert hatten und Florida noch immer zu Spanien gehörte, wurden die angelsächsischen Kolonien auf drei Seiten abgeriegelt.

Zwar gab es in Neu-Frankreich und Florida um 1750 nur etwa 80000 Weiße, vorwiegend Beamte, Kleriker, Soldaten und Händler, doch verfügten namentlich die Franzosen über weitverzweigte indianische Allianzen. Die 1,25 Millionen Angelsachsen sahen darin keine ernste Gefahr mehr. Doch Großbritannien, das immer auch Hannover, das Stammland seines Königs, sichern und Kräfte zum Schutze von Ost- und Westindien bereitstellen mußte, schien jetzt eine militärpolitische Föderation der Festlandskolonien geraten.

Die 1754 in Albany zusammengetretenen Delegierten der Provinzen wollten sich aber mit dem von Benjamin Franklin vorgelegten Unionsplan nicht befreunden. Derweil waren am oberen Ohio die ersten Schüsse gefallen. Ein Vorstoß virginischer Miliz unter Oberst George Washington scheiterte. Ebenso erging es einer Offensive des Generals Edward Braddock. Die Franzosen bauten Fort Duquesne und ließen den Krieg durch ihre Bundesgenossen ausweiten. Angesichts dieser Lage griffen auch die Heimatregierungen zu den Waffen.

Der Siebenjährige Krieg (1756–1763) brachte für Großbritannien manchen Rückschlag, bis William Pitt die Führung übernahm. Ihm allein waren die komplizierten Wechselwirkungen zwischen dem Geschehen in Europa, Ostindien und Amerika vertraut. Er unterstützte Friedrich den Großen, verstärkte die Operationen auf See und sandte den jungen General James Wolfe nach Nordamerika, wo die Franzosen alsbald Louisbourg verloren und Fort Duquesne räumen mußten.

1759 drang Wolfe mit amphibischen Streitkräften über den St.-Lorenz-Strom tiefer nach Kanada ein, um das von Louis Joseph Marquis de Montcalm verteidigte Quebec zu bezwingen. In der Schlacht auf den Abrahamsfeldern wurden beide Feldherren tödlich verwundet. Gleichzeitig nahm das britische Expeditionskorps eine Stellung, aus der seine Artillerie die Stadt niederkämpfen konnte. Ein Jahr später kapitulierten auch Montreal, die letzten französischen Garnisonen und ihre indianischen Hilfsvölker.

Im Friedensvertrag von Paris (1763) trat Frankreich ganz Kanada (samt Kap Breton und dem Anspruch auf Acadia) sowie Louisiana (östlich des Mississippi, ohne New Orleans) an Großbritannien ab. Nur vor der Neufundlandküste, auf den kleinen Fischerinseln Saint-Pierre und Miquelon, blieb die Herrschaft König Ludwigs XV. bestehen. Spanien, das am Krieg gegen England teilgenommen hatte, verlor Florida und erhielt dafür die bisher französischen Gebiete zwischen Mississippi und Rocky Mountains.

Dieser Friedensschluß entsprach durchaus den Gepflogenheiten europäischer Kabinettspolitik. Pontiac, ein Ottawa-Häuptling aus dem Gefolge des toten Generals Montcalm, wollte die Neuordnung der Machtverhältnisse aber nicht hinnehmen. Er zettelte unter den betroffenen Indianerstämmen eine Verschwörung an und verheerte weite Grenzlandgebiete, bis seine Angriffe vor Detroit und Pittsburgh, dem ehemaligen Duquesne, scheiterten. Der Friede von Oswego beendete dieses Nachspiel.

Das britische Empire stand auf dem Gipfel seines Ruhmes. Es umfaßte nach Beendigung der entscheidenden Auseinandersetzung mit Frankreich zwei riesige Herrschaftskomplexe: Vorderindien (samt Bengalen, der Koromandelküste und zahlreichen Protektoraten) sowie die nordamerikanische Ländermasse (zu der auch wertvolle Teile Westindiens, das Bahama-Archipel, Bermudas und die Hudson-Bay-Region zählten). Eine Stützpunktekette (Gibraltar, Saint-Louis, Senegambia, St. Helena und Bombay) verband beide Bauelemente.

REVOLUTION UND UNABHÄNGIGKEITSKRIEG

Von allen Territorien des Empire hatten die Siedlerkolonien am stärksten Gewicht. Ihre Bevölkerung zählte jetzt 2,25 Millionen gegenüber den 6,5 Millionen in Großbritannien. Sie exportierten immer mehr Tabak, Indigo und Reis, Pelze, Holz und Rum, bauten ein Drittel der Schiffe, die unter dem Union Jack fuhren, entsandten aber auch selbst tausend Fischereifahrzeuge zu jeder Fangzeit und produzierten mittlerweile mehr Eisen als England und Wales, ferner sämtliche Gegenstände des täglichen Bedarfs: Geschirr, Möbel und Waffen, Leder-, Woll- und Kurzwaren.

Diese Entwicklung wurde von den Engländern so lange mit Genugtuung verzeichnet, wie Nordamerika trotz seiner fortgeschrittenen Autarkie noch die Masse der britischen Exportgüter kaufte. Weniger aufmerksam nahm man in England zur Kenntnis, daß die Kolonien durch Geschäftsinteressen und Handelsverbindungen, ihre gemeinsame Post, religiöse Organisationen und das rege Bildungs- und Pressewesen zusammenwuchsen und auch schon eine neue politische Kultur entwickelt hatten, deren Geist aus zahlreichen Debatten und Druckereierzeugnissen sprach.

Die britischen Oligarchen schauten darauf geringschätzig herab. Nach ihrer Ansicht hatte Amerika den Wohlstand des Mutterlandes zu gewährleisten. Grundbesitzer, Bankiers und Kaufleute in England versprachen sich von den Überseegebieten günstige Kapitalanlagen und unbegrenzten Geldgewinn, Beamte und Parlamentarier rangen ebenso zielbewußt um eine aktive Handelsbilanz und hielten daher an der Politik des Merkantilismus fest. Großbritannien sollte weiter bestimmen können, unter welchen Bedingungen es seine Waren in den Kolonien absetzte und Produkte von dort bezog.

Die Handel- und Gewerbetreibenden in den dreizehn Kolonien verkannten nicht, daß ihnen der Merkantilismus beträchtliche Vorteile bot. Viele von ihnen nahmen daher diskriminierende Gesetze, zum Beispiel das Verbot des Wollhandels zwischen den Provinzen und die strenge Anordnung, keine Schmelzöfen und Schmiedewerkstätten mehr einzurichten, in Kauf. Ließen sich doch solche Bestimmungen bei der Lässigkeit und personellen Schwäche des britischen Beamtenapparates leicht umgehen.

Lebhaft erörterten amerikanische Unternehmer indes ihre Aussichten auf vermeintlich größere Handelsspannen für den Fall, daß die Navigationsakten eines Tages außer Kraft treten oder eingeschränkt würden und daraufhin wieder Kauffahrer aus Holland und Frankreich, Spanien und Portugal angelsächsische Kolonialhäfen anlaufen könnten. Von diesen kommerziellen Erwartungen bis zu dem energischen Verlangen, über die Gesetze des britischen Weltreiches mitzubestimmen, führte nur ein letzter Schritt.

Benjamim Franklin, der Autor des Albany-Planes von 1754, hatte ihn schon gewagt. In seinem zur Zeit der Pariser Friedensverhandlungen unter dem Titel "The Interest of Great Britaín Considered with Regard of Her Colonies" forderte er die Gleichberechtigung der Überseeprovinzen mit dem Mutterland, eine Föderation aller staatlichen Gemeinwesen auf beiden Seiten des Atlantischen Ozeans. Nur durch entsprechende Zugeständnisse könne man dem britischen Weltreich die drohende Zerreißprobe ersparen.

Von Ausnahmen abgesehen, übergingen die führenden Engländer Franklins Ratschlag mit Stillschweigen. Ihr Hauptproblem bildeten die Kosten und Folgelasten des Siebenjährigen Krieges. Die jährlichen Ausgaben für militärische und zivile Einrichtungen in Amerika waren von 70000 Pfund (1756) auf 350000 Pfund (1763) gestiegen. Die Verschuldung Großbritanniens betrug 130 Millionen Pfund Sterling. Angesichts dieser Bilanz schien es recht und billig, wenn den Kolonien ein Teil der Konsequenzen aufgebürdet wurde.

Die Folge war eine Versteifung der Empire-Politik. Alle zuletzt erworbenen Gebiete blieben unmittelbar der Krone überlassen, starke Verbände des Heeres in den Kolonien stationiert. Für den Zoll und die Gerichtsbarkeit wurden Reformen eingeleitet. Eine strengere Handhabung der alten Schiffahrts- und Handelsgesetze, neue Zölle und Steuern sollten den gestiegenen Geldbedarf decken.

Den Auftakt gab die Verordnung des Jahres 1763. Sie machte aus Quebec, Ost- und West-Florida neue Provinzen; vor allem jedoch wurde mit ihr eine Grenze (Proclamation Line) auf dem Hauptkamm der Appalachen festgelegt und das Land jenseits des Gebirges militärischer Kontrolle unterstellt. Die Gebiete zwischen Gebirge und Mississippi sollten allein den Indianern gehören und Pioniersiedlern verschlossen sein, obwohl einst durch königlichen Freibrief verschiedenen Kolonien das Recht gewährt worden war, sich von einem Ozean bis zum anderen auszudehnen.

Landgesellschaften, die im Trans-Appalachian-Westen vielfach Besitztitel erworben hatten, protestierten. Umsonst erinnerten britische

Beamte an Pontiac und die Gefahr einer Wiederholung des letzten großen Indianeraufstandes. Man verdächtigte sie, unter diesem Vorwand den Kapitalinteressen des Mutterlandes dienen zu wollen. Schließlich gingen alle Beteiligten über die Reservatrechte der Indianer hinweg. Im Grunde beschäftigte sie nur noch die Frage, wem das strittige Gebiet offenstehen sollte: amerikanischen oder englischen Spekulanten, Pelzhändlern und Farmern.

Auch bei der Stationierung seiner Heeresverbände konnte sich Großbritannien nicht lange auf Pontiac berufen. Als die Amerikaner vernahmen, daß der Ottawa-Häuptling irgendwo im fernen Illinois erschlagen worden sei und nach dieser Kunde keinerlei Anzeichen für einen Truppenabzug beobachteten, reifte unter ihnen erneut mancher finstere Verdacht. Vollends die Quartering Act, ein Gesetz, das den Provinzen die Pflicht zur Versorgung des Militärs auferlegte, wurde zum Anlaß für zahlreiche Reibereien.

Die Amerikaner sahen in den landfremden Truppen nur das Druckmittel einer Empire-Verwaltung, von der man nichts Gutes erwartete, nachdem Großbritannien seine Bürokratie zu straffen begonnen hatte. In der Tat ließ die Heimatregierung den Zolldienst nicht allein deshalb reformieren, weil er jährlich 7000 Pfund kostete, aber nur 2000 Pfund Sterling einbrachte. Sie wollte den seit langen Jahren blühenden Warenschmuggel unterbinden, der die Wirksamkeit der Handelsgesetze spürbar beeinträchtigte.

Höhepunkt der Gerichtsreform war die Errichtung eines für alle Provinzen zuständigen Vice Admirality's Court außerhalb des Gebietes der Kolonien, in Halifax (an der Küste Neu-Schottlands, des ehemaligen Acadia). Einige Historiker bewerten diese Maßnahme, die mit Erschwernissen und Schikanen verknüpft war, als Hauptgrund für den rasch zunehmenden Ungehorsam vieler Amerikaner. Nicht zu übersehen ist freilich auch die negative Wirkung der fast gleichzeitig verabschiedeten Finanzgesetze (1764).

Die von einer sogenannten Zucker-Akte ausgelöste Verteuerung verschiedener Importe führte noch nicht zur Solidarität unter den Kolonien, wohl aber das den Provinzen auferlegte Verbot, eigenes Geld zu drucken. Massachusetts trat an die Spitze des Widerstandes. Sein Repräsentantenhaus ermächtigte ein Committee of Correspondence, die übrigen Legislaturen anzuschreiben. Die Kaufleute wiesen englische Einfuhrgüter zurück (Non-Importation). Ende des Jahres hatte ihre Bewegung bis nach Georgia ausgegriffen.

Ohne dieser zornigen Reaktion zu achten, verabschiedete das englische Parlament 1765 auf Betreiben des Schatzkanzlers George Grenville die Stamp Act. Fortan sollten in Amerika sämtliche Zeitungen und Almanache, Verträge und sonstigen Dokumente, Flugschriften und Plakate, Versicherungspolicen und Schiffspapiere, selbst Würfel und Spielkarten mit Steuermarken versehen werden. Damit wollte die Heimatregierung jährlich Mehreinnahmen von etwa 100000 Pfund Sterling erzielen.

Waren durch die vorausgegangenen Maßnahmen schon zahlreiche Grenzlandfarmer und Bodenspekulanten, Pelzhändler, Kaufleute und Schiffseigner verärgert worden, so zeigten sich nun auch weite Kreise der amerikanischen Intelligenz betroffen. Bald gab es kaum noch Advokaten und Pfarrer, Journalisten und Druckereibesitzer, die nicht an der Stamp Act harte Kritik übten und dem englischen Parlament das Recht bestritten, Finanzgesetze für die Provinzen zu verabschieden.

Da die Intelligenz über sämtliche Kommunikationsmittel verfügte, zündete ihr Protest rasch in den Bevölkerungsmassen. Vielfach wurde die von James Otis verfochtene These, daß es keine Besteuerung ohne angemessene Mitsprache ("no taxation without representation") geben dürfe, aufgegriffen. Während Patrick Henry vor dem virginischen House of Burgesses an König Georg III. appellierte, sich des Schicksals eines Cäsar und Karl I. bewußt zu sein, verbrannte der Mob allerorten Monarchenbilder und Steuermarken.

Korrespondenz-Komitees verbreiteten den Geist des Widerstandes, Geheimbünde, "Sons of Liberty", trieben zur direkten Aktion. Delegierte aus neun Kolonien bildeten in New York den sogenannten Stamp Act Congress und verabschiedeten eine von John Dickinson geschriebene "Declaration of Rights and Grievances". Dadurch bekam die Non-Importation-Bewegung wieder starken Auftrieb. Tausend Kaufleute strichen vorläufig ihre Bestellungen bei britischen Handelshäusern, so daß deren Umsätze bis Ende des Jahres um 305602 Pfund Sterling zurückgingen.

Die Sanktionen der Amerikaner trafen einen wunden Punkt des britischen Gesellschaftssystems. Etliche Firmen machten bankrott. Andere bildeten ein Komitee und forderten mit Unterschriften aus dreißig englischen Städten vom Parlament die Aufhebung der Steuer-Akte. Grenvilles Rücktritt leitete die Wende ein. Das House of Commons übernahm die von Franklin, dem Agenten Pennsylvanias, vorgetragenen Argumente. Das House of Lords wurde durch Georg III. zum Nachgeben bewogen. Anfang 1766 fiel das umstrittene Gesetz.

Obwohl das englische Parlament gleichzeitig sein Recht betont hatte, den Kolonien auch künftig Gesetze geben zu können, folgten vorerst Monate der Entspannung, da England die bestehenden Trade Laws wesentlich milderte. William Pitt, dem Georg III. noch einmal die Regierungsgeschäfte übertrug, unterschied freilich nur zwischen „interner" und „externer" Besteuerung. Infolgedessen wurden die Amerikaner im folgenden Jahr wieder mit finanziellen Abgaben belastet, diesmal auf Grund der sogenannten Townshend Acts (1767).

Die Non-Importation-Bewegung schloß unverzüglich ihre gelokkerten Reihen. Providence und Newport gingen voran, Boston, New York und andere Städte folgten. John Dickinson analysierte die Rechtslage durch seine "Letters From a Farmer", ein von Samuel Adams verfaßter "Circular Letter" wurde über das House of Representatives in Massachusetts den anderen Legislaturen zugestellt. George Washington, Patrick Henry und Richard Henry Lee bewogen den virginischen Landtag, daraus politische Konsequenzen zu ziehen.

Abermals erlitt der britische Export nach Amerika empfindliche Einbußen, und wieder mußte Großbritannien auf Drängen seiner geschädigten Kaufleute den Rückzug antreten. Indem der neue Premierminister Lord Frederick North die Townshend-Gesetze bis auf den Teezoll abbauen ließ, erreichte er allerdings, daß die Non-Importation-Bewegung auseinanderfiel. Trotz blutiger Zusammenstöße in New York und Boston schien sich damit ein Umschwung anzukündigen.

Die Appelle der Korrespondenz-Ausschüsse verloren an Einfluß, sobald Streitigkeiten zwischen den Amerikanern selbst in den Vordergrund traten. Ihr Hader war ein Spiegelbild des Steuerkonfliktes mit Großbritannien. Was die Oligarchen der Provinzen gegen das Mutterland aufbrachte, mußte ebenso die fast rechtlosen Hinterwäldler im Piedmont empören, denn auch sie sollten Abgaben ohne ein Mitspracherecht leisten.

Das Mohawk-Tal und Pennsylvania, North und South Carolina befiel tiefe Unruhe. Zuerst rebellierten die "Paxton Boys", dann Zusammenschlüsse der "Vigilantes". Schließlich nahm eine Gemeinschaft der von Herman Husbands organisierten "Regulators" das Recht in die eigenen Hände. Gouverneur William Tyron schlug die Aufständischen mit seiner Kolonialmiliz am Alamance Creek bei Hillsboro. Sieben Anführer wurden gehängt, über 6500 Familienvorstände gezwungen, der Obrigkeit den Treueid zu leisten.

Wider Erwarten führten diese Konflikte nicht zu einem ausgedehnten Flächenbrand. Piedmont-Bewohner, die sich den Auflagen der Provinzialregierungen entziehen wollten, konnten über die Appalachen nach Westen abwandern und dort gegen einen geringen Bodenzins oder als Squatters von vorn anfangen. Long Hunters wie Daniel Boone und George Croghan wiesen ihnen den Weg. Ungeachtet der von Sir

William Johnson und seinem indianischen Anhang streng bewachten Proclamation Line lebten jenseits der Berge, in Ohio, Tennessee und Kentucky, 1770 schon 10000 Siedlerfamilien.

Der Trans-Appalachian-Westen erwies sich als Ventil, das unzufriedenen Bevölkerungselementen einen Ausweg bot und damit die sozialen Spannungen in den Kolonien milderte, so daß diese ihre politischen Energien vorwiegend gegen Großbritannien kehren konnten. Zugleich zeigte der Wanderzug nach dem Westen, wie es um die Autorität der Empire-Regierung stand. Das Mutterland war offenbar nicht in der Lage, seinen Willen über weite Entfernungen durchzusetzen.

Für die amerikanischen Hafenstädte, in denen Schiffe der Royal Navy vor Anker lagen und Truppen zum Schutz der Statthalter, Gerichte und Zollämter eingesetzt waren, mußte sich dies noch erweisen. Blutige Zusammenstöße in New York und ein "Boston Massacre" (1770) brachten keine Entscheidung. Sie fiel im Verlauf der nächsten zwei Jahre. Artikel von Samuel Adams und Christopher Gadsden, neue Korrespondenz-Ausschüsse und ein Komitee des aufgelösten House of Burgesses, dem Patrick Henry, Thomas Jefferson und Richard Henry Lee angehörten, drängten zur Machtprobe.

Zum letzten Stein des Anstoßes wurde der Tea Act des Jahres 1773. Mit ihm wollten Regierung und Parlament des Mutterlandes der East India Company, die vor dem finanziellen Ruin stand, nach Möglichkeit aufhelfen. Die Gesellschaft sollte den Tee, ihr wichtigstes Handelsgut, nicht mehr bei öffentlichen Auktionen in Großbritannien veräußern müssen, sondern unter neuen günstigen Bedingungen durch Agenten und Vertrauensleute in den Provinzen absetzen dürfen.

Nach dem Bekanntwerden dieses Gesetzes nahm der amerikanische Widerstand gewalttätige Formen an. Die Vertrauensleute der East India Company wurden terrorisiert. Bei der Bostoner "Tea Party" bemächtigten sich als Mohawk-Indianer verkleidete Männer eines Tee-Schiffes und warfen die Ladung über Bord. Ein ähnlicher Vorfall ereignete sich in New York. Vor Annapolis wurde ein britischer Frachter samt seiner Ladung durch die "Liberty Boys" verbrannt.

Diesmal reagierte das Mutterland mit Strenge. Auf die Kunde von der "Tea Party" verabschiedete das Parlament fünf Gesetze. Die erste Bill sperrte den Bostoner Hafen bis zum Ersatz des angerichteten Schadens. Die zweite stärkte das königliche Regiment in Massachusetts. Eine dritte bevollmächtigte die Justizbehörden, verhaftete Gewalttäter nach England zu schicken. Gleichzeitig wurde der Geltungsbereich des Einquartierungsrechtes erweitert sowie den kanadischen Katholiken volle Glaubensfreiheit gewährt und die Provinz Quebec unter einem Vizekönig zum Verdruß der Neu-Engländer nach Süden bis an den Ohio ausgedehnt.

Die Amerikaner bemaßen ihren Gegenzug nach Brauch und Herkommen: Zwölf Kolonien folgten dem Vorschlag des Korrespondenz-Komitees von Virginia und beschickten eine neue gemeinsame Versammlung. Dieser (Erste) Kontinentalkongreß trat noch 1774 in Philadelphia zusammen. Unter den 56 Delegierten befanden sich Männer, deren Namen jedermann kannte: George Washington und Patrick Henry, Samuel und John Adams, Joseph Galloway und Richard Henry Lee. Konservative und Radikale hielten sich ungefähr die Waage.

Sie sagten Massachusetts ihre Unterstützung zu, erweiterten die Gravamina des Stamp Act Congress und setzten davon mit höflichen Worten den König in Kenntnis. Zugleich wurden dreizehn Parlamentsgesetze für ungültig erklärt, der Boykott englischer Waren erneuert und die Aufsicht über diese Handelssperre sogenannten Sicherheitsausschüssen anvertraut, deren Mitglieder rigoros zwischen „Patrioten" und „Royalisten" unterschieden. Bevor sich die Versammlung auflöste, beschloß sie, einen zweiten Kontinentalkongreß einzuberufen.

Lord North versuchte, die geschlossene Front der Kolonien durch Kompromisse zu lockern. Doch ehe die Conciliation-Politik wirksam werden konnte, floß Blut. General Gage, der den Zivilgouverneur von Massachusetts abgelöst hatte, wollte ein Waffenlager ausheben lassen; dabei stießen seine Truppen in Lexington und Concord auf Spezialeinheiten des Salemer Sicherheitsausschusses (Minute Men). Nach wiederholtem Feuerwechsel mußten sich die Briten unter empfindlichen Verlusten nach Boston zurückziehen.

Damit war schwerwiegender Anlaß gegeben, den (Zweiten) Kontinentalkongreß einzuberufen. Er stellte Geld, Waffen und Schiffe für den Fall des Krieges bereit, sorgte für die Umwandlung der vor Boston zusammengezogenen Neu-England-Milizen in eine reguläre Armee und ernannte George Washington zum Oberbefehlshaber dieser 14000 Mann zählenden Streitmacht. Freilich neigten die meisten Kongreßdelegierten auch jetzt noch zur Versöhnlichkeit gegenüber Großbritannien.

Die Idee der Unabhängigkeit gewann nur zögernd an Boden. Sie wurde auch nicht ein Fanal, als König Georg III. die Maßnahmen des Zweiten Kontinentalkongresses mit einer Proklamation beantwortete, in der er alle amerikanischen Führer des Verrates zieh und seinen Militär- und Zivilorganen befahl, den Aufstand niederzuwerfen. Doch einige Monate später richtete der kürzlich aus England nach Philadelphia zugewanderte Thomas Paine gegen den Monarchen eine Schimpfkanonade von unerhörter Wut und Schärfe.

Seine unter dem Titel "Common Sense" in 100000 Exemplaren verbreitete Schrift bezeichnete König Georg III. als einen „hartherzigen, sauertöpfischen Pharao", die „Bestie von England". Wer den „britischen Mördern" jetzt noch die Hand reiche, habe „das Herz eines Feiglings". Darüber hinaus enthielt Paines Pamphlet Kernsätze einer revolutionären Philosophie, der viele Amerikaner Verständnis entgegenbrachten, den Gedanken, daß im Gegensatz zur menschlichen Gesellschaft jede Regierung, auch die beste, von Übel sei.

Paine schloß mit flammenden Worten: „Nie zuvor leuchtete die Sonne über einem würdigeren Unternehmen. Es geht nicht um eine Stadt, eine Grafschaft, eine Provinz, ein Königreich ..., sondern in Wahrheit hängt die ganze Zukunft von dem ab, was wir heute tun ... Jeder Fußbreit der Alten Welt ist unterjocht. Die Freiheit wurde rund um den Erdball gejagt ... Europa betrachtet sie wie eine Fremde, und jetzt hat England sie aufgefordert, von dannen zu gehen. Nehmt die Flüchtige auf und bauet beizeiten ein Asyl für die Menschheit!"

Die unmittelbare Wirkung des Traktates ist schwer abzuschätzen. Der Kongreß zögerte noch immer und verwies den Antrag von Richard Henry Lee auf Proklamierung der Unabhängigkeit an einen Ausschuß. Die Fahnen der „Kontinentalarmee" führten als Gösch weiterhin den Union Jack des englischen Mutterlandes. Aber in den einzelnen Kolonien verschärften sich die Gegensätze zwischen Konservativen und Radikalen (Tories und Whigs). Wo die Radikalen zur Macht kamen, verwirklichten sie Paines revolutionäres Gedankengut.

Dementsprechend verbreitete sich die Unabhängigkeitsbewegung von den Provinzen aufwärts zum Kongreß und nicht umgekehrt. Während die in Philadelphia versammelten Delegierten den Einzelregierungen lediglich raten konnten, eigenmächtig zu handeln, vermochten diese ihre de facto bestehenden Souveränitätsrechte tatsächlich anzuwenden. Denn die Kolonien besaßen voll ausgebildete Staatlichkeit. Der Kontinentalkongreß hingegen war nur die Vorstufe einer Föderation, von der noch niemand wußte, ob sie stark und dauerhaft sein würde.

Nachdem in Massachusetts eine Provinzialversammlung und deren Ausschüsse die Zügel ergriffen hatten, gingen andere Revolutionskonvente der Whigs noch weiter. Sie gaben New Hampshire und New Jersey, Pennsylvania, Delaware und Maryland, Virginia, North und South Carolina neue Verfassungen und damit die Unabhängigkeit. New York und Georgia folgten ein Jahr später, während Rhode Island und

Connecticut an ihren alten Freibriefen festhielten, die der Krone ohnehin kein Mitspracherecht ließen.

Die Truppen der Tories oder Loyalisten wurden bei Great Bridge und Wilmington geschlagen. Versuche britischer See- und Landstreitkräfte, ihnen Hilfe zu bringen, scheiterten an den Küsten von Virginia und North Carolina, zuletzt im Feuer des Forts Moultrie vor Charleston – wie andererseits auch ein Sturmangriff neuenglischer Milizverbände, die Richard Montgomery und Benedict Arnold auf das energisch verteidigte Quebec führten, zusammenbrach.

Der amerikanische Unabhängigkeitskrieg (1775–1783) entwickelte sich zu einer vierdimensionalen Auseinandersetzung. Whigs kämpften gegen Tories, von denen etwa 50000 an die Seite der königlichen Truppen traten. Britische Heere und ihre fremden Söldnerkontingente suchten in weitläufigen Operationen die Amerikaner niederzuringen. Indianer-Stämme gruben, von der Empire-Regierung und einigen Loyalisten dazu aufgefordert, das Kriegsbeil aus. Frankreich und Spanien sowie die Niederlande intervenierten.

Unter den Amerikanern gab es entschlossene Führer und erfahrene Kämpfer. Ihre Gewehre waren den englischen Musketen überlegen, hatten aber nicht genügend Munition. Freilich hielten die Whigs zumeist schlechte Disziplin. Daher war von entscheidender Bedeutung, daß ihnen Frankreich und Spanien vermittels Scheinfirmen modernes Kriegsmaterial zuführen ließen, tüchtige Offiziere wie Friedrich Wilhelm von Steuben und Johann de Kalb, Joseph Marie de Motier, Marquis de Lafayette, Tadeusz Kosciusko und Kazimierz Pulaski schickten und schließlich selbst eingriffen.

Erst als die französisch-spanische Intervention beschlossene Sache war, ließ sich der Kongreß durch North Carolina und Virginia zum letzten, unwiderruflichen Schritt bewegen. Ein Ausschuß, dem unter anderem Thomas Jefferson, Benjamin Franklin und John Adams angehörten, bereitete die Deklaration vor. Am 4. Juli 1776 wurde die von Jefferson entworfene Unabhängigkeitserklärung (ohne New York, das sich der Stimme enthielt) gutgeheißen und zuerst Washingtons Armee übermittelt.

Das Dokument nannte sich “The unanimous Declaration of the Thirteen United States of America” und hatte damit für die Gesamtheit der ehemaligen Kolonien eine Bezeichnung aufgegriffen, die seit kurzem bereits der Generalpostmeister anwandte. Es legte in allen Einzelheiten die Ursachen der vollzogenen Trennung dar, Mißstände, welche der Kongreß vorwiegend König Georg III. von England zur Last legte, als ob das Parlament an den vorausgegangenen Konflikten wenig oder gar keine Verantwortung trug.

Die Kernsätze der Unabhängigkeitserklärung enthielten Jeffersons politische Philosophie. Alle Menschen seien gleich geschaffen und von ihrem Schöpfer mit gewissen, unveräußerlichen Rechten, wie Leben, Freiheit und Streben nach Glückseligkeit, ausgestattet. Um diese Rechte zu sichern, bestünden Regierungen, die ihre Macht von der Zustimmung der Regierten herleiteten. Würden die genannten Rechte verletzt, so dürfte das Volk die Regierung ändern oder abschaffen und seinerseits eine neue Obrigkeit bestellen.

Diese Thesen entsprachen denen des "Common Sense". Jefferson und Paine stellten den Menschen über den Staat. Ihre Konzeption konnte, je nachdem, welche Folgerungen man zog, zur Demokratie oder Anarchie führen. Keinesfalls wollten die Ideologen der amerikanischen Revolution den USA zu einer besonders funktionsfähigen Regierung verhelfen. Und da die ehemaligen Kolonien, deren Erstgeburtsrecht gegenüber dem Kongreß feststand, ähnlich dachten, blieb es lange bei diesem Vorsatz.

Der Kongreß hatte nur begrenzte Funktionen. Er schickte Bevollmächtigte zu Verhandlungen nach Europa und ernannte Generale, ohne ihnen das Nötigste für die Kriegführung geben zu können. Der Antrag von Richard Henry Lee, eine „Konföderation" zu bilden, wurde in den Legislaturen zwölf Monate lang debattiert, ehe die Delegiertenversammlung dem Entwurf zustimmte. Erst gegen Ende des Unabhängigkeitskampfes waren die sogenannten Konföderationsartikel von allen dreizehn Staaten ratifiziert.

Die amerikanische Kriegführung ermangelte der großen Strategie. Sie schleppte sich ohne dauerhafte Übereinstimmung dahin, belastet durch die Unzuverlässigkeit der Staaten und ihrer Milizen, Meuterei und Verrat, bei fortwährendem Geldmangel, dem Robert Morris als Kongreß-Intendant der Finanzen nicht abhelfen konnte. Daß immer neue militärische Operationen begannen, war allein der Umsicht eines Washington, Fehlentscheidungen in London und dem französisch-spanischen Engagement zuzuschreiben.

Die Engländer hatten Boston evakuiert, um in Halifax stärkere Kräfte zu sammeln. Mit ihnen bemächtigte sich General Sir William Howe der Inseln vor New York. Er schlug Washington auf Long Island, bemächtigte sich der Stadt und ließ die Amerikaner nach einem neuen Sieg bei White Plains über den Hudson durch New Jersey bis zum Delaware River verfolgen. Der Kongreß verließ Philadelphia und floh nach Baltimore. Amerikanische Gegenstöße, die Trenton und Princeton erreichten, änderten daran nichts.

Nachdem New York britische Operationsbasis geworden war, genehmigte Lord Germain, der Staatssekretär für die Kolonien, einen Plan zur Spaltung des abtrünnigen Überseegebietes. General Sir John Burgoyne sollte mit regulären Truppen, Kanadiern, Loyalisten und Indianern vom Quebec aus an den Champlain-See und oberen Hudson River vordringen, General Sir William Howe ihm entgegenwirken. Da beider Zusammenspiel erst im Herbst 1777 sinnvoll werden konnte, blieb anscheinend noch genügend Zeit zur Eroberung Philadelphias.

Howe drang mit starken Verbänden in die Chesapeake Bay ein, schlug Washington am Brandywine Creek und bereitete ihm später bei Germantown eine fast vernichtende Niederlage. Zwischen beiden Schlachten hatten die Briten kampflos Philadelphia besetzt. Der Kongreß war wiederum geflohen. Die Trümmer des amerikanischen Hauptheeres zogen sich nach Valley Forge zurück, ohne Sold, Lebensmittel und Munition. Ihre Auflösung schien nur noch eine Frage der Zeit. Da erreichte sie die Siegesmeldung von Saratoga.

Howe hatte länger als vorgesehen in Pennsylvania operiert und daher Burgoyne nicht rechtzeitig unterstützen können. Indessen war die britische Nordarmee am oberen Hudson River durch kleinere Kampfgruppen der amerikanischen Generale John Stark, Daniel Morgan und Benedict Arnold aufgehalten, nach einer Niederlage ihrer Indianer-Kontingente von den rückwärtigen Verbindungen abgeschnitten und mit zuletzt noch 5700 Soldaten von General Horatio Gates bei Saratoga zur Kapitulation gezwungen worden (1777).

Diese Entscheidung hob nicht nur die Moral des amerikanischen Hauptheeres, das jetzt von Steuben unter modernen Gesichtspunkten ausgebildet werden konnte. Sie veranlaßte gleichzeitig Lord North zu neuen Kompromißvorschlägen. Als er mit Franklin, der in Paris weilte, Fühlung aufnehmen ließ, beeilten sich die Ratgeber König Ludwigs XVI., etwaigen Friedensgesprächen durch Abschluß eines regelrechten Bündnisvertrages zwischen Frankreich und den Vereinigten Staaten zuvorzukommen (1778).

Diese Allianz verschaffte den Amerikanern wertvolle militärische Unterstützung und gab ihnen freie Hand gegenüber Kanada und Bermuda. Die Krone von Frankreich gedachte sich durch Eroberungen in Westindien beträchtlichen Gewinn zu verschaffen. Spanien wollte mit Rücksicht auf seine Kolonien die Unabhängigkeit der Vereinigten Staaten nicht anerkennen, hoffte jedoch auf Wiedergewinnung von Florida und erklärte schließlich auf Drängen des französischen Hofes ebenfalls Großbritannien den Krieg (1779).

Den Briten war es nicht gelungen, durch Entsendung einer Friedenskommission nach Philadelphia das Bündnis zwischen Frankreich und den Vereinigten Staaten zu sprengen. Militärisch hatten sie jedoch trotz der Kapitulation von Saratoga die Initiative behalten, weite Grenzlandgebiete verheert und Washingtons Stellvertreter bei Monmouth besiegt, einen franko-amerikanischen Angriff auf Newport abgeschlagen und den Schwerpunkt der Operationen nach Süden verlegt, wo Savannah in ihre Hände fiel.

Ein Versuch der Franzosen, die Stadt zurückzuerobern, scheiterte. Englische Streitkräfte durchzogen Georgia, South und North Carolina, nahmen Charleston, schlugen Gates und Morgan, die sich ihnen entgegenwarfen, und drangen schließlich in Virginia ein. Damit zog für die Vereinigten Staaten eine neue schwere Krise herauf, zumal unlängst General Benedict Arnold die Seite gewechselt hatte, Meutereien das amerikanische Hauptheer lähmten und die Finanzpolitik des Kongresses vor dem Ruin stand (1780).

Nach kunstgerechten Operationen gegen Lafayette und Steuben bezog die britische Südarmee des Generals Lord Cornwallis auf Betreiben von Germain eine feste Stellung in Yorktown, um über See die Verbindung mit New York herzustellen. Die Royal Navy nahm aber darauf zuwenig Rücksicht. Ehe sich die Masse ihrer Verbände vor der Chesapeake Bay versammelte, erschien dort, aus Westindien kommend, eine französische Flotte unter dem Admiral François de Grasse und begann die Engländer zu blockieren.

Gleichzeitig vereinigte sich das seit Monaten untätig in Rhode Island stehende Expeditionskorps des französischen Grafen Rochambeau oberhalb von New York mit Washingtons reorganisiertem Hauptheer zum gemeinsamen Marsch nach Virginia. Als de Grasse das Gros der verspätet eingetroffenen britischen Flotte zwischen den Kaps Charles und Henry schlug, konnten diese Landstreitkräfte über die Chesapeake Bay setzen und Yorktown belagern. Fünf Wochen später kapitulierte Lord Cornwallis (1781).

Der britische Oberbefehlshaber Sir Guy Carleton sah keine Veranlassung, den Krieg abzubrechen. Er hielt weiterhin New York und Kanada besetzt und verstärkte diese vorteilhaften Positionen noch durch Räumung von Savannah, Charleston und Wilmington. Auch führten Indianer und Loyalisten wieder harte Schläge gegen die Siedler im Trans-Appalachian-Westen. Aber Lord North war auf Drängen des House of Commons zurückgetreten, und seine Nachfolger streckten erneut Friedensfühler zu Franklin aus (1782).

Diesmal stand von vornherein fest, daß Großbritannien die Unabhängigkeit der Vereinigten Staaten anerkennen würde. Der Kongreß nahm daher nicht Rücksicht auf das verbündete Frankreich, sondern ernannte John Adams, Benjamin Franklin, Henry Laurens und John Jay zu Unterhändlern. Ihre Hoffnungen auf Kanada und Florida (das England, um Gibraltar behalten zu können, an Spanien abtrat) trogen zwar, doch sollten sich die Amerikaner nunmehr im Trans-Appalachian-Westen bis zum Mississippi ausdehnen dürfen.

In den Friedenspräliminarien wurden die Grenzen der Vereinigten Staaten festgelegt sowie Vorkriegsschulden und Fischereirechte geregelt. Der Kongreß sollte geloben, den Loyalisten ihr Eigentum zurückzuerstatten und sie nicht weiter zu verfolgen – eine fragwürdige Auflage, da die Versammlung keine entsprechenden Vollmachten hatte und etwa 100000 königstreue Amerikaner schon nach Westindien, Kanada und England ausgewandert waren oder bald mit der britischen Armee ihre Heimat verließen.

Als der leitende französische Minister von diesem Vorvertrag erfuhr, reagierte er mit Bitterkeit. Aber auch für Frankreich hatte das Kräftemessen jeden Sinn verloren, nachdem sein Haushaltsdefizit infolge des kostspieligen Überseekrieges unerträglich geworden war. Die Pariser Verhandlungen zogen daher weitere Kreise. Anfang 1783 einigten sich die Großmächte in Versailles. Drei Monate später ratifizierte der Kongreß das von Adams, Franklin, Laurens und Jay ausgehandelte Friedenstraktat.

VOM STAATENBUND ZUM BUNDESSTAAT

Mit dem Vertrag von Paris begann für die USA keine Zeit des Wohlergehens. Der amerikanische Export konnte sich von seinen Rückschlägen nur langsam erholen. Das Finanzwesen war zerrüttet. Die Auslandsschuld betrug 7,88 Millionen Pfund, der Zinsrückstand 1,76 Millionen Pfund Sterling. Das jährliche Steueraufkommen deckte zwar den größten Teil der laufenden Zahlungsverpflichtungen, nicht aber die entstandenen Kriegskosten und Folgelasten. Angesichts dieser Lage bedienten sich der Bund und die Einzelstaaten des fragwürdigen Allheilmittels der Notenpresse.

Die Inflation führte zu sozialen Spannungen. Besonders hart trafen ihre Auswirkungen die entlassenen Soldaten. Man hatte sie mit Schuldscheinen abgefunden. Doch um leben zu können, mußten viele Veteranen ihre Zertifikate weit unter Nennwert verkaufen. Die dabei erlittenen Einbußen waren empörend. Mehrere Offiziere forderten eine Militärdiktatur. Andere wollten die Vereinigten Staaten im Stich lassen und jenseits der Appalachen einen neuen, unabhängigen Staat gründen. Ein Haufen von Meuterern marschierte auf Philadelphia. Der Kongreß floh nach Annapolis.

Zahlreiche Ladenbesitzer schlossen ihre Geschäfte, weil sie keine Waren gegen inflationäres Papiergeld abgeben wollten. Hunderte von Gläubigern flohen vor den zahlungswilligen Schuldnern. Die Farmer freilich konnten nicht einmal versuchen, drückende finanzielle Lasten auf billige Weise loszuwerden, denn viele Landleute verfügten seit dem Zusammenbruch des Lebensmittelexports nach Westindien über keine nennenswerten Einnahmen mehr. Die Folgen waren Pfändungen und Prozesse. In Massachusetts kam es deshalb zu einem Aufstand, den die Bostoner Regierung blutig niederwarf.

Die Revolution war im Krieg nicht zum Stillstand gekommen. Ihre antiaristokratische Tendenz hatte sich weiter verstärkt. Der Leitsatz, daß die Gesellschaft wertvoller sei als der Staat, sollte konsequent verwirklicht werden. Gelegenheit dazu bot die Aufteilung aller Ländereien des englischen Königs, der Lords Proprietors und vertriebenen Loyalisten. Die auf diese Weise geschaffenen Neusiedlerstellen erwiesen sich später als eine soziale Voraussetzung für die Agrar-Demokratie Jeffersonscher Prägung.

Die Adelsprädikate und der Pachtzins, Primogenitur und Fideikommiß waren abgeschafft, sämtliche Vorrechte der fast überall privilegierten Kirche von England aufgehoben, ihre Besitztümer konfisziert, der Zehnte gestrichen, Colleges der geistlichen Aufsicht entzogen. Zugleich milderte man eine Reihe besonders harter Strafen aus dem englischen Common Law. Niemand sollte noch wegen seiner finanziellen Verschuldung ins Gefängnis kommen.

Auch mit dem Grundsatz der Unabhängigkeitserklärung, daß „alle Menschen gleich geschaffen" und „von ihrem Schöpfer mit gewissen unveräußerlichen Rechten" wie „Leben, Freiheit und Streben nach Glück" ausgestattet seien, war es den Amerikanern ernst. Nicht weniger als elf Staaten hatten während des Krieges den Sklavenhandel verboten oder empfindlich besteuert. Massachusetts und New Hampshire erklärten auch die Sklavenhaltung für ungesetzlich, gefolgt von Pennsylvania, Connecticut und Rhode Island, New York und New Jersey.

Diese nördlichen und mittleren Staaten, von denen jeder innerhalb seiner Grenzen unlängst nur etwa 700 bis 20000 Farbige registriert hatte, vermochten die sofortige oder graduelle Emanzipation der afrikanischen Bevölkerungselemente ohne große Schwierigkeiten zu bewältigen. Anders lagen die Verhältnisse im Süden, wo 529000 Neger lebten. South Carolina mußte entsprechende Gesetzesmaßnahmen rückgängig machen, als aus der Sklavenfrage ein Negerproblem wurde, ähnlich Virginia, das am Ende des Unabhängigkeitskrieges 10000 Neger freigelassen hatte.

Die soziale Bewegung der Radikalen war auf unverrückbare Schranken gestoßen. Nicht einmal mehr durch die Aufteilung der beschlagnahmten Latifundien ließ sich das Gleichheitsideal noch verwirklichen. Der König, die Lords Proprietors und Loyalisten, deren Güter zum Verkauf angeboten wurden, waren keine Kaste. Auch unter den Whigs gab es zahlreiche Großgrundbesitzer, nicht zuletzt die als „Patrioten" bekannten virginischen Pflanzer. Sie konnten nun ebenso wie andere Agrarier konfisziertes Land erwerben.

Auf Grund gesetzlicher Bestimmungen kamen viele kleine Farmer für wenig Geld zu ansehnlichem Besitz. Aber gleichzeitig wurden die im Lande gebliebenen Plantagenherren reicher als je zuvor. Beide Bevölkerungsgruppen bewahrten das liberale Ideengut. Nur verkörperte das eine Element mehr den demokratischen Fortschritt, während das andere den vertriebenen Loyalisten an konservativer Gesinnung bald nicht nachstand. Damit zeichnete sich ein bemerkenswertes Ergebnis ab: der revolutionäre Umsturz hatte die Gesellschaftsstruktur nicht wesentlich verändert; seine Schwerpunkte lagen hauptsächlich im politischen Experiment.

Paine und Jefferson vertraten den Standpunkt, daß es Sache des Volkes sei, sich eine Regierung zu geben. Diese Theorie vom Gesellschaftsvertrag konnte nicht nach einem gegebenen Modell verwirklicht werden. Sieben ehemalige Kolonien – auch das neu hinzugekommene Vermont – hatten ihre Verfassungen im Kriege durch gesetzgebende Körperschaften oder Konvente erhalten, deren drei ohne Vollmacht handelten und auch hinterher „das Volk" nicht befragten.

In Maryland, Pennsylvania und North Carolina waren die fertigen Verfassungen den Wahlberechtigten zur Abstimmung vorgelegt und von ihnen mit Mehrheit gutgeheißen worden. Dagegen hatten Massachusetts (1780) und New Hampshire (1784) für den ausdrücklich genannten Zweck konstituierende Versammlungen wählen und anschließend über das Ergebnis ihrer Beratungen durch „das Volk" entscheiden lassen. Allein dieser letzte Modus machte Geschichte.

Jede Körperschaft hatte an die Spitze des Verfassungstextes eine Bill of Rights gestellt. Damit kodifizierten sie alle – nicht ganz einheitlich, aber vorwiegend – die Rede-, Gewissens-, Presse- und Versammlungsfreiheit, Habeas Corpus, das Recht auf Gleichheit vor dem Gesetz und schnelles Gerichtsverfahren, Verteidigung und unparteiisches Urteil, Waffenbesitz und Unverletzlichkeit der Wohnung, Wahlen, Mehrheitsbeschlüsse und Petitionen.

Die Regierungen mußten sich ein System der Gewaltenteilung (balance of powers) und des Ämterwechsels (rotation in office) gefallen lassen. Es war ihnen untersagt, stehende Heere anstelle von Miliztruppen zu unterhalten. Sie durften in Friedenszeiten kein Kriegsrecht verhängen, weder Ex-post-facto-Gesetze anwenden noch den Verratsbegriff so definieren, daß dadurch mißliebige Personen ausgeschaltet wurden. Eigentum sollte nur unter bestimmten Umständen und gegen angemessene Entschädigung requiriert werden, eine Festnahme ohne Haftbefehl niemals rechtens sein.

Kein Mensch war sorgfältiger gegen Willkürakte seiner Obrigkeit abgeschirmt als der weiße Amerikaner. Doch bedeutete dies nicht, daß er auch volles Mitspracherecht besaß. Die Frauen blieben ausgeschlossen. Männer, die wenigstens eine Kopfsteuer entrichteten, durften nur in Pennsylvania, New Hampshire und Georgia wählen; alle anderen Staaten erlegten ihnen weitere Beschränkungen auf. Wer einer Legislatur, namentlich der ersten Kammer, angehören wollte oder Ämter zu bekleiden wünschte, mußte vermögend sein.

Daher konnte die vielfach durchgeführte Neuverteilung der Wahlkreise und Abgeordnetensitze den alten Spannungsgegensatz zwischen Binnengrafschaften und Küstenregionen nur teilweise aufheben. Denn sämtliche Staaten mit Ausnahme von Pennsylvania hatten zwei Kammern. Im „Quäker-Staat" kam es denn auch zu einem befriedigenden Ausgleich, ebenso wie in dem landeinwärts gelegenen Vermont. Die meisten Legislaturen schlossen jedoch fragwürdige Kompromisse, und South Carolina hielt an dem Ungleichgewicht fest.

Zu den antiaristokratischen Tendenzen der Revolution war eine zweite, nicht weniger tiefe Abneigung gekommen: die Sorge vor der Pöbelherrschaft (mob rule). Beide Komplexe hielten sich etwa die Waage und stärkten auf Grund ihrer vielfachen Befürchtungen den gesetzgebenden Zweig der Staatsgewalt. Dagegen wurde die Exekutive fast überall mit auffallend wenigen Befugnissen ausgestattet. Nur Massachusetts, das für sie ein Vetorecht schuf, und New York erhielten starke Regierungen.

Schlecht stand es um die nach einem Entwurf von John Dickinson zustande gekommene Konföderation. Auf ihr lastete das aus der Empire-Zeit stammende Problem des Gleichgewichts zwischen umfassenden und partikularen Interessen. Dabei blieb ungewiß, ob diese „ewige Union" ein Regierungssystem sein konnte, das über den geschlossenen Vertrag hinaus Gestalt annahm. Artikel II ließ jedem Staat seine Souveränität und Unabhängigkeit. Artikel III sprach von einem „festen Freundschaftsbund" ("Firm League of Friendship").

Der Kongreß, das wichtigste Organ der Konföderation, besaß scheinbar umfangreiche Vollmachten. Er sollte über Krieg und Frieden entscheiden, Botschafter ernennen und akkreditieren, Verträge und Bündnisse abschließen, Gewicht, Maß und Münze regeln, den Postdienst unterhalten, die indianischen Angelegenheiten verwalten, Anleihen aufnehmen, das Heer zu den Fahnen rufen und die Flotte ausrüsten, materielle Unterstützung anfordern und Streitigkeiten zwischen einzelnen Staaten schlichten.

Indes fehlte der Versammlung die nötige Autorität. Ihre politischen Geschäfte wurden auf mannigfache Weise gehemmt, war doch jeder Delegierte an Weisungen seines Heimatstaates gebunden, der – ohne Rücksicht auf Gebietsumfang und Bevölkerungszahl – eine Stimme abgab und dieses Votum zuvor immer erst in zeitraubenden parlamentarischen Prozeduren festlegen ließ. Wichtige Vorhaben blieben auch deshalb jahrelang liegen, weil viele Kongreßmitglieder die Tagungen nur unregelmäßig besuchten.

Da der Kongreß nicht direkt Steuern auszuschreiben vermochte, litt er an Geldmangel. Immerhin hatte die Versammlung den Dollar zum

Zahlungsmittel bestimmt und eine bescheidene Exekutive geschaffen, indem sie Staatssekretäre ernannte und Ämter (boards) gründete. Aber es gab kein Staatsoberhaupt, keinen Regierungschef, der ihre Tätigkeit lenken oder wenigstens koordinieren konnte. Insbesondere fehlte zur Durchsetzung der gefaßten Beschlüsse eine in letzter Instanz ausschlaggebende Bundesjustiz.

Dies alles waren fühlbare Schwächemomente angesichts der wirtschaftlichen Depression. Ihre Auswirkungen trafen besonders die Einzelstaaten. Mehrere von ihnen neigten daher zu protektionistischen Maßnahmen. Sie belegten Handelsgüter ihrer Nachbarn mit hohen Abgaben. Auch ließen verschiedene Legislaturen ohne Rücksicht auf die alleinige Zuständigkeit des Kongresses eigenes Papiergeld drucken und Münzen prägen. Kein Staat wollte wesentliche Elemente seiner Souveränität preisgeben. Jeder hatte Gründe genug, sich wie eine unabhängige Republik zu verhalten.

Hinzu kam die Frage der Westgebiete. Sie umfaßte verwickelte Probleme des privaten und öffentlichen Besitzes. Alte Rechtstitel aus den kolonialen Freibriefen waren großenteils durch die Verordnung des Jahres 1763 und das Quebec-Gesetz aufgehoben, wurden aber erneut geltend gemacht. Und diesen schwer überschaubaren Komplex verwirrten vollends die mannigfachen Ansprüche der Pelzhändler und Bodenspekulanten, Indianer und Squatters. Sogar der König von Spanien wollte seine Hand noch auf einen breiten Landstreifen zwischen Georgia und dem Mississippi legen.

Die Folge waren lang anhaltende Spannungen. Alle Staaten, die unter Berufung auf koloniale Freibriefe westliche Territorien in Anspruch nahmen, wollten jenseits der Appalachen entlassene Soldaten abfinden und durch Abgabe von Land ihre Kriegskosten decken. Demgegenüber hatten die Habenichtse das Nachsehen, schlimmer noch: sie fürchteten, daß, wenn erst einmal billiger Boden zu haben wäre, zahlreiche Farmer dem Lockruf des Westens folgen würden.

Zum Sprecher der sogenannten Habenichtse war Maryland geworden. Gleich zu Beginn hatte es eine Übernahme des „mit dem gemeinsamen Blut" aller Amerikaner erworbenen Westens durch den Bund gefordert und so lange die Ratifizierung der Konföderationsartikel hinausgezögert, bis New York zustimmte, gefolgt von Connecticut, Massachusetts und Virginia. Nach diesen Beschlüssen konnte sich der Kongreß wenigstens des nordwestlichen Territoriums zwischen dem Ohio River und den großen Seen annehmen.

Um dort Ordnung zu schaffen, schloß die Konföderation mit den Irokesen und anderen Indianern mehrere Verträge. Bald darauf entsandte sie ein Expeditionskorps, das die Blockhütten der Squatters auf dem Nordufer des Ohio niederbrannte. Dieser Gewaltakt wie auch verschiedene Übergriffe von indianischer Seite führten zu jahrelangen schweren Kämpfen zwischen den Eingeborenen und der de facto bereits vorhandenen Regierung des künftigen Staates Kentucky.

Indessen berieten zwei Ausschüsse unter Jefferson die Probleme des Westens. Das Ergebnis war der Entwurf einer Verordnung. Jenseits der Appalachen sollten nicht weniger als sechzehn Territorien entstehen, über eine sich stufenweise konstituierende Selbstverwaltung zur Eigenstaatlichkeit heranreifen und schließlich in den Bund aufgenommen werden. Obwohl der Kongreß diesen Plan guthieß, bekam er nie Gesetzeskraft. Immerhin wurde seine Konzeption eine feste Basis für manche folgende Regelung.

Der Entwurf hatte eine Verordnung (Basic Land Ordinance) zur Folge (1785). Sie gebot die rechtwinklige Vermessung des Neulands und seine Aufteilung in Grafschaften (counties) und Stadtkreise (townships) zu sechs Quadratmeilen. Jede Township sollte 36 Areale zu 640 Acres umfassen. Vier dieser Abschnitte wurden für Bundesbehörden reserviert, andere sollten Schulen und Universitäten zugute kommen. Der Kaufpreis für den Morgen (acre) betrug 1 Dollar. Mit zahlreichen Änderungen blieb diese Rechtsgrundlage achtundsiebzig Jahre in Kraft.

Weitere Elemente der Jefferson-Vorlage enthielt die im übernächsten Jahr erlassene Nordwest-Verordnung (Northwest Ordinance). Das durch sie organisierte Territorium wurde zunächst von einem Gouverneur, seinem Sekretär und fünf Richtern verwaltet, die der Kongreß ernannte. Je 5000 wahlberechtigte Männer dieses Gebietes sollten eine Legislatur wählen und damit unter Wahrung bestimmter Freiheitsrechte "on an equal footing with the original states" die Eckpfeiler für drei bis fünf neue Staaten errichten und dann um Aufnahme in die Union ersuchen dürfen.

Mit der Ordonnanz des Jahres 1787 hatte die Konföderation am Ende ihres kurzen, dornenreichen Weges noch eine revolutionäre Leistung von großer Tragweite vollbracht. Die bisherige, für alle Amerikaner diskreditierte Kolonialpolitik war überwunden. Die Westgebiete konnten keine Ausbeutungsobjekte des Mutterlandes werden. Sie sollten sich selber Verfassungen geben und danach kraft eigenen Entschlusses als gleichberechtigte Staaten um Aufnahme in die Union ersuchen.

Allerdings stand nun das Ende der Konföderation bevor. Die Soldatenmeuterei von Philadelphia und der Aufstand in Massachusetts, die finanzielle Unterordnung und das wirtschaftliche Debakel, der Partikularismus und die Schwäche der Zentralgewalt hatten für viele Beobachter trostlose Bilder des Zerfalls heraufbeschworen. Immer mehr Amerikaner, namentlich die Wohlhabenden und Gebildeten unter ihnen, fürchteten sich vor dem drohenden Zusammenbruch, der sie teuer zu stehen kommen mußte.

Kaufleute und Fabrikanten verdrossen die Stockungen des zwischenstaatlichen Handels und der Preisdruck durch Einfuhren aus fremden Ländern. Inhaber von Anleihepapieren waren enttäuscht, weil ihre Obligationen bis auf zehn Prozent des Nennwertes sanken und die Zinsen nur unregelmäßig oder überhaupt nicht eingingen. Besitzer brachliegender Böden im Westen beklagten das Fehlen starker Streitkräfte, mit denen die Indianer bekämpft und eine ungestörte Ansiedlung hätte gewährleistet werden können.

Bloße Klasseninteressen wird man den Kritikern der Konföderation gleichwohl nicht unterstellen dürfen. Unterschiedliche Persönlichkeiten forderten die Konstituierung einer neuen, handlungsfähigen Zentralgewalt. An die Spitze der nationalen Bewegung trat General George Washington. Ihre geschicktesten Taktiker waren James Madison, James Wilson und der New Yorker Rechtsanwalt Alexander Hamilton, ein ehemaliger Offizier aus dem Stab des Oberbefehlshabers.

Zunächst ging es um Schiffahrtsrechte. Doch als Virginia auf Drängen von Madison zu einer Konferenz nach Annapolis lud, wurde die nationale Frage das Hauptthema. Die Mehrheit der fünf vertretenen Staaten folgte den Vorschlägen Hamiltons. Seine Formulierungen wurden zu Leitsätzen des Schlußberichts, den die meisten Legislaturen guthießen. Darauf sah sich der Kongreß veranlaßt, der Eröffnung eines Verfassungskonventes in Philadelphia am 25. Mai 1787 zuzustimmen.

Er zählte 55 Delegierte, darunter 31 Akademiker, sämtlich Teilnehmer des Unabhängigkeitskampfes. Einige Revolutionäre fehlten zwar; Patrick Henry war ferngeblieben, weil er „Unrat witterte", John Jay leitete die auswärtigen Angelegenheiten der Konföderation, Thomas Jefferson und John Adams weilten als Gesandte in Europa. Andere erfahrene Männer – George Washington und Benjamin Franklin, Robert Morris, James Madison und Alexander Hamilton – konnten ihre Ideen jedoch zur Geltung bringen.

Der Konvent wurde sich bald über seine Aufgaben schlüssig. Er wollte unter dem Vorsitz von Washington in geheimen Beratungen die Konföderationsartikel durch eine Verfassung ersetzen. Die Staaten sollten auf einen Teil ihrer Souveränitätsrechte verzichten, ein vom Volke gewählter Kongreß künftig Steuern erheben, Gelder für die Streitkräfte und das allgemeine Wohl bewilligen sowie den zwischenstaatlichen und auswärtigen Handel regeln.

Um die Einzelheiten wurde in Philadelphia vier Monate lang unter Ausschluß der Öffentlichkeit erbittert gerungen. Zur Debatte stand ein Kompromiß zwischen der (vorhandenen) Staatssouveränität und der (noch zu verwirklichenden) Volkssouveränität, das Zweikammersystem des künftigen Kongresses sowie dessen Wahl und Zusammensetzung, ferner die Strukturelemente und Vollmachten der Exekutive und endlich die heikle Frage der Ratifikation.

Als sich am 17. September 1787 der Schleier über dem Beratungsergebnis des Konventes lüftete, stand Amerika vor einem völlig neuen Konzept. Der Bund und seine Gesetze sollten absoluten Vorrang haben, Organe der Zentralgewalt ihnen über die Köpfe der einzelstaatlichen Legislaturen und Landesbeamten hinweg jederzeit Gehorsam verschaffen können. Von der in den Konföderationsartikeln betonten Souveränität, Freiheit und Unabhängigkeit der Staaten war nicht mehr die Rede. Der Verfassungstext begann mit den Worten: "We the People of the United States ..."

Die Volkssouveränität hatte Übergewicht. So berücksichtigte vor allem die nach einem zweijährigen Wahlturnus wechselnde Zusammensetzung des Repräsentantenhauses den Willen der Wähler. Auch die zweite Kammer des Kongresses, den Senat, in welchen jeder Staat, ob groß oder klein, zwei Vertreter entsandte, konnten partikulare Gewalten kaum beeinflussen, weil die Senatoren alle sechs Jahre gewählt wurden, ihren Sold vom Bund erhielten und nicht an Weisungen der Heimatstaaten gebunden waren.

Die Volkssouveränität kam noch auf einem anderen Gebiet zur Geltung. Nach längeren Beratungen hatte der Konvent beschlossen, die Exekutive einem einzigen Mann anzuvertrauen und nicht, wie auch vorgeschlagen worden war, mehreren Personen. Dieser Präsident sollte durch Elektoren (electors) erkoren werden. Die Aufstellung der Wahlmänner blieb den einzelstaatlichen Legislaturen überlassen. Die Verfassung bestimmte auf Grund der Bevölkerungsstatistik, wie viele Elektoren jeder Staat stellte.

Den partikularen Gewalten blieben nur Reste ihrer bisherigen Zuständigkeit. Die Staaten durften keine Münzen mehr prägen, Kreditscheine ausgeben, Zölle erheben, Bündnisse schließen und militärische Operationen einleiten. Ihnen war verboten, Ex-post-facto-Gesetze und Strafbestimmungen ohne öffentliches Verfahren (bills of attainder) zu verabschieden. Sie mußten Urkunden und Gerichtsurteile der übrigen Staaten anerkennen und die Rechte jedes Bürgers respektieren.

Dagegen hatte der Konvent die Zuständigkeit des Bundes erweitert. Doch aus Furcht vor Tyrannei war die Zentralgewalt einem System der

Kontrollen und Gegengewichte (checks and balances) unterworfen und nach dem Prinzip von Montesquieu in drei selbständige Teile – Legislative, Exekutive und Judikative – zerlegt. Kein Zweig der Regierung sollte übermächtig werden, keine Partei jemals imstande sein, sich des ganzen Herrschaftsapparates zu bemächtigen.

Die gesetzgebende Gewalt (Legislative) verkörperten Senat und Repräsentantenhaus des neuen Kongresses. Er konnte Steuern und Zölle erheben, Anleihen aufnehmen und mußte die öffentlichen Schulden bezahlen, für Verteidigung und „allgemeine Wohlfahrt" sorgen, über Geld, Maß und Gewicht bestimmen, den Handel organisieren, Postämter und Straßen bauen, Wissenschaften und Künste durch ein Copyright fördern, Bundesgerichte einsetzen, Seeräuberei und Verbrechen gegen das Völkerrecht ahnden, den Krieg erklären und Kaperbriefe ausstellen, Heer und Flotte unterhalten.

Die vollziehende Gewalt (Exekutive) lag in den Händen des Präsidenten, der als Staatsoberhaupt, Regierungschef und Befehlshaber so weitgehende Befugnisse hatte, daß ihm einige Politiker den Titel eines „Königs der Vereinigten Staaten" zuerkennen wollten. Tatsächlich entsprach seine Stellung fast der eines Monarchen, wenn auch nur auf vier Jahre. Er konnte alle wichtigen Posten besetzen, Richtlinien festlegen und Botschaften ergehen lassen, Verträge schließen sowie Unterhändler entsenden und empfangen.

Die richterliche Gewalt (Judikative) lag beim Obersten Gerichtshof (Supreme Court) und den unteren Bundesgerichten. Sie erstreckte sich auf „alle nach Gesetz und Billigkeit zu entscheidenden Rechtsfälle", soweit sie die USA betrafen, Konflikte der Schiffahrt und des auswärtigen Dienstes, der einzelnen Staaten und des Bundes sowie der Staaten untereinander. Auch Streitigkeiten zwischen einem Staat und Bürger eines anderen beziehungsweise der Privatpersonen verschiedener Staaten sollten letztinstanzlich durch Bundesgerichte entschieden werden.

Keine der drei Gewalten war unumschränkt. Jede sah sich an die Verfassung, Gesetze und Verträge gebunden. Die Legislative mußte Entscheidungen des Obersten Gerichtshofes berücksichtigen und mit dem aufschiebenden Veto des Präsidenten rechnen. Der Präsident brauchte für seine Vertragsschlüsse und Ernennungen (zum Beispiel aller höheren Justizpersonen) die Zustimmung einer Zweidrittelmehrheit des Senates; er konnte sogar angeklagt und abgesetzt werden. Die vom Präsidenten ernannten Bundesrichter blieben auf Zeit ihrer Würdigkeit (good behavior) im Amt.

Trotz der Kontrollen und Gegengewichte ermöglichte die neue Konstitution das Zustandekommen einer starken Zentralgewalt. Dies wurde denn auch von allen politischen Beobachtern richtig erkannt. Viele, wohl die meisten Amerikaner sahen deshalb in der Verfassung ein Übel. Es war daher entscheidend, daß der Konvent die Ratifikation der Verfassung nicht einer Volkswahl oder den einzelstaatlichen Legislaturen überließ, sondern eigens zu diesem Zweck gewählten Versammlungen (conventions) auftrug.

In Delaware, Pennsylvania und New Jersey wurde die Verfassung schon 1787 gutgeheißen; andere Staaten zögerten, und Rhode Island verwarf die Vorlage sogar. Doch Mitte 1788 hatten von den 13 Staaten neun ratifiziert, so daß die Konstitution in Kraft treten konnte. Als auch Virginia und New York folgten, war die Gefahr einer Zerreißung des Bundesgebietes überwunden. Der alte Kongreß bereitete noch die notwendigen Wahlen vor, dann ging er auseinander.

DIE JUNGE REPUBLIK 1789–1801

Das Erlebnis der Revolution und des Unabhängigkeitskrieges hatte vielen Amerikanern die Überzeugung vermittelt, Angehörige einer Nation zu sein. Diese Eingebung wurde durch die Bücher der Historiker David Ramsey, William Gordon und Mercy Warren bestätigt und von Dichtern wie Joel Barlow und William Dunlap verklärt. Idealen Ausdruck fand der nationale Gedanke in den Bildern eines John Trumbull, Gilbert Stuart und Charles Wilson Peale.

Das überragende literarische Werk jener Zeit war "The Federalist", eine von Hamilton, Jay und Madison geschriebene Reihe von 85 Essays, die der Verfassung zur Ratifikation verhelfen sollten. Aber sowenig die drei Autoren der nun auch als Buch vorliegenden Publikation politische Freunde blieben, konnte das amerikanische Volk über die Entscheidung der Jahre 1787 bis 1789 und den damit eingeschlagenen Weg ungeteilter Meinung sein.

Einige Gegensätze zwischen Föderalisten und Antiföderalisten, Befürwortern und Widersachern der Verfassung waren entschärft worden, als sich Washington bereit fand, für das höchste Amt zu kandidieren. So erhielt er denn auch alle 69 Elektorenstimmen. Ungehindert konnte der General nach New York, in die provisorische Hauptstadt der Vereinigten Staaten, reisen, den Eid des Präsidenten ablegen und mit dem Aufbau der Exekutive beginnen.

Letzten Einwänden hartnäckiger Antiföderalisten hatte Washington in seiner Inaugurations-Botschaft den Hinweis auf mögliche Verfassungsänderungen entgegengesetzt. Wenige Monate später brachte James Madison das Repräsentantenhaus des neuen Kongresses so weit, daß es zwölf Forderungen der Ratifizierungskonvente, eine sogenannte Bill of Rights für die Konstitution, unterstützte. Zehn dieser Anträge wurden durch die einzelnen Staaten gutgeheißen und als Amendments der Verfassung hinzugefügt. Sie gewährten Religions-, Rede-, Presse-, Versammlungs- und Petitionsfreiheit, das Recht auf Waffenbesitz und Schutz gegen willkürliche Einquartierung, Hausdurchsuchung, Verhaftung, Beschlagnahmung und Enteignung, garantierten schnelle, öffentliche und unparteiische Strafverfahren mit Beistand eines Verteidigers, verboten jeden Zwang zur Selbstbezichtigung vor Gericht, übermäßige Kautionen, grausame oder ungewöhnliche Strafen.

Damit schienen alle Streitpunkte zwischen den Föderalisten und Antiföderalisten beseitigt. Andere Fragen, wie die Verlegung der Bundesinstitutionen nach Philadelphia und schließlich an den Potomac River, wo eine völlig neue Hauptstadt gebaut werden sollte, führten zu keinen größeren Kontroversen. Auch das Gesetz über die Errichtung des Obersten Gerichtshofes und dreizehn untere Bundesgerichte trat ohne nennenswerte Auseinandersetzung in Kraft.

Ebensowenig wurde die Personalpolitik des Präsidenten angefochten. Washington hatte zwar fast alle wichtigen Positionen mit Föderalisten besetzt und dazu außer Edmund Randolph (Attorney General), John Jay (Chief Justice) und Samuel Osgood (Postmaster General) den General Henry Knox (Secretary of War) und Alexander Hamilton (Secretary of the Treasury) herangezogen. Aber in seinem Regierungskabinett saß auch Thomas Jefferson (Secretary of State), der den Antiföderalisten nahestand.

Hamilton und Jefferson waren zwei entgegengesetzte Charaktere. Der federnde Gang, die tiefliegenden, dunkelblitzenden Augen des Schatzsekretärs zeugten von kämpferischen Eigenschaften, seine schmalen Lippen verströmten Charme und formulierten Sätze von bestechender Logik. Dagegen hatte der Staatssekretär eine lässige Haltung, gröbere Gesichtszüge, einen ruhigen, heiteren Blick; auch sprach er, den vorzugsweise Philosophie, Naturwissenschaft und Kunst beschäftigten, mit nachdenklichen Worten.

Hamiltons herrischer Hochmut war der eines Einzelgängers; der Schatzsekretär verabredete sich nur ungern mit anderen Politikern und überforderte seine Freunde nie. Jefferson hatte nicht weniger Zivilcourage, doch er vermied vorsichtig jede Blöße; stets beschäftigt, Briefe zu schreiben, Minen zu legen, still glühende Gedanken von durchschlagender Sprengwirkung auszubreiten, eignete sich der synthetische Geist dieses Mannes besonders zum Aufbau einer Partei.

Dem Schatzsekretär erschienen Ehrgeiz und Eigennutz schlechterdings als hervorstechende menschliche Charaktermerkmale; deshalb imponierte ihm Disziplin mehr als individueller Freiheitsdrang, darum forderte er eine starke Regierungsgewalt, gestützt auf die Macht des Reichtums und der Bajonette. Der Staatssekretär hingegen glaubte an „das Gute im Menschen“ und „die Leitkraft der Vernunft“. In seinem idealistischen Weltbild war der Staat, den Hamilton zuoberst setzte, nur eine Lebensform unter anderen und nicht einmal die wichtigste.

Zwei Anschauungen prallten aufeinander, die nach plutarchischem Muster persönlich zu fassen sind. Amerikanische Historiker gingen noch weiter und verglichen beide mit jenen Geistern, die nach Goethe um alles ringen, was den Menschen betrifft. Doch die Geschichte kennt keine Polarisierung in konträrer Moralität. Die Meinungsverschiedenheiten zwischen Hamilton und Jefferson führten nicht zum Sieg des einen über den anderen. Mit der Zeit verflochten sich die Grundlinien ihrer Ideen zu einem Ganglion.

Hamiltons große Stunde war gekommen, als der Kongreß nicht wußte, wie er den Verfassungsauftrag erfüllen und die öffentliche Schuld abtragen sollte. Das Repräsentantenhaus hatte den Schatzsekretär um einen Bericht über die fiskalische Lage und Möglichkeiten zu ihrer Besserung ersucht. Hamilton widmete sich der ihm gestellten Aufgabe mit Feuereifer. Scharfsinnig durchleuchtete er Probleme, die jeden anderen hätten verzweifeln lassen, seinen Geist jedoch zu kühnen Entwürfen anregten.

Das finanzielle Debakel, erklärte Hamilton, sei „der für die Freiheit bezahlte Preis". Desto entschiedener müsse die Ehre des Landes gewahrt und sein Kredit wiederhergestellt werden. Dies könne nur durch den Bund geschehen. Er solle daher nicht nur die Schulden der Konföderation, sondern auch alle einzelstaatlichen Verpflichtungen übernehmen und sämtliche Obligationen zum Nennwert fundieren. Neue Zölle und Steuern würden genügend Sicherheit schaffen.

Dieser Entwurf einer nationalen Fundierungspolitik hätte von einem erfahrenen europäischen Finanzmann stammen können. „Mit ehrfürchtigem Schweigen" folgte das Repräsentantenhaus der Verlesung des Berichtes, atemlos lauschte die Galerie. Stunden später entlud sich die Spannung. Zu Pferde, auf Wagen und Schiffen verließen zahllose Spekulanten New York, um draußen im Lande allen, die von Hamiltons Plan noch nichts wissen konnten, ihre scheinbar wertlosen Papiere für geringe Geldsummen abzuschwatzen.

Selbst ein Henry Knox, Beamte und Geistliche, Angehörige des Cincinnatus-Ordens, Kongreßmitglieder und Männer aus Hamiltons nächster Umgebung beteiligten sich an diesem Spiel. Viele Wertpapiere hatten allerdings den Besitzer gewechselt. Sie waren von kleinen Farmern, Ladeninhabern und abgedankten Soldaten veräußert worden und befanden sich jetzt in den Händen glücklicher Käufer. Ihnen machte die Fundierungspolitik ein unverdienstes Geschenk. Der einfache Mann jedoch, den die vorgesehenen Steuern am härtesten drücken mußten, zahlte die Zeche.

Indes ging es dem Schatzsekretär nicht um eine soziale Wohltat. Er war überzeugt, daß die Verfassung keine Zukunft hatte und wünschte daher, der Union bei den reichen Familien starken Rückhalt zu verschaffen. Selbst über die Versuchungen des Geldes erhaben, hielt

Hamilton das materielle Gewinnstreben dennoch für einen staatsfördernden Trieb. Erstaunlicherweise erhob sich gegen diese Konzeption vorerst kaum Widerstand, wurde auch in den Kongreßdebatten keine Alternative sichtbar.

Den Kongreß, der unlängst wieder nach Philadelphia übergesiedelt war, beschäftigten vorwiegend regionalpolitische Auseinandersetzungen. Im Unterschied zu dem stark verschuldeten Neu-England hatte der Süden viele seiner Gläubiger abgefunden. Er konnte daher aus der Konzeption des Schatzsekretärs keinen großen Nutzen ziehen und fürchtete, als reines Agrargebiet hinter den wegen ihrer mehr gewerblichen Wirtschaft bevorzugten Staaten des Nordens zurückzubleiben. Mit Madison an der Spitze wandten sich besonders Abgeordnete aus Virginia gegen Hamiltons Absichten.

Im Kabinett kam es zu Spannungen, als der Schatzsekretär dem Repräsentantenhaus die Gründung einer Nationalbank empfahl und George Washington hören wollte, wie seine engsten Berater darüber dachten. Jefferson erklärte das Projekt für unvereinbar mit den Bestimmungen des 10. Amendments, die alle nicht ausdrücklich der Union übertragenen Vollmachten den einzelnen Staaten zuerkannten. Hamilton verfocht dagegen die Theorie von den „stillschweigenden Machtbefugnissen" ("implied powers") des Bundes.

Wenige Monate später unternahmen Jefferson und Madison einen „Botanisierungsausflug" auf dem Hudson River. Sie wollten sich mit den Antiföderalisten des Staates New York verständigen. Ihre Gesprächspartner waren George Clinton und Aaron Burr, zwei Politiker aus dem vor anderthalb Jahren gegründeten Klub der „Söhne des heiligen Tammany". Man beschloß, den Schriftsteller Philip Freneau, einen Schulfreund von Madison, mit der "National Gazette" als Stachel gegen Hamilton anzusetzen.

Da sich in der Opposition nicht nur Antiföderalisten, sondern bald noch andere politische Kräfte zusammenfanden, bezeichnete Jefferson ihre Mitstreiter als „Republikaner". Doch je stärker diese Bewegung wurde, desto lauter riefen auch die Föderalisten oder "Feds", wie sie Freneau der Kürze halber nannte, zum Sammeln. So entstanden gegen Ende des Jahres 1791 zwei große überregionale Parteien mit vielen örtlichen Komitees und eigener Presse.

Zu den Republikanern stießen außer Freneau, Clinton und Burr noch andere ehrgeizige Politiker, namentlich Samuel Adams, James Madison und Albert Gallatin. Ihren Rückhalt bildeten die Massen der Farmer und Pflanzer, Handwerker und Ladeninhaber, viele kleine Leute, welche sich durch den Wahlmodus und das Spekulantentum übervorteilt sahen. Mit ihnen verkörperte Jeffersons Partei hauptsächlich das alte, ländliche Amerika und sein tief eingewurzeltes Verlangen nach Gleichberechtigung und Demokratie.

Als hartnäckige Anhänger der Föderalisten erwiesen sich hauptsächlich die in den Handelskammern vertretenen Kaufherren, Fabrikanten, Reeder und Finanzleute; auch hatten der Cincinnatus-Orden und die Mehrzahl der Anwälte und Ärzte, Professoren und Prediger für Hamiltons Politik Partei ergriffen. Ihre Vision war ein neues, kraftstrotzendes Amerika, das, gestützt auf Geld und Kredit, mit seinem Wagemut und Gewerbefleiß die wirtschaftlichen Verhältnisse der Kolonialzeit überwand.

Unterstützt durch die Föderalisten, erreichte der Schatzsekretär alle gesteckten Ziele. Die Bank wurde gegründet, die neue Währung, der Dollar, gefestigt. Abgestorbene Werte verwandelten sich über Nacht in börsenfähige Staatspapiere. Die USA hatten wieder Kredit; niederländische Geldgeber gewährten ihnen Anleihen. Industrie, Handel und Schiffahrt verzeichneten hohe Umsätze. „Hamilton", jubelte Daniel Webster, „schlug an den Fels der Rohstoffquellen unseres Landes, und Ströme des Reichtums brachen hervor!"

Doch von den Republikanern wurde immer wieder mit Nachdruck auf die Schattenseite des wirtschaftlichen Erfolges, das Zurückbleiben der Agrarstaaten, hingewiesen. Darüber hinaus fanden die oppositionellen Sprecher und Publizisten neue Anlässe zur Kritik. Heftig bekämpften sie das Milizgesetz des Jahres 1792 und die außenpolitischen Entscheidungen der Washington-Administration, obwohl Jefferson ebenso wie Hamilton den Präsidenten brieflich gebeten hatte, sich noch einmal wählen zu lassen.

Während zunächst Vermont und Kentucky, vier Jahre später auch Tennessee, in die Union aufgenommen wurden, tobte nördlich des Ohio River wieder ein Indianerkrieg. Er brachte den Bundestruppen schwere Rückschläge am Maumee und Wabash. Erst die durch Gesetz allen Staaten übertragene Vollmacht, ihre wehrfähigen Männer einzuberufen, ließ mit der Zeit eine für den Nordwesten bedeutungsvolle Entscheidung heranreifen: die Schlacht bei Fallen Timbers und den Abschluß des Friedens von Greenville.

Als die Kämpfe im Nordwesten zur Krise führten, sah sich Washington auch mit unangenehmen Auswirkungen der Französischen Revolution konfrontiert. Die neuen Pariser Machthaber hatten einen unabsehbaren Krieg gegen England und andere Staaten entfesselt und erinnerten Amerika an das 1778 gegebene Versprechen, alle Besitzungen Frankreichs in der Neuen Welt schützen zu wollen. Entsprechende Verteidigungsmaßnahmen der USA mußten jedoch, wenn man sie traf, Gegenaktionen Großbritanniens auslösen.

Washington nahm die damit verbundenen Gefahren sehr ernst, hatte doch England entgegen den Bestimmungen des Friedensvertrages noch kleine Garnisonen im Süden der kanadischen Seen zu stehen, welche die Indianer und eine mit ihnen verbündete Schar von Loyalisten unterstützten. Auch sonst gab es zwischen Großbritannien und den Vereinigten Staaten mancherlei Zündstoff, zum Beispiel das ungelöste Problem der beiderseitigen Vorkriegsschulden und die bisher ausgebliebenen Tory-Entschädigungen.

Angesichts dieser spannungsreichen Lage mußte Washington einen Zusammenstoß mit Großbritannien vermeiden. Er proklamierte daher die Neutralität der Vereinigten Staaten und genehmigte das Entlassungsgesuch von Jefferson, der lebhafte Sympathien für die Französische Revolution bekundet hatte und nun nicht länger im Amt bleiben wollte. Während Edmund Randolph das Department des zurückgetretenen Staatssekretärs übernahm, reiste John Jay als Sonderbotschafter zu Verhandlungen nach England.

Jay erzielte nur geringe Fortschritte. Daß sich die letzten Briten aus dem Nordwest-Territorium der USA zurückzogen, konnte kaum als echte Konzession gelten, denn sie hatten dort nichts mehr zu suchen, seit bei Fallen Timbers das kriegerische Aufgebot von zwölf Indianerstämmen vernichtet worden war. Die beschränkte Zulassung amerikanischer Kauffahrer in Westindien wurde als diskriminierend empfunden, sollte England doch für seinen Handel mit den Vereinigten Staaten alle Präferenzen genießen.

Die Neutralitätspolitik und der Jay-Vertrag geben den Republikanern erneut Anlaß zu wütenden Ausfällen. Diesmal richteten sich ihre Attacken gegen Washington. „Fluch seinen Tugenden“, rief Jefferson aus, „sie haben das Land zugrunde gerichtet!“ Thomas Paine nannte den von ihm einst hochverehrten General einen „Verräter und Heuchler“; es müsse, schrieb er, „der Welt schwerfallen, zu entscheiden“, ob dieser Präsident „gute Prinzipien im Stich gelassen“ habe „oder jemals solche besaß“.

Washington bewahrte inmitten des Sturms steinerne Ruhe. Er verweigerte dem Repräsentantenhaus die Vorlage der Jay-Papiere und traf damit eine grundlegende Entscheidung für die Zukunft. Aber sein Entschluß, sich von der Politik zurückzuziehen, stand nunmehr fest. Als die Föderalisten sahen, daß mit ihm nicht mehr zu rechnen war, setzten sie auf John Adams. Der ehemalige Gouverneur von Massachusetts gewann die Präsidentschaftswahl des Jahres 1796 und bildete ein Kabinett ohne Hamilton.

John Adams war ein erfahrener Politiker, doch fehlte ihm das Charisma des populären Parteiführers und Präsidenten. Seine unsicher schwankende Haltung irritierte die Freunde und bot den Gegnern manche Blöße. „Ob er nun boshaft, heiter, geistreich, freundlich, kühl, betrunken, nüchtern, ärgerlich, gemütlich, steif, eifersüchtig, vorsichtig, verschlossen, offenherzig oder vertrauensselig ist", notierte sich ein enger Mitarbeiter, „immer ist er's am falschen Fleck oder falschen Personen gegenüber."

Die Fortsetzung der von Washington eingeleiteten Politik bereitete Adams große Schwierigkeiten. Denn das Direktorium der Französischen Republik wertete den Jay-Vertrag als Zeichen einer Verschwörung zwischen den USA und Großbritannien; es ließ amerikanisches Eigentum, darunter fast 300 Schiffe, beschlagnahmen und erhob Ansprüche auf Kanada und den Trans-Alleghany-Westen. Ein Versuch des Präsidenten, sich mit Frankreich zu verständigen, scheiterte an überhöhten Geldforderungen der Machthaber in Paris.

Ein Schrei der Entrüstung ging durch Amerika. Klubredner, Journalisten und Abgeordnete bekannten sich zu der Parole: „Millionen für die Verteidigung, aber keinen Cent für Tribute!" Der Kongreß erfüllte diesen Wunsch durch die Verabschiedung von zwanzig neuen Gesetzen. Ein Navy Department wurde geschaffen, das Heer verstärkt und Washington noch einmal zum Oberbefehlshaber ernannt. Kriegsschiffe der USA kreuzten auf dem Atlantik und bekämpften zwei Jahre lang die feindlichen Kaperer.

Der „unerklärte Krieg" zwang die frankreichfreundlichen Republikaner zur Vorsicht. Denn ihre Partei wurde nun erst recht der Konspiration geziehen. Die Föderalisten gingen bald noch weiter, indem sie Fremden- und Aufruhrgesetze (Alien and Sedition Acts) durch den Kongreß brachten und mit dieser Waffe jede Opposition zu zerschlagen drohten. Die Folge war, daß sich Jefferson und Madison hinter den Legislaturen von Kentucky und Virginia verschanzten.

Beide parlamentarische Versammlungen stützten sich auf die Kontrakttheorie (vom Zustandekommen der Union durch Vertrag zwischen den ehemaligen Kolonien); beide erklärten in voneinander abweichendem Wortlaut die Fremden- und Aufruhrgesetze für verfassungswidrig. Die von Madison entworfene Virginia-Resolution betrachtete es als Pflicht, einem um sich greifenden Übel zu wehren. Die aus Jeffersons Feder hervorgegangene Kentucky-Resolution beanspruchte für jeden Einzelstaat das Recht, unbillige Gesetzakte und Maßnahmen des Bundes aufzuheben.

Unterdessen sorgte Adams dafür, daß die zur Anwendung der

Fremden- und Aufruhrgesetze geschriebenen Proskriptionslisten nicht zu lang wurden und kein Rebell an den Galgen kam. Durch diese Rechtspolitik verärgerte der Präsident manchen alten Freund. Vollends drohte sein Rückhalt bei der herrschenden Partei zu schwinden, als er die von ihr befürwortete Idee eines Kriegsbündnisses mit Großbritannien verwarf, das Entgegenkommen des französischen Diktators Napoleon Bonaparte begrüßte und den schwebenden Konflikt im Vertrag von Morfontaine beilegen ließ (1800).

Die Präsidentschaftswahlen des folgenden Jahres brachten für Adams eine schwere, endgültige Niederlage. Hinter ihm standen nur noch 65 Elektoren, während Jefferson und Burr, die Kandidaten der Republikanischen Partei, je 73 Stimmen erhielten. Die letzte Entscheidung mußte im Repräsentantenhaus fallen, wo der mit Adams verfeindete Hamilton ausschlaggebend war. Die Republikaner wollten ihm Zugeständnisse machen, einen politischen Handel abzuschließen. Aber dieser Gedanke wurde nicht verwirklicht.

„Wenn es einen Menschen gibt, dem ich zürnen sollte", bekannte der ehemalige Schatzsekretär, „so ist es Jefferson ... Allein das öffentliche Wohl steht über jeder privaten Erwägung." Hamilton bewog drei Abgeordnete des Hauses zur Abgabe leerer Stimmzettel. Damit hatte er seinem früheren Widersacher zum höchsten Amt verholfen, sich selbst aber die Feindschaft von Aaron Burr zugezogen. Drei Jahre später durchbohrte ihn eine todbringende Kugel aus der Duellpistole dieses haßerfüllten Gegners.

Innerlich zerrüttet, überließen die Föderalisten den Republikanern das Feld, wohl ahnend, daß sie für immer abtraten. Mit ihrer Herrschaft war die erste Halbzeit der nachrevolutionären Epoche zu Ende. Der Machtwechsel vollzog sich noch unter dem Spannungsbogen konträrer Visionen und Erfahrungen des 18. Jahrhunderts. Amerika wurde weiter von Männern des Unabhängigkeitskampfes geführt. Die Frage war jedoch , ob diese neue Mannschaft wirklich eine Alternative hatte.

IM SCHATTEN DER WELTPOLITIK

Der Schauplatz des Regierungswechsels, die neue Bundeshauptstadt Washington, war im März 1801 noch ein großes Baugelände. Neben den Kiesgruben an der Pennsylvania Avenue moderten gerodete Baumstümpfe und sonnten sich die Klapperschlangen. Zwischen Hobans klassizistischem Präsidentenpalais und dem kapitolinischen Hügel, auf welchem erst ein Trakt des Kongreßgebäudes stand, lagen miasmatische Sümpfe. Weiter abseits sah man sieben oder acht Logierhäuser, sonst gab es nur ein paar Reihen von Negerhütten, Verkaufsbuden, Geräteschuppen und Remisen.

Diese unaufgeräumte, nicht einmal halbfertige Stadtlandschaft schien charakteristisch für die Machtergreifung der Republikaner; und wenn man dem Bericht eines englischen Augenzeugen glauben will, paßte sie auch recht gut zur Amtseinführung des neuen Präsidenten. Jefferson kam im schlichten, schlechtsitzenden Rock des virginischen Binnenländers und soll sein Pferd an einen Zaun gebunden haben, ehe er mit mehreren Freunden den kapitolinischen Hügel hinaufging, wo ihn Chief Justice John Marshall vereidigte, wie kurz vorher den Vizepräsidenten Aaron Burr.

Man hatte erwartet, daß Jefferson ein revolutionäres Regierungsprogramm verkünden werde. Aber seine ziemlich leise verlesene Inaugurations-Botschaft enthielt nichts Überraschendes. Sie wandte sich gegen „verstrickende Bündnisse“ und befürwortete statt dessen „Frieden, Handel und ehrenhafte Freundschaft mit anderen Nationen“. Die Grenzen der nationalen Gewalt schienen dem Präsidenten eng gezogen, die einzelstaatlichen und zivilen Rechte seiner Unterstützung bedürftig. Im übrigen bekannte er: „Wir sind alle Republikaner. Wir sind alle Föderalisten.“

Gleichwohl war die Opposition unzufrieden. Daß sich Jefferson seiner alten Mitstreiter entsann und James Madison zum Staatssekretär ernannte, Albert Gallatin an die Spitze des Schatzamtes stellte sowie Robert Livingston und James Monroe als Gesandte nach Europa schickte, hatten sie nicht anders erwartet. Doch die Abschaffung der von Washington und Adams eingeführten Etikette und der Empfang des aus Frankreich zurückgekehrten „Atheisten und Trunkenbolds“ Thomas Paine durch den Präsidenten erweckten ihre Kritik.

Noch mehr Widerspruch fand bei den Föderalisten die Amnestierung der auf Grund des kürzlich außer Kraft getretenen Aufruhrgesetzes zu Gefängnisstrafen verurteilten Delinquenten. Und als Jeffersons Republikaner dann auch noch den erst 1801 verabschiedeten Judiciary Act zu Fall brachten und eine Kampagne gegen mehrere Bundesrichter führten, deren Ernennung John Adams ausgesprochen hatte, wähnte die Opposition das Land bereits der Willkür eines blutrünstigen Jakobinertums unterworfen.

Aber es gab keinerlei Anzeichen für eine soziale oder politische Revolution. Gallatin führte die von Hamilton begonnene Finanz- und Wirtschaftspolitik weiter. Jefferson stärkte entgegen seinen früheren Ansichten die Bundesgewalt, ja er förderte sogar das ihm einst unnütz erschienene Heer durch Gründung der Militärakademie in West Point und schickte ein Flottengeschwader zur Bekämpfung der sogenannten Barbareskenstaaten (Marokko, Algerien, Tunesien und Tripolitanien) nach Nordafrika.

Der Tripolitanische Krieg (1801–1805) war nicht viel mehr als eine Polizeiaktion, ausgelöst durch den Bey von Tripolis, dessen Tributforderungen die Vereinigten Staaten zurückwiesen. Jefferson hätte die Kriegserklärung des zornigen Piraten ohne weiteres ignorieren können. Doch der Präsident ließ den Kampf aufnehmen und gab damit zu verstehen, daß er unter Umständen bis an die Peripherie des großen europäischen Krieges vorgehen und seine Randerscheinungen womöglich für Amerika ausnützen wollte.

Jefferson war ein Menschenfreund und, wie es schien, jeder Gewaltanwendung abgeneigt. Als Sohn eines virginischen Siedlerpioniers hatte er aber gleichwohl Verständnis für den Pelzhandel und die territoriale Expansion. Unter diesen Voraussetzungen beschäftigten ihn bald Gedanken von imperialer Größenordnung. Sein Blick haftete wiederholt an den erst wenig bekannten Gebieten des Fernen Westens. Besonders interessierte den Präsidenten das Gebirgsland zwischen Alaska und Kalifornien.

Robert Gray, ein Kapitän aus Boston, dessen Chinafahrten für die Handelsbeziehungen der Vereinigten Staaten bahnbrechend wurden, hatte dort vom Pazifik her den nach seinem Schiff benannten Columbia River exploriert. Gewinnbringende Umsätze, die er wie auch russische Robbenschläger mit Alaskaseal und Aleutenbälgen in Ostasien erzielten, gaben seiner Entdeckung aussichtsreiche Perspektiven. Jefferson vertiefte sich daher in die Expeditionspläne seines ehemaligen Privatsekretärs Meriwether Lewis.

Der Gedanke an eine vom Bund finanzierte Forschungsreise durch den Kontinent zum oberen Columbia River mußte allerdings mit Rußland, Großbritannien und Spanien rechnen, die selbst Ansprüche auf das Flußgebiet erhoben. Die drei Mächte waren zwar tief in den europäischen Krieg verstrickt, doch wie unangenehm ihre Repressalien werden konnten, bewies schon die Sperrung der für Kentucky und Tennessee lebenswichtigen Mississippi-Schiffahrt durch den spanischen Gouverneur von New Orleans.

Kurz zuvor hatte Spanien seine Besitzungen auf beiden Seiten des Mississippi – Louisiana und Florida – an Frankreich abgetreten und damit eine Transaktion ermöglicht, durch die Napoleon das französische Kolonialreich in Nordamerika wiederherzustellen gedachte. Als Jefferson von dem Geheimvertrag erfuhr, war er bestürzt, denn ein französisches Expeditionskorps, dessen Truppen gegen rebellierende Negersklaven in Haiti kämpften, konnte nunmehr jeden Augenblick nach New Orleans verlegt werden.

Wohl nicht ohne einen stillen Seitenblick auf diese Streitmacht schrieb Jefferson an Livingston: „Die Abtretung von Louisiana und Florida durch Spanien ... stürzt alle politischen Verhältnisse der USA völlig um ... Es gibt einen Punkt auf Erden, dessen Besitzer unser natürlicher Feind ist: New Orleans, wo sich drei Achtel unserer Produktion den Weg zum Markt suchen müssen ... An dem Tage, da Frankreich New Orleans besetzt, müssen wir uns mit der britischen Flotte und Nation verbünden."

Doch bevor Jefferson tatsächlich ein „verstrickendes Bündnis" anstrebte, beauftragte er Livingston, mit Frankreich über Landabtretungen westlich des Mississippi beziehungsweise die freie Schiffahrt auf dem Strom und das Stapelrecht in New Orleans zu verhandeln. Bald sandte der Präsident auch Monroe als Sonderbevollmächtigten nach Paris. Er sollte der französischen Regierung für die Hafenstadt an der Mississippi-Mündung und West-Florida 2 Millionen, äußerstenfalls 10 Millionen Dollar bieten.

Ehe Monroe nach Paris gelangte, ereignete sich dort ein Umschwung. Napoleon begrub seine ehrgeizigen Kolonialpläne und faßte den Entschluß, erneut gegen Großbritannien loszuschlagen. Völlig überraschend fragte Charles de Talleyrand den amerikanischen Unterhändler am 11. April 1803, wieviel die Vereinigten Staaten für ganz Louisiana bezahlen würden. Vierzehn Tage später brachten Livingston und Monroe das Geschäft mit dem französischen Finanzminister zustande. Die USA erwarben das angebotene Territorium für 60 Millionen Franken (etwa 15 Millionen Dollar).

Dieser Kauf hatte nicht seinesgleichen. Wie sich herausstellte, erwarben die USA 828000 Quadratmeilen und verdoppelten damit ihr Gebiet. In dem Pariser Vertrag fehlte freilich jede präzise Größenangabe des Handelsobjektes. Eindeutig waren nur die durch den Mississippilauf und die Golfküste gegebenen Konturen. Im Norden und Westen – gegenüber Kanada und den letzten spanischen Besitzungen – gab es keine brauchbaren Mappierungen, geschweige denn vermessene Grenzen. Den Friedensschlüssen von 1763 und 1783 konnte nur ganz allgemein entnommen werden, daß sich Louisiana bis an die Ostabdachungen der Rocky Mountains erstreckte. Zweifelhaft blieb, ob die Vereinigten Staaten auch West-Florida und Texas erworben hatten. Vergebens suchte Madison die amerikanischen Ansprüche auf den Besitz dieser Länder in Paris und Madrid durchzusetzen.

Einen anderen Komplex bildeten die innenpolitischen Folgen des Louisianakaufs. Die Verfassung erteilte dem Bund keinerlei Vollmachten zum Erwerb fremder Gebiete. Jefferson hatte selbst auf die engen konstitutionellen Grenzen der nationalen Gewalt hingewiesen. Daher war es dem Präsidenten nicht leichtgefallen, die Pariser Verhandlungen herbeizuführen. Doch als ein Mann, der das Doppelspiel beherrschte, ließ er sich nun von Robert Livingston mit dem Schreckbild eines plötzlichen Sinneswandels der Franzosen zur Vorlage des Vertrages im Senat drängen.

Beiden Parteien war bewußt, daß der Louisianakauf das Gleichgewicht zwischen den Staaten störte. Er öffnete die große Stromachse des Kontinents für den Handel der Trans-Alleghany-Gebiete. Infolgedessen konnten Kentucky, Tennessee und das neuerdings in die Union aufgenommene Ohio erstarken, Mississippi und andere Territorien (das künftige Indiana, Michigan und Illinois) größeren Siedlerscharen eine sichere Heimstatt bieten. Und sie alle, soviel ließ sich jetzt schon sagen, mußten früher oder später ihre besonderen Interessen zur Geltung bringen.

Diese bevorstehende Kräfteverschiebung, die mit der Zeit auch das Gewicht des atlantischen Südens erhöhte, war für den Nordosten sehr unangenehm, befürchtete er doch von seiten der Agrarstaaten eine gewerbefeindliche Politik. Insgeheim arbeitete deshalb die Essex-Junta, eine seit langem tätige Föderalistengruppe in Massachusetts, zusammen mit den sogenannten Flußgöttern von Connecticut an der Schaffung eines Sonderbundes, dem außer Neu-England noch New York und New Jersey angehören sollten.

Auch in der Öffentlichkeit wurde zum Widerstand aufgerufen. Dabei waren die Fronten zwischen den Parteien jetzt vertauscht. Jefferson sah sich mit Argumenten konfrontiert, die er als Verfasser der Kentucky-

Resolution einst selbst gegen konstitutive Akte einer Bundesregierung hatte vorbringen lassen. Doch die Föderalisten konnten seine Stellung nicht erschüttern. Alle Versuche der Opposition, den Vertrag von Paris für null und nichtig zu erklären, scheiterten. Der Senat billigte den Louisianakauf.

Am 20. Dezember 1803 wurde die französische Trikolore auf dem Platz vor der Kathedrale in New Orleans niedergeholt. Wenige Monate später begann Meriwether Lewis zusammen mit William Clark die seit langem geplante Entdeckungsreise nach dem fernen Nordwesten. Während die beiden Offiziere von St. Louis zum oberen Missouri vordrangen, das Felsengebirge überquerten und schließlich die Küste des Pazifischen Ozeans erreichten, erforschten drei andere Regierungsexpeditionen den Süden Louisianas.

Aber dadurch wurde der Trans-Mississippi-Westen noch nicht gesichert. Die Vereinigten Staaten hatten, ohne sich dessen bewußt zu sein, das Louisianagebiet sozusagen im Schatten der Weltpolitik erworben. Diese für sie ungewöhnlich günstige Konstellation mußte mit der Zeit neuen Verhältnissen weichen. Es gab genügend Briten, Spanier und Franzosen, die solche Wandlungen auszunützen gedachten. Einige von ihnen sahen schon 1807 die erste Gelegenheit.

Sie schien sich in den Vereinigten Staaten selbst anzubahnen. Die Republikaner hatten vor der Wiederwahl Thomas Jeffersons nicht Aaron Burr, sondern George Clinton als Kandidaten für den Posten des Vizepräsidenten nominiert. Dieser Affront, dem ein erfolgloses Zusammenspiel des ehrgeizigen New Yorker Politikers mit der Essex-Junta vorausgegangen war, brachte Burr auf abenteuerliche Gedanken. Gegen entsprechende Summen Geldes verhieß er den Gesandten von Großbritannien und Spanien die Abspaltung des amerikanischen Westens mit Hilfe eines Freikorps.

Der Engländer berichtete voller Genugtuung nach London. Dem Spanier war die Sache ein kleines Honorar wert. In New Orleans begannen sich Kreolen und Flibustier für das Projekt zu interessieren. Burr konnte am Ohio River etwa 60 bewaffnete Insurgenten zusammenziehen. Über seine letzten Absichten herrscht allerdings bis heute Ungewißheit. Man weiß nicht, ob er tatsächlich die Westgebiete der Vereinigten Staaten losreißen oder vielmehr einen Freischärlerzug auf spanisches Territorium unternehmen wollte.

Jefferson erfuhr davon und ließ den ehemaligen Freund in Richmond vor Gericht stellen. Daß er dort dank einer großzügigen Auslegung des Verratsbegriffs durch den obersten Bundesrichter John Marshall mangels ausreichender Beweise freigesprochen wurde, kam seiner politischen Laufbahn nicht mehr zustatten. Denn mittlerweile waren gegen ihn sechs weitere Prozesse anhängig. Um sich der Verantwortung zu entziehen, emigrierte Burr nach Europa. Am Ohio gab es indessen noch manchen Abenteurer, auf den die fremden Mächte zurückgreifen konnten, wenn sie den Augenblick für geeignet hielten.

Jefferson blieb Optimist. Der Besitz des riesenhaften Louisianagebietes und die Ergebnisse der Lewis-Clark-Expedition beflügelten seinen Traum von einem „Arkadien für philosophisch gesinnte Ackerbauer". Wie Goethes Faust, so wollte auch er dereinst „auf freiem Grund mit freiem Volke stehn", überzeugt, daß allein der naturnahe, im Schweiße seines Angesichts schaffende Mensch das amerikanische Ideal der Demokratie verwirklichen werde.

Darum war Jefferson gegen die Geldwechsler, gegen den übermächtigen Einfluß der handel- und gewerbetreibenden Kreise des Nordostens und ihrer Kapitalinteressen. Darum ließ er, soweit ihm und Gallatin nicht ernste wirtschaftspolitische Bedenken kamen, durch seine Parteifreunde die Föderalisten in den Hintergrund drängen. Eine neue, unerwartete Gelegenheit verschafften den Republikanern dazu die Maßnahmen der kriegführenden Mächte in Europa.

Napoleon hatte zur Unterbindung des englischen Handels die sogenannte Kontinentalsperre verhängt, Großbritannien indessen alle Häfen Frankreichs und seiner Bundesgenossen blockiert. Beide Staaten wandten sich damit gegen die Freiheit der Meere. Die Engländer preßten sogar amerikanische Seeleute zum Dienst in ihrer Flotte und gingen bald noch weiter, als sie 1807 bei Norfolk Roads nach mehreren Breitseiten vom blutbespritzten Deck der US-Fregatte "Chesapeake" vier angebliche Deserteure entführten und einen dieser Matrosen aufhängten.

Die Vereinigten Staaten setzten sich vorerst mit der erprobten Non-Importation zur Wehr. Darüber hinaus brachte Jefferson ein Embargo-Gesetz durch den Kongreß. Bezeichnenderweise unterstützten die Republikaner aus dem agrarischen Süden und Westen dieses Gesetz, während es der handeltreibende Nordosten heftig bekämpfte. Die Folgen hatte hauptsächlich Neu-England zu tragen. Alle seine ozeangängigen Schiffe wurden stillgelegt, Tausende von Seeleuten arbeitslos. Daß nicht sämtliche Exportfirmen zusammenbrachen, verhinderte allein der Schmuggel nach Kanada.

Jefferson mußte erleben, daß sich ein Teil der Republikaner von ihm trennte und bei den nächsten Wahlen in Neu-England die Föderalisten siegten. Der Präsident bekannte sich daher zu einer neuen Gesetzesvorlage, die den Handel mit allen Staaten außer Großbritannien und Frankreich wieder zulassen sollte. Unterdessen wurde die Embargo-Politik weitergeführt. Auch das letzte Gesetz der Regierungsepoche, ein striktes Verbot des Sklavenimportes (1808), brachte viele Schiffseigner der Nordküste um ihre Gewinnchancen.

Jeffersons Autorität ging zurück. Seine schwankende Handels- und Schiffahrtspolitik hatte ihn viele Wählerstimmen der Küstenstaaten gekostet. Auch war seine Administration beengt, seit der Supreme Court unter dem neuen Chief Justice John Marshall in Präzedenzfällen das Recht beanspruchte, angefochtene Regierungsentscheidungen zu prüfen.

Dennoch wäre Jefferson eine dritte Amtszeit sicher gewesen. Er wollte aber dem Beispiel George Washingtons folgen und befürwortete aus diesem Grund die Nominierung des bisherigen Secretary of State für die nächste Präsidentenwahl. James Madison erhielt 122 Elektorenstimmen. Clinton, den die Neu-England-Republikaner benannt hatten, blieb dahinter zurück.

DER KRIEG VON 1812

James Madison eignete sich wenig für das höchste Amt der Vereinigten Staaten. Von Jugend auf kränklich, ein zurückhaltender Mensch mit melancholischem Humor, war er keine Vita activa, die der Republikanischen Partei und den Volksmassen ihren Stempel hätte aufdrücken können. Unter den Regierungsmitgliedern besaß eigentlich nur Gallatin politisches Fingerspitzengefühl. Als der Präsident nach beschämenden Fehlgriffen später noch den erfahrenen Monroe in sein Kabinett berief, war die Führung an das Bundesparlament übergegangen.

Nicht Madison, der Westen gab dem Kongreß die kräftigsten Impulse, obwohl erst jeder zehnte Amerikaner jenseits des Gebirges siedelte. Doch diese Grenzlandbewohner lebten im Vollgefühl eines jungen, vorwärtsdrängenden Nationalismus. Das Fehlen unüberwindlicher Widerstände, rasche Erfolge und leichte Indianersiege hatten viele Selfmademen rücksichtslos und verwegen gemacht. Der freie Mississippi, begründete Aussichten auf eine gewinnsteigernde Flußschiffahrt, die sich demnächst mit den von Robert Fulton und John Stevens konstruierten Dampfbooten entwickeln mußte, waren für den Pioniergeist verheißungsvoll.

Freilich gab es auch Siedler, denen der Fortschritt nicht behagte. Das Roden der Wälder, aus denen sie Baumaterial, Ahornsirup und Wildbret holten, tiefe Abneigung gegen Beamte, Steuereinnehmer, Richter und Advokaten sowie den Unterhalt von Straßen und Schulen, eine dumpfe, unwägbare Zivilisationsscheu erzeugten bei ihnen die Vorstellungen, das Grenzland sei bereits übervölkert. Der Rauch einer neuen Herdstelle in der Nachbarschaft genügte oft, um solche Pioniere aus ihren Blockhütten zu vertreiben.

Von ein paar hundert Squatters abgesehen, die über den Mississippi gesetzt waren und sich jenseits des Stromes unter spanischer Herrschaft niedergelassen hatten, mieden sie das Louisianagebiet, obwohl dort der Acre auf Grund eines zu Jeffersons Zeiten verabschiedeten Landgesetzes nur 1,64 Dollar kostete. Als typische Rodungsfarmer hielten die Leute aus Ohio, Kentucky und Tennessee das baumlose Steppenland für unfruchtbar. Ihre primitiven Pflüge hätten den harten Prärieboden ohnehin nicht zu wenden vermocht.

Die Masse der abwandernden Grenzlandbewohner schwenkte nach

Norden, wo es noch gute und billige Waldböden gab. Wohl hatten hier die Vereinigten Staaten im Frieden zu Greenville zwölf indianischen Stämmen ein großes Gebiet überlassen. Aber William Henry Harrison, der Gouverneur des Territoriums Indiana, kaufte von den Rothäuten für Feuerwasser und alte Gewehre ausgedehnte Wildnisareale und förderte damit das Vordringen der rodenden Pioniersiedler.

Als die Indianer nur noch ein Fünftel des Gebietes besaßen, trat der Shawnee-Häuptling Tecumseh an ihre Spitze. Durch hinreißende Reden stärkte er den Glauben und das Rechtsbewußtsein der Ureinwohner. Auch gelang es ihm, einen Zusammenschluß aller namhaften Stämme zwischen Winnipeg-See und Alabama herbeizuführen. Seit den Tagen von Pontiac hatte kein Indianer ein so umfassendes Bündnissystem geschaffen. Die Allianz bereitete sich aber nicht auf einen Angriffskrieg vor; sie war vielmehr eine Interessengemeinschaft zur Verhütung ungleicher Verträge.

Trotzdem schwebte über dem Grenzland noch immer der blutige Schatten des Ottawa-Häuptlings Pontiac. Die Erinnerung an ihn brachte bei den Weißen alle Friedensbeteuerungen des neuen Indianerbundes um ihre Glaubwürdigkeit. Die Siedler drangen auf energische Maßnahmen. Als Harrison mit tausend Mann gegen den Tippecanoe River vorrückte, wo sich das Hauptlager der nördlichen Stämme befand, führten die Rothäute in Abwesenheit von Tecumseh einen verzweifelten Gegenstoß, der nach kurzem Kampf scheiterte (1811).

Die „Schlacht am Tippecanoe“ wurde von den Siedlerpionieren des Westens als ein großer Sieg gefeiert. Ihre Begeisterung rief Nationalisten der jüngeren Generation auf den Plan. So erinnerte zum Beispiel der Senator Henry Clay aus Kentucky an die alten Freundschaftsbande zwischen Britisch-Kanada und vielen Indianerstämmen. Auch Tecumseh und seine Bundesgenossen, behauptete er, hätten zeitweise englische Unterstützung erhalten. Die damit verbundenen Gefahren müßten nunmehr endgültig durch die Eroberung des nördlichen Nachbarlandes ausgeschaltet werden.

Ebenso kriegerisch gebärdete sich John C. Calhoun in South Carolina, nur daß er nicht Kanada, sondern West-Florida als Hauptziel der amerikanischen Expansion bezeichnete, wohin unlängst ein Freikorps vorgestoßen war, entschlossen, den Schwächezustand des von Napoleon niedergeworfenen Spanien auszunutzen. Erneut wurde die regionale Interessenverbindung zwischen den agrar-demokratischen Republikanern des Westens und Südens deutlich.

Die nächsten Kongreßwahlen brachten Clay, Calhoun und ihre Freunde ins Repräsentantenhaus. Dort bildeten sie fortan die Fraktion der „Kriegsfalken“ (war hawks). Diese Gruppe war klein an Zahl, doch besetzte sie schon bald alle Schlüsselpositionen. Henry Clay wurde der Vorsitzende (speaker) des Hauses. John C. Calhoun und zwei seiner Anhänger beherrschten das Komitee für auswärtige Angelegenheiten. Die übrigen Expansionisten kontrollierten den kaum weniger wichtigen Flottenausschuß (1811).

Madison kam den Wünschen der “war hawks” nur insoweit entgegen, als er die Okkupation von West-Florida (zwischen Mississippi und Perdido) guthieß. Eine geheime Resolution des Kongresses, welche ihn ermächtigte, die amerikanische Herrschaft auch über Ost-Florida auszudehnen, verleitete ihn nicht zu weiteren Schritten. Seine Politik bemühte sich vorwiegend um die Freiheit der Meere. Der Präsident forderte von England die Einstellung des Matrosenpressens und der britischen Blockademaßnahmen.

Als seine Diplomatie keine Fortschritte erzielte, gab er ihr den nötigen Nachdruck durch ein neues, auf 60 Tage befristetes Embargo. Der Kongreß verabschiedete nicht nur das geforderte Gesetz, sondern erteilte dem Präsidenten auch gleich die Vollmacht, 100 000 Mann der einzelstaatlichen Milizen einzuberufen. Beide Entscheidungen waren für Großbritannien warnende Zeichen. Indes zögerte England noch. Eine Note des britischen Staatssekretärs Lord Castlereagh interpretierte die Haltung des noch immer gegen die Napoleonische Hegemonie kämpfenden Inselstaates.

Von den “war hawks” gedrängt, erblickte Madison in diesem Schriftsatz eine definitive Weigerung, das Recht aller neutralen Länder auf uneingeschränkte Freiheit der Meere anzuerkennen. Daran änderte sich nichts mehr, obwohl die britische Regierung, kurz nachdem der amerikanische Präsident das Bundesparlament zur Kriegserklärung aufgefordert hatte, ihren bisherigen Standpunkt revidierte und durch Lord Castlereagh eine baldige Suspendierung der umstrittenen Gesetzesakte in Aussicht stellen ließ.

Kurz bevor die Vereinigten Staaten erfuhren, daß England nachgab, erklärte der Kongreß an Großbritannien den Krieg. Am 19. Juni 1812 zog der Präsident daraus die administrativen und militärischen Konsequenzen. Madison hatte zwar erreicht, wovon regierungsoffiziell seit langen Jahren die Rede gewesen war. Das Festhalten an den eingeleiteten Maßnahmen und ihre Stoßrichtungen zeigten jedoch, daß er die Ziele der “war hawks” akzeptierte.

Henry Clay behauptete, die Miliz von Kentucky würde genügen, um Kanada zu erobern. So forsch dies auch klang, schien es noch nicht einmal übertrieben, wenn man bedachte, daß die Masse der britischen

Armee unter Wellington in Spanien und Portugal gegen ein großes Heer des Franzosenkaisers und seiner Bundesgenossen focht. Die kanadischen Siedler zählten noch keine halbe Million, während Amerika notfalls alle wehrfähigen Mannschaften einer 7,25-Millionen-Bevölkerung zu den Waffen rufen konnte.

Aber die USA waren sich nicht einig. Im Kongreß hatten viele Abgeordnete und Senatoren aus New England und anderen handeltreibenden Küstenstaaten wie New York, New Jersey und Delaware, vorwiegend Föderalisten und „Alte Republikaner", gegen „Mr. Madisons Krieg" gestimmt. Wieder drohte der Regionalismus die Union zu sprengen. Großbritannien förderte diese Gegensätzlichkeiten, indem es (bis 1814) auf eine Blockade der Neu-England-Häfen verzichtete.

Indes mobilisierte der Nordosten zwar seine Milizen. Doch als die Neu-England-Kontingente im Rahmen größerer Verbände nach Kanada eindringen sollten, meuterten ihre Soldaten mit der Begründung, man habe sie nur zum Dienst im Landesinneren verpflichtet. Mehrere Truppenteile, darunter auch ein Bataillon aus New York, blieben untätig stehen, während andere Einheiten des amerikanischen Heeres jenseits der Grenze von den Briten zerschlagen wurden.

Die kanadischen Siedler wahrten festen Zusammenhalt. Das französische Bevölkerungselement, dessen Sympathien offenkundig Napoleon galten, schwankte wohl kurze Zeit in seiner Treue gegenüber Großbritannien. Aber letzthin wollten sich die "Habitants" jetzt sowenig wie 1766 den protestantischen Nachbarstaaten anschließen. Verstärkt durch zahlreiche Loyalistensöhne aus Oberkanada, kämpfte ihre Miliz sehr zäh neben den vier regulären englischen Infanterieregimentern. Hinzu kamen etwa 6000 indianische Krieger, mit denen Tecumseh den Kanadiern zu Hilfe eilte.

Eine große Rolle spielte wieder einmal die Royal Navy. Gegen ihre kampfgewohnten Schiffe vermochten die sechzehn ozeangängigen Fregatten der amerikanischen Marine nur unbedeutende Erfolge zu erringen, die an der strategischen Entwicklung des Krieges nichts änderten. Da nur noch wenige Verbände der Royal Navy vor den europäischen Küsten operierten, konnte das Gros die Seewege nach Kanada und Westindien offenhalten, sämtliche Häfen von New York bis Savannah blockieren und bald sogar einen gefährlichen Stützpunkt in der Chesapeake Bay einrichten.

Obwohl Kanada vorerst noch unter Nachschubmangel litt, endete gleich die erste, von Plattsburg, Buffalo und Detroit aus begonnene Offensive der Amerikaner mit empfindlichen Rückschlägen. Zwei der unglücklichen Generale mußten den Dienst quittieren; einer wurde sogar zum Tode verurteilt. Madison ließ das War Department umbesetzen und – kaum daß er den Angriffskrieg begonnen hatte – die Bereitschaft zu Waffenstillstandsverhandlungen erkennen. Nur so konnten die Republikaner seine Wiederwahl durchsetzen (1812).

Im folgenden Jahr ernannte der Präsident den Sieger von Tippecanoe zum General und Befehlshaber des westlichen Kriegsschauplatzes, wo Detroit und Ford Dearborn (Chicago) verlorengegangen waren. Harrison mußte freilich noch manche Schlappe hinnehmen, bis Captain Oliver Perry mit zehn Schaluppen die schwächere britische Flottille auf dem Erie-See geschlagen und dadurch das Eindringen in Oberkanada ermöglicht hatte. Am Thames River behaupteten amerikanische Landstreitkräfte zum erstenmal das Feld.

Dieser Erfolg hatte insofern Bedeutung, als Tecumseh bei dem Treffen gefallen war und nach seinem Tode die von ihm geschaffene Konföderation zusammenbrach. Auf die übrigen Kampfhandlungen hatte das Gefecht keinen Einfluß. Am Ontario-See und St.-Lorenz-Strom wurden die Amerikaner geschlagen. Ihr zweiter Stoß gegen Montreal scheiterte wie der erste. Fort Niagara ging verloren. Buffalo brannte nieder. Eilends brachte der Präsident durch Monroe wieder den Gedanken an Waffenstillstandsverhandlungen ins Spiel (1813).

Angesichts der jüngsten britischen Siege über Napoleon, aber auch einer drohenden Hegemonie des Zarenreichs, war Lord Castlereagh nicht abgeneigt, auf Friedensfühler des Gegners einzugehen. Er hielt seine Position für günstig und wurde darin noch bestärkt, denn ehe der Senat allen Ernennungen des Präsidenten zugestimmt hatte und die amerikanische Delegation unter John Quincy Adams und Henry Clay nach Europa reisen konnte, brach über weite Grenzlandregionen im Westen der USA neues Unheil herein.

Der Tod des Häuptlings Tecumseh hatte die Rothäute zwar von Britisch-Kanada getrennt, aber noch nicht zum Einlenken gegenüber den Vereinigten Staaten bewogen. In Alabama, dem Ostteil des Territoriums Mississippi, erhoben sich die Creek- und Cherokee-Indianer. Am Wabash, Tippecanoe und Missouri gruben die Stämme der Delaware und Miami, Seneca, Shawnee und Wyandot das Kriegsbeil aus. Gleichzeitig scheiterte eine dritte amerikanische Offensive unter General Winfield Scott beiderseits des Ontario-Sees.

Der Indianerkrieg griff teilweise auf Georgia und den vor einem Jahr im Gebiet von New Orleans entstandenen Staat Louisiana über, ebenso wie er noch einmal Indiana und Ohio heimsuchte. Im Südwesten trug General Andrew Jackson mit der Tennessee-Miliz die Hauptlast des

Kampfes, im Nordwesten General William Henry Harrison. Beide mußten manche Niederlage hinnehmen, während die britische Flotte 14000 Mann aus Wellingtons erprobtem Heer nach Kanada und Westindien transportierte, wo man nunmehr an eine großangelegte Offensive gegen die USA denken konnte.

Doch bevor das englische Oberkommando darüber Beschlüsse faßte, entstand für die Vereinigten Staaten eine neue Lage. Jackson schlug die Creeks am Horseshoe Bend, einer Schleife des Tallapoosa River, und zwang sie zur Kapitulation. Harrison handelte mit den Häuptlingen der Delaware und Miami, Seneca, Shawnee und Wyandot in Greenville einen Friedensvertrag aus, demzufolge alle nordwestlichen Indianerstämme an Großbritannien den Krieg erklären sollten.

Dieser zweite Vertrag von Greenville (1814) verurteilte die englischen Offensivpläne nicht zum Scheitern; trotz der unerwarteten Bedrohung durch die früher mit Großbritannien verbündeten Indianervölker des Nordwestens konnten noch im selben Jahr englisch-kanadische Flotten- und Armeeabteilungen das Gebiet der Vereinigten Staaten aus verschiedenen Himmelsrichtungen angreifen. Wichtig schien jedoch, daß Jackson mit seinen Truppen über West-Florida nach New Orleans marschierte und den Schutz der Stadt gewährleistete.

Ein britisch-kanadisches Heer rückte auf Burgoynes Spuren zum Champlain-See vor, um später mit einem Stoß durch das Hudson-Tal die kriegsunwilligen Neu-England-Staaten von der Union zu trennen. Andere Kräfte, die aus Jamaika kamen, erreichten die Chesapeake Bay und wandten sich gegen Washington und Baltimore. Beide Operationen hatten gute Aussicht auf Erfolg. Das am Champlain-See gelegene Plattsburg wurde von seinen Verteidigern aufgegeben. Die Bundeshauptstadt fiel nach einem kurzen Gefecht.

Doch gleich darauf kam die Wende. Die Befestigungen vor Baltimore trotzten dem heftigen Bombardement der Angreifer. Und auf dem Champlain-See erfocht Captain Thomas Macdonough mit seiner Flottille einen Sieg über die feindlichen Brigantinen, ähnlich wie Perry, der die Briten vom Erie-See vertrieben hatte. Nach diesen Fehlschlägen zog das englische Oberkommando die eingesetzten Expeditionsstreitkräfte zurück und befahl eine neue amphibische Landung im Gebiet der Mississippi-Mündung.

Die letzte Schlacht entbrannte am 8. Januar 1815 bei New Orleans: gestützt auf kugelsichere Deckungen zwischen dem Ostufer des Mississippi und einem unpassierbaren Zypressensumpf, zerschlug Jackson die zweimal vordringenden Angriffswellen der Briten. Sein Sieg war der sinnloseste des unnötigen Krieges. Denn schon vor Weihnachten hatte sich die amerikanische Delegation in Gent mit Castlereagh und Wellington über einen Friedensvertrag geeinigt.

In bunter Folge waren so ziemlich alle Streitpunkte der Kriegführenden durchgenommen worden, angefangen mit alten Finanzschulden, Fischerei-, Schiffahrts-, Pelzhändler- und Indianerproblemen, bis hin zu territorialen Ansprüchen sowie den amerikanischen Klagen über das Matrosenpressen und die Seeblockade. Die Forderungen der Briten gingen ursprünglich sehr weit, doch hatte sie Wellington schließlich mit einem Hinweis auf den Sieg von Macdonough gedämpft. Nun gaben beide Seiten die okkupierten Gebiete zurück und überließen die Grenzfragen einer Schiedskommission.

Die Vereinigten Staaten hatten keines ihre weitgesteckten Kriegsziele erreicht. Die von Madison aufgeworfenen Rechtsfragen blieben ungelöst. Das Eroberungsprogramm der "war hawks" schien ein für allemal gescheitert. Sichtbare Folge des vermessenen Waffenganges war ein riesiger Schuldenberg, verbunden mit währungspolitischen Problemen. Doch bald regte sich das Verlangen nach territorialer Ausdehnung aufs neue.

DIE ZEIT DES GUTEN EINVERNEHMENS

Das Jahr 1815 ist ein Wendepunkt der amerikanischen Geschichte. Bis zum Frieden von Gent war die Entwicklung der Vereinigten Staaten stark durch europäische Ereignisse mitbestimmt worden: das Napoleonische Zeitalter hatte seine Schatten über den Atlantik geworfen. Fortan beschäftigten Europa jedoch Probleme, deren Auswirkungen die Neue Welt nur ausnahmsweise zu spüren bekam. Amerika konnte sich daher ungestört dem wirtschaftlichen und sozialen Aufbau widmen und der Erschließung des Westens zuwenden.

Lediglich ein Unternehmen wollte nicht so recht zu diesem Bild nationaler Konzentration passen: der Algerische Krieg (1815). Doch als der Kongreß die Bundesregierung zur Aufnahme von Feindseligkeiten gegen den tributeheischenden Bey des größten Barbareskenstaates ermächtigte und das Navy Department bald darauf 10 Fregatten nach Nordafrika in See stechen ließ, zeigte sich etwas überraschend Neues: das beginnende Zusammenwirken der Parteien.

Vor allem förderte den Abbau der Gegensätze, daß die Republikaner angesichts der wirtschaftlichen Schwierigkeiten ein Reformprogramm entwickelten und dabei nahezu sämtliche Grundsätze und Methoden der von ihnen ehedem so leidenschaftlich bekämpften Politik Alexander Hamiltons übernahmen. Nachdem sich Henry Clay und John C. Calhoun vor dem Krieg als doktrinäre Agrar-Demokraten nicht hatten entschließen wollen, die abgelaufene Lizenz der ersten US-Bank zu erneuern, förderten sie 1816 zielbewußt das gesetzliche Privileg für ein anderes, das zweite nationale Bankinstitut der Vereinigten Staaten. Vollends das beherzte Umschwenken ihrer Partei gegenüber der jungen amerikanischen Industrie brachte die vorwiegend in gewerbetreibenden Regionen beheimateten Föderalisten um Wahlkampfargumente und nahm ihnen bald sogar den alten, tiefsitzenden Groll.

Die industrielle Revolution hatte ebenso wie Europa längst auch Nordamerika ergriffen. Dampfboote nach Art der Konstruktionen eines John Fitch, Robert Fulton und John Stevens verließen reihenweise die Pittsburgher Werften und ließen als emsige Zubringer das bisher wenig bedeutende New Orleans zum zweitgrößten Exporthafen der Neuen Welt aufsteigen. Bedeutend waren auch die Fortschritte der

Industrietechnik, bahnbrechende Entwicklungen von Samuel Slater, Eli Whitney, David Wilkinson und Oliver Evans.

Überall gab es von Wasserkraft getriebene Getreidemühlen und Sägewerke, daneben eine starke lederverarbeitende Industrie. Neuerdings nahm auch der Bau von Dampfmaschinen einen kräftigen Aufschwung. Vor allem jedoch surrten 80000 Spindeln zwischen New Hampshire und Delaware. Der Krieg hatte ihre Zahl verzehnfacht, der Friede drohte sie auszuschalten. Warf doch Großbritannien riesige Mengen seiner durch die Kontinentalsperre angehäuften Industrieerzeugnisse zu Schleuderpreisen auf den Weltmarkt.

Es war daher außerordentlich wichtig, daß der Kongreß unter Führung der Republikaner 1816 die von Hamilton konzipierte Politik des Schutzzolles aufnahm und mit absatzfördernden Maßnahmen bündelte. Hatten die Föderalisten durch Daniel Webster noch Einwände gegen das Bankgesetz erhoben, so mußten sie sich nun, da viele ihrer Anhänger das Regierungsprogramm guthießen, jede weitere Kritik versagen. In den beiden Häusern des Bundesparlamentes gab es praktisch keine Opposition mehr.

Diese Entwicklung kam dem neuen Präsidenten James Monroe, einem erfahrenen, hart arbeitenden, aber farblosen Mann, zugute. Als er 1817 die Städte der Nordwestküste besuchte und seine Reise später bis nach Detroit ausdehnte, empfingen ihn nicht nur Politiker jeder Couleur, sondern auch große Teile der Bevölkerung auffallend herzlich. Dabei geschah es, daß die Bostoner "Columbian Centinel" der Zeit den Namen gab, als sie von einer „Ära des guten Einvernehmens“ ("era of good feelings") schrieb.

Drei historische Ereignisse der beiden aufeinanderfolgenden Präsidentschaftsperioden dieser Epoche sind besonders hervorzuheben: der Floridakauf (1819), der Missouri-Kompromiß (1820) und die Monroe-Doktrin (1823). Sie erweiterten die territoriale Basis und den Spielraum der amerikanischen Außenpolitik und entschärften eine neue Anhäufung innenpolitischer Zündstoffe, hinterließen teilweise aber auch, ohne daß man dessen gleich gewahr wurde, für die Zukunft weitergreifende Probleme.

Während des ersten Seminolen-Krieges (1817/18), eines Feldzuges gegen Indianer und entlaufene Negersklaven, war Jackson zum Oberbefehlshaber ernannt worden. Er hatte sofort an Monroe geschrieben: „Lassen Sie mich über irgendeinen Kanal wissen, ob für die Vereinigten Staaten eine Inbesitznahme von Florida wünschenswert ist; in sechzig Tagen wäre die Sache erledigt.“ Durch das Schweigen seiner Vorgesetzten ermutigt, handelte der General: bei der Verfolgung fliehender

Indianer besetzten amerikanische Truppen den größten Teil des begehrten Nachbarlandes.

Spanien konnte sich wegen innerer Schwierigkeiten und eines gefährlichen lateinamerikanischen Aufstandes nicht zur Wehr setzen. Großbritannien nahm schweigend hin, daß Jackson in West-Florida zwei englische Untertanen hinrichten ließ, denn London hatte unlängst mit den Vereinigten Staaten eine Entmilitarisierung der kanadischen Seen ausgehandelt und hoffte eben jetzt, die noch offenen Grenzfragen des Friedens von Gent regeln zu können.

Jacksons eigenmächtiges Vorgehen wurde durch Erklärungen beider Häuser des Kongresses mehr oder weniger deutlich verurteilt. Die amerikanischen Truppen mußten das besetzte Gebiet räumen. Dennoch konnte Spanien in seiner vielfachen Bedrängnis das von den USA geschaffene und seit Jahren immer wieder aufgeworfene Florida-Problem nur noch als Ballast empfinden. Staatssekretär John Quincy Adams bot sich daher bald die Gelegenheit zum Abschluß eines Kaufvertrages mit dem spanischen Gesandten (1819).

Spanien trat Florida für 5 Millionen Dollar an die Vereinigten Staaten ab, während diese auf Texas verzichteten. Gleichzeitig wurde die mit dem Louisianakauf entstandene Grenzfrage durch Markierung einer Linie geregelt, welche an der Golfküste begann, zum Red und Arkansas River führte und bei 42 Grad nördlicher Breite scharf nach Westen abbog, wo sie den Pazifik erreichte. Damit gab die Madrider Regierung ihre Rechte in dem von Gray, Lewis und Clark erforschten Gebiet beiderseits des Columbia River preis.

Die Ratifizierung des am 22. Februar 1819 unterzeichneten Florida-Vertrages ließ aus mancherlei Gründen zwei Jahre lang auf sich warten. Daß ihm der Senat endgültig erst 1821 zustimmte, war teilweise auf innere Gegensätze und Spannungen zurückzuführen. Zum erstenmal drohte die mit ihren wirtschaftlichen, sozialen und humanitären, rechts- und regionalpolitischen Problemen in ein Ganzes verflochtene Sklavereifrage den Bund zu sprengen.

Seit der Züchtung langfaseriger Baumwollarten und Konstruktion einer Egreniermaschine (cotton gin) durch den New Yorker Ingenieur Eli Whitney wandelte sich die Plantagenwirtschaft des Südens. Bei geringfügigem Absinken der Tabak- und Indigoproduktion (in Virginia und North Carolina) und Zunahme des Zuckerrohranbaus (in Louisiana) hatte „König Baumwolle" (king cotton) seinen Siegeszug von Georgia nach Alabama, Mississippi und Süd-Tennessee angetreten. Infolgedessen war beim Verbot des Negerimportes der Bedarf an farbigen Arbeitskräften erheblich gestiegen.

Ein jovial klingender Grundsatz lautete: „Laßt uns Sklaven erwerben, um mehr Baumwolle anzubauen, dann können wir abermals Neger kaufen und so fort.“ Die damit gekennzeichnete Entwicklung verursachte freilich überall tiefes Unbehagen. Denn die Nordwestordonnanz und andere Gesetze hatten nördlich des Ohio und Delaware River die Sklaverei bereits verschwinden lassen. Aber auch im Süden, wo immerhin 103 der 143 Emanzipationsgesellschaften zu Hause waren, suchte man ernsthaft nach einer Lösung der Negerfrage.

So hatten zum Beispiel führende Persönlichkeiten des Südens – unter ihnen Madison, Monroe und Marshall – eine American Colonization Society geschaffen, die das Gebiet von Liberia erwarb, Monrovia gründen ließ und allen freigelassenen Negern die Auswanderung dorthin nahelegte. Gleichzeitig unterstützten Senatoren und Abgeordnete aus den Südstaaten zwei Gesetze zur Unterdrückung des illegalen Sklavenhandels, den sie mit „Piraterie“ gleichsetzten (1819/1820).

Derlei Verdikte und Eindämmungsmaßnahmen hatten jedoch nur wenig Erfolg. Außer dem Arbeitskräftebedarf des immer größer werdenden Baumwollimperiums waren noch andere Aspekte zu berücksichtigen. Die Verfassung und der Louisianakauf garantierten das Privateigentum, also auch den Besitz an Sklaven. Diese wiederum bildeten, obwohl persönlich rechtlos und ohne direkten Einfluß, mit drei Fünftel ihrer Bevölkerungsmasse einen wichtigen Stabilisierungsfaktor für die regionale Verteilung der Abgeordnetenmandate.

Bis zum Jahre 1819 hatten sich die für das Repräsentantenhaus maßgebenden Bevölkerungsziffern beider Unionshälften (Norden: 5,152 Millionen; Süden: 4,485 Millionen) allerdings so weit verschoben, daß von den südstaatlichen Abgeordneten bestenfalls nur noch 81 Stimmen gegenüber 105 anderslautenden Stimmabgaben aufgebracht werden konnten. Allein der Senat, in welchen jeder einzelne Staat ohne Rücksicht auf seine Einwohnerzahl und territoriale Größe zwei Vertreter entsandte, gewährleistete noch das Gleichgewicht zwischen den Regionen des Bundes.

Im Blick auf diese Garantie des inneren Friedens erwies sich die Zulassung neuer Gliedstaaten der Union als ein besonders heikles Problem. Das Kriterium bildeten die Verfassung der jeweiligen Antragsteller. Der Bund hatte ihren grundgesetzlichen Status immer sorgfältig geprüft und seit 1802 abwechselnd sklavenfreie und sklavenhaltende Staaten aufgenommen: Ohio (1803) und Louisiana (1812), Indiana (1816) und Mississippi (1817), Illinois (1818) und Alabama (1819). Mittlerweile gab es von beiden Kategorien gleich viele Staaten, insgesamt zweiundzwanzig.

Doch während Alabama als ein sklavenhaltender Staat der Union beitrat (1819), wiederholte das auf dem Boden des nördlichen Louisianagebietes entstandene Missouri, dessen Siedler – zum Teil noch aus französisch-spanischer Zeit – etwa 2000 bis 3000 Negersklaven besaßen, seinen schon früher gestellten Antrag auf Inkorporierung. Der Kongreß wurde dadurch vor eine schwierige Entscheidung gestellt. Denn das Gleichgewicht im Senat mußte sich zugunsten der Südstaaten verschieben, wenn er dem Ersuchen nachkam.

Verschiedene Kompromißvorschläge scheiterten. Nahezu fünf Monate lang wurde in der erregten Öffentlichkeit und beiden Häusern des Bundesparlamentes über das Aufnahmeersuchen Missouris gestritten, bis Maine seine längst fällige Trennung von Massachusetts vollzog und als (sklavenfreier) Staat des Bundes anerkannt zu werden wünschte. Damit war dem Kongreß die Möglichkeit gegeben, das bedrohte Gleichgewicht noch einmal zu retten (1820).

Das Bundesparlament nahm Maine und Missouri in die Union auf, die nunmehr 12 sklavenfreie und 12 sklavenhaltende Staaten umfaßte. Missouri erhielt allerdings eine Ausnahmestellung, denn von seinem Gebiet abgesehen sollte die Sklaverei nördlich 36° 30′ hinfort völlig ausgeschlossen sein. Ein zweiter Kompromiß, den Clay formulierte, verpflichtete Missouri, für alle Zeiten die Immunitätsrechte der Amerikaner zu achten, wobei ursprünglich an den Status freigelassener Negersklaven gedacht war (1821).

Damit schienen die Gegensätze überwunden. Jede der beiden Seiten wertete das Ergebnis als ihren Sieg. Abgeordnete, Senatoren und Zeitungsleute waren zuversichtlich. Allein zwei aufmerksame Beobachter blickten voller Sorge unter die Oberfläche der geglätteten Wogen. Jefferson hatte der Konflikt „aufgeschreckt wie eine Feuerglocke in der Nacht“. John Quincy Adams schrieb: „Ich bin überzeugt, daß diese Affäre nur ein Umschweif ist, das Vorwort zu einem umfangreichen und tragischen Volumen.“

Derweil zeigten sich am Horizont erneut dunkle Wolken. Zar Alexander I. von Rußland schob durch einen Ukas die Südgrenze seines Pelzjagdreservates in Alaska an der pazifischen Küste bis zum 51. Breitengrad vor und sperrte alle benachbarten Meeresteile für Schiffe unter fremder Flagge. Ein Jahr später beauftragte die Heilige Allianz das seit dem Sturze Napoleons rehabilitierte Frankreich, den südlich der Pyrenäen losgebrochenen Aufstand spanischer Revolutionäre niederzuschlagen.

Alexander wie die übrigen Mitglieder der Allianz verfolgten eine konservative, allen freiheitlichen Regungen scharf entgegenwirkende Politik. Daher hielten es führende Männer in Washington auf Grund ihrer Erfahrungen im 18. Jahrhundert nicht für ganz ausgeschlossen, daß die europäischen Ordnungsmächte bald auch den seit längerer Zeit tobenden Unabhängigkeitskrieg der Lateinamerikaner zu beenden suchten. Bestand doch zwischen diesem Krieg und der spanischen Revolte ein enger Zusammenhang.

So mochten etwa die über Madrid bis nach Cádiz vorgedrungenen Franzosen eines Tages den Atlantik überqueren oder russische Streitkräfte vom 51. Breitengrad aus in Kalifornien einrücken, das zu dem vor anderthalb Jahren unabhängig gewordenen Mexiko gehörte. Daß Adams eine solche Intervention für ausgeschlossen hielt und eher glauben wollte, „der Chimborazzo" werde „im Ozean versinken", lag an der britischen Haltung. England wollte sich den lateinamerikanischen Markt sichern und trat daher der Heiligen Allianz entgegen.

George Canning, der britische Foreign Secretary, suchte die Vereinigten Staaten für ein gemeinsames Vorgehen zu gewinnen. Doch Monroe wollte vermeiden, daß die USA eines Tages zur „Jolle im Kielwasser des englischen Kriegsschiffes" wurden. Jefferson und Madison, deren Rat er einholte, teilten seinen Standpunkt, und auch Adams pflichtete ihm trotz einiger Meinungsunterschiede bei. Man beschloß, die amerikanische Auffassung mit der nächsten Botschaft des Präsidenten an den Kongreß auszusprechen.

Das Ergebnis war die hauptsächlich von Adams formulierte Monroe-Doktrin (1823). Sie enthielt vier Elemente: 1. Amerika könne nicht länger Objekt der Kolonisation seitens europäischer Mächte sein; 2. in Amerika und Europa bestünden grundverschiedene politische Systeme; 3. die USA hielten es für gefährlich, wenn Staaten der Alten Welt ihre Prinzipien in der westlichen Hemisphäre durchsetzen wollten; 4. die Vereinigten Staaten würden sich der Einmischung in europäische Angelegenheiten enthalten.

Obwohl dieser Passus der präsidialen Jahresbotschaft weit über die seinerzeit von George Washington (1796) und Thomas Jefferson (1801) ausgesprochenen Warnungen vor „verstrickenden Bündnissen" – das Bekenntnis zur Isolation der Vereinigten Staaten – hinausging, schenkte ihm Europa nur geringe Aufmerksamkeit. Die Monroe-Doktrin hatte keine unmittelbare Wirkung. Sie blieb vorläufig eine Grundsatzerklärung und wurde erst nach erneuten Interpretationen zum Gegenstand des Völkerrechts (1940).

Die erste der vier Feststellungen hatte Adams bereits vorher zum Ausdruck gebracht, als er gegen den Ukas des Zaren protestierte. Darauf war es ihm gelungen, Verhandlungen mit dem russischen Gesandten über das Grenzproblem und die Freiheit der Meere einzuleiten. Am 17. April 1825 schlossen die Vereinigten Staaten und das Zarenreich einen Vertrag, in welchem sich Rußland auf 54° 40′ zurückzog und alle Beschränkungen für die internationale Schiffahrt aufzuheben versprach.

Dieser Erfolg und der vorher gelungene Floridakauf sollten John Quincy Adams wenig helfen. Wohl konnte er 1824 als Nachfolger Monroes in das Weiße Haus einziehen, doch gelang es ihm nicht, bestimmenden Einfluß auf die Öffentlichkeit und den Kongreß zu gewinnen. Die reichen Gaben des neuen Präsidenten, seine Gelehrsamkeit und diplomatische Erfahrung waren machtlos, wo kaltschnäuzige Politiker ihre Intrigen spannen. Das Dezennium der harmonischen Zusammenarbeit ging zu Ende. Spötter sprachen von einer „Zeit des schleichenden Einvernehmens".

Die politische Landschaft hatte sich zu verändern begonnen. Wie die Monroe-Doktrin zeigte, stieg das Selbstbewußtsein der amerikanischen Nation. Seitens der Schriftsteller stärkte es vor allem James Fenimore Cooper mit dem dramatisierenden Kriegsroman "Spy", weniger durch die gerade erst begonnenen "Leatherstocking Tales", welche später ihrem Range nach zur Weltliteratur gezählt wurden, ebenso wie dies jetzt schon bei Werken von Washington Irving und William Cullen Bryant der Fall war.

Mit dem Nationalismus wuchsen Anspruch und Einfluß der Demokratie. Von Westen und Osten kommend, trafen zwei Bewegungen zusammen. Jenseits der Appalachen und des Mississippi war durch die geregelte Landnahme das Gleichheitsprinzip verwirklicht worden; dort gab es keine Oberschicht politisch maßgebender Grundbesitzer und Handelsherren. In den alten Küstenstaaten hatte die Zahl der Arbeiter und kleinen Farmer erheblich zugenommen. Alle diese Sozialschichten wurden durch die Volksaufklärung erfaßt.

Die neuen Gemeinwesen im Westen hatten ihren weißen Siedlern von vornherein das aktive und passive Wahlrecht ohne Ansehen der Person zuerkannt. Als die Zahl der Abgeordneten aus diesen Regionen wuchs und bei den Präsidentenwahlen maßgebend werden konnte, mußten sich Politiker der östlichen Staaten, so widerwärtig ihnen auch demokratische Tendenzen waren, zu Reformen entschließen, wollten sie nicht an Einfluß verlieren.

Pennsylvania und South Carolina hatten erste Schritte in dieser Richtung getan. New Hampshire, Georgia und Delaware, Maryland und Connecticut, Massachusetts und New York waren ihnen seither gefolgt. Ende 1824 machten neun der dreizehn alten Staaten die Stimm- und

Amtsfähigkeit ihrer volljährigen Bewohner männlichen Geschlechtes nicht mehr von dem Vermögen und der Religionszugehörigkeit abhängig. Selbst der Nachweis eines Steuermindestaufkommens, an welchem Pennsylvania noch festhielt, entfiel mit der Zeit als Voraussetzung für das Wahlrecht.

Ein weiteres Ergebnis der Demokratisierung war die Häufigkeit des Ämterwechsels (rotation in office). Die Beamten wurden nur auf kurze Zeit gewählt. Sie verloren ihre Stellen spätestens in dem Augenblick, da die Gegenpartei einen Wahlerfolg verzeichnete. „Dem Sieger gehört die Beute", lautete der neue Grundsatz. Alle öffentlichen Dienste wurden ihm unterworfen ("spoils system"). Sogar Sekretäre, Buchhalter und Türhüter mußten weichen, wenn ein Urnengang anderen Leuten den Weg zur Krippe frei machte.

Die politischen Veränderungen berührten auch den Präsidentenwechsel. Anfänglich ließen nur 5 Staaten die Elektoren durch „das Volk" wählen; 1824 waren es bereits 18. Vier Jahre später verschlossen sich nur noch die Legislaturen von Delaware und South Carolina dem Zuge der Zeit. Damit büßten fast alle Vorwähler ihre Freiheit ein. Sie wurden zu Strohmännern ("dummies"), die für den Präsidentschaftskandidaten ihrer Partei stimmen mußten.

Seit dem Rücktritt von George Washington hatte stets ein inoffizielles Komitee gleichgesinnter Kongreßmitglieder (caucus) festgelegt, wer für das höchste Amt der Vereinigten Staaten kandidieren sollte. Diese Übung war bei den radikalen Republikanern, die sich gelegentlich auch „Demokraten" nannten und Andrew Jackson zu ihrem Idol erhoben, in Verruf geraten. Als John Quincy Adams 1824 über Jackson siegte, ziehen sie den „König Caucus" voller Zorn, aristokratisch und verfassungswidrig zu sein.

Die Veränderung des politischen Klimas ließ Adams keine Chance. Seine Gegner überhäuften ihn mit Schmähungen und bereiteten die nächste Kampagne auch organisatorisch durch einen ebenso ungewöhnlichen wie wirksamen Schritt vor: Abgeordnete der Legislatur von Tennessee nominierten schon 1825 den ehemaligen General Andrew Jackson zum Kandidaten aller „demokratischen" Kräfte. Ende des Jahres 1828 erhielt dieser populäre Politiker 178 der 261 Wahlmännerstimmen.

DAS ZEITALTER JACKSONS 1829–1845

Die turbulenten Szenen bei der Inauguration am 4. März 1829 schienen einen Umsturz zu bedeuten. Eine buntscheckige Menschenmenge stürmte das Weiße Haus, von dem sie zwei, drei Stunden lang förmlich Besitz ergriff. Angetrunkene Rüpel stiegen auf die Mahagonimöbel; zerbrochenes Porzellan, ausgespuckter Tabaksaft und verschütteter Orangenpunsch bedeckten den Estrich. Des vielen Händegebens überdrüssig, kletterte Jackson schließlich aus dem Fenster. „Ein ekelerregender Anblick", schrieb Bundesrichter Joseph Story, „die Regierung des Pöbelkönigs hatte begonnen."

Jackson war der „Mann des Volkes", aber nicht sein Führer. Viele Menschen faszinierte das Erscheinungsbild des neuen Präsidenten, die hagere Gestalt mit dem zerfurchten Antlitz und leuchtend weißem Haar. Zugleich imponierte, daß er sich bereits als Troßjunge, Soldat und Siedler, Pferde- und Sklavenhändler, Advokat und Richter, Miliz- und Armeegeneral, Abgeordneter und Senator betätigt hatte. Ein solcher Selfmademan des Westens schien vollauf geeignet, die „Virginia-Dynastie" und ihre Freunde aus den Kreisen der „Neu-England-Aristokraten" abzulösen. Große Zielsetzungen, geistige Impulse und wohlüberlegte politische Reformen konnte man von ihm allerdings nicht erwarten.

Der Präsident übersah kaum seine buntscheckige Anhängerschaft und ihre verschiedenartigen Gefühle, Hoffnungen und Absichten. Während viele Sprecher der radikalen Bewegung als „Demokraten" hervortraten, bezeichnete er sich weiter als „Republikaner". Für das beiderseitige Verhältnis war dies ohne politische Bedeutung, denn Jackson gab der neuen Partei, die sich formierte, keine Richtlinien.

Zwischen ihm und der radikalen Bewegung hielt ein kleiner Kreis von Intellektuellen unter Amos Kendall den Kontakt. Er hatte für Jackson den Wahlkampf geführt und stand nun dem Präsidenten als Beratergremium zur Seite. Da der neue Herr des Weißen Hauses keine Kabinettssitzungen mehr abhielt, gewann diese Gruppe starken Einfluß. Die Gegner sprachen von einem „Küchenkabinett" (kitchen cabinet), in dem alles, was man der Nation vorsetzte, zubereitet werde.

Außer Kendall und seinem Kreis hielten sich noch andere Intellektuelle an die Symbolgestalt des „Siegers von New Orleans". Ralph Waldo

Emerson und Henry David Thorau, die, jeder auf seine Weise, den „Transzendentalismus“ weiterentwickelten, standen der Tagespolitik fern, doch George Bancroft und Orestes Brownson sahen zwischen ihrer Philosophie und dem durch Jackson verkörperten Demokratie-Begriff enge Zusammenhänge. Zahlreiche Schriftsteller und Reformer, unter ihnen Nathaniel Hawthorne und William Cullen Bryant, Bronson Alcott und Gulian C. Verplanck, Washington Irving, James Paulding und Walt Whitman, ließen sich zuweilen nicht ungern als „Jacksonians“ bezeichnen.

Ihr Fortschrittsglaube, das enthusiastische Streben nach sozialer Veränderung prägte den Geist des Zeitalters (The Age of Jackson). Doch die vom Präsidenten selbst auf Rat des „Küchenkabinetts“ angestoßenen oder doch wesentlich beeinflußten Entwicklungsprozesse – das Ringen um neue, zweckmäßige Zolltarife, die Bank- und Währungspolitik des Bundes und die Freigabe unbesiedelten Landes – sind großenteils erst nach dem Ende der beiden Jackson-Administrationen zum Abschluß gekommen.

Die Idee des Schutzzolls war zuerst von den Republikanern verwirklicht worden. Neuerdings jedoch wandten sich Radikale aus ihren Reihen gegen ihn. Die Zollpolitik, erklärten namentlich Vertreter des Südens und Westens, gehe zu Lasten der kleinen Leute. Der „Tarif“ treibe die Preise aller eingeführten Fertigwaren sowie auch vieler Inlanderzeugnisse in die Höhe und komme damit einer ungerechten Besteuerung gleich. Trotzdem erhöhte der Kongreß zu Zeiten Jacksons nicht weniger als dreimal die Einfuhrzölle.

Der darüber entbrannte Streit spitzte sich gefährlich zu, nachdem Calhoun festgestellt hatte, daß Einzelstaaten der Union berechtigt seien, Bundesgesetze, die ihren Interessen entgegenstünden, für null und nichtig zu erklären (“to nullify”). Angesichts des jüngst erhöhten Schutzzolles wurde diese Nullification-Doktrin durch den Gouverneur von South Carolina aufgegriffen. Er berief einen Konvent nach Columbia, der die neuen Tarifbestimmungen außer Kraft setzte, dazu jede Anrufung des Supreme Court verbot und sogar militärische Sicherheitsmaßnahmen einleitete.

Als South Carolina gar noch drohte, sich von der Union zu trennen, beorderte Jackson den General Winfield Scott nach Charleston. Aber zugleich bemühte sich der Präsident um eine friedliche Lösung. Als er den Kongreß bat, das umstrittene Zollgesetz zu mildern, suspendierte South Carolina seine Ordinance of Nullification. Ein Kompromiß, den Clay aushandelte, entschärfte die aktuellen Gegensätze. Der Bürgerkrieg wurde noch einmal vermieden.

Ähnlich wie dem Schutzzoll erging es der zweiten Nationalbank. Auch sie war von den Republikanern gegründet worden, jedoch seit geraumer Zeit heftigen Angriffen der Radikalen ausgesetzt. Dabei ging es um währungspolitische Fragen. Viele Pflanzer und Farmer des Westens ertrugen nur unwillig die Last ihrer Investitionsschulden und hofften voller Sehnsucht auf eine Steigerung des Papiergeldumlaufes, weil mit der fortschreitenden Inflation die Preise für landwirtschaftliche Produkte steigen mußten.

Unter dem Einfluß von Amos Kendall und Martin Van Buren teilte der Präsident ihren Standpunkt. Er beschuldigte das nationale Geldinstitut, dessen Leiter mit konservativen Methoden streng für eine stabile Währung sorgte, vorwiegend den Interessen der Reichen zu dienen. Als beide Häuser des Kongresses gleichwohl das vier Jahre später auslaufende Privileg der US-Bank gesetzlich erneuerten, legte Jackson sein Veto ein. Der damit ausgelöste Konflikt wurde das Hauptthema des folgenden Wahlkampfes.

Sobald sich die Radikalen endgültig zur Demokratischen Partei formiert und Jackson abermals zur Präsidentschaft verholfen hatten, wurde der Angriff auf das Geldinstitut fortgesetzt. Jackson ließ der Bank durch den Schatzsekretär die Bundeseinlagen entziehen und sie bei einzelstaatlichen „Hätschel"-Banken (pet banks) deponieren. Da die Demokraten im Kongreß an Zahl zunahmen und der Widerstand von Clay und Calhoun langsam erlahmte, war dieser Politik ein überwältigender Erfolg beschieden.

Noch vor Ablauf der zweiten Amtsperiode erlebte Jackson zu seiner Freude den Ruin des nationalen Geldinstitutes, das schließlich in eine Regionalbank umgewandelt wurde. Amerika mußte dafür die Kosten tragen. Die nun überall, besonders am Mississippi und Missouri entstehenden Staatsbanken gaben als sogenannte "wildcat banks" Unmengen von Papiergeld mit geringer oder gar keiner Gold- und Silberdeckung aus. Bald war der Dollar im Westen nur noch 1–90 Cents wert.

Gleichzeitig boten die indianischen Angelegenheiten ein trauriges Bild. Mississippi und Alabama annektierten widerrechtlich große Gebiete der Ureinwohner. Der Gouverneur von Georgia bereitete ähnliche Schritte vor, als er die Gesetze der Cherokee für nichtig erklärte. Die Sache wurde beim Supreme Court anhängig und gegen Georgia entschieden. Doch Jackson stellte sich auf die Seite der Indianerfeinde. Man schrieb ihm die Worte zu: „John Marshall hat sein Urteil gesprochen, nun laßt es ihn auch durchführen."

Mit nicht weniger als 179 aufgezwungenen Verträgen ließ der Präsident die östlichen Stämme drängen, über den Mississippi nach Arkansas abzuwandern. Kavallerie des Bundesheeres begleitete die elenden Trecks. Scharen bewaffneter Indianer, die ausbrachen oder umkehrten, wurden niedergemetzelt, so vor allem in Wisconsin und Illinois (1832). In Florida begann der Zweite Seminole-Krieg (1835–1843), nach dessen für die Bundesregierung erfolglosem Ausgang wenigstens eines der von Jacksons rigoroser Umsiedlungspolitik betroffenen Völker seine alten Wohnsitze beibehalten konnte.

Unterdessen führte das sich rücksichtslos entfaltende Gewinnstreben amerikanischer Bürger auch ohne Mitwirkung des Präsidenten zu blutigen Konflikten. Siedler aus den Vereinigten Staaten hatten Besitz in Texas erworben. Als Mexiko, dem dieses Land gehörte, ihre hochgeschraubten Ansprüche auf politische Selbstverwaltung bestritt, griffen sie zu den Waffen und proklamierten am 2. März 1836 voreilig eine unabhängige „Republik Texas".

Im Texanischen Krieg (1836–1838), den diese Usurpation auslöste, war die Washingtoner Regierung zur Nichteinmischung verurteilt. Da sich mit der erneut aufgeworfenen Annexionsfrage wieder und weit mehr denn je das Sklavereiproblem verquickte, bot eine Seite des Kongresses der anderen Schach. Die neuen Siedler blieben daher auf sich gestellt und erlitten mehrfach Rückschläge, bis ihre kleine Streitmacht unter Sam Houston am San Jacinto einen Überraschungserfolg davontrug.

Aber dieser Sieg, die Gefangennahme des mexikanischen Präsidenten Antonio López de Santa Anna und der mit ihm abgeschlossene Waffenstillstandsvertrag brachten keine endgültige Entscheidung. Als das Gemeinwesen der Rebellen um Aufnahme in die Union ersuchte, wurde dieses Ansinnen zurückgewiesen. Zum großen Bedauern Jacksons konnte Texas sein Hoheitszeichen noch nicht auf das Sternenbanner der USA übertragen; es blieb vorerst ein Staat für sich, die international anerkannte "Lone Star Republic".

Auch den lautstark erhobenen Forderungen nach unentgeltlicher Abgabe brachliegenden Grunds und Bodens der Vereinigten Staaten mußte Jackson mit Rücksicht auf die Kräfteverhältnisse im Kongreß ausweichen. Dem scheidenden Präsidenten gelang nur noch, seinem ehemaligen Staatssekretär Martin Van Buren die Nachfolge zu sichern. Der demokratische Nominierungs-Konvent traf eine entsprechende Entscheidung, und die folgenden Wahlen brachten das gewünschte Ergebnis.

Martin Van Buren übernahm kein glückliches Erbe. Die Bankpolitik seines Vorgängers stand vor dem Abgrund. Jackson hatte der mit ungedeckten "wildcat"-Noten eingerissenen Spekulation zu steuern versucht, indem er nur noch Landverkäufe gegen hartes Geld erlaubte.

Seither schmolzen die Reserven der „Hätschelbanken". Sie mußten die ihren Kunden gewährten Anleihen kündigen. Das ganze Gebäude brach zusammen. Einen Monat nach der Inauguration des neuen Präsidenten waren 618 Banken verkracht.

Die Opposition zog daraus politischen Nutzen. Unter Clay und Webster hatten sich sogenannte National-Republikaner, abtrünnige Demokraten, letzte Überreste der Föderalisten, Staatenrechtler und Nullifikationisten, hauptsächlich Anhänger von Calhoun, in einer neuen Partei zusammengefunden, deren Gefolgsleute man wieder als "Whigs" bezeichnete. Sie nominierten für die nächste Präsidentschaftskampagne den populären General William Henry Harrison sowie John Tyler, einen Staatsrechtler aus Virginia.

Die im Stil der Zeit mit nichtssagenden Parolen ausgefochtene Wahl des Jahres 1840 bescherte den Whigs einen knappen Sieg. Aber Harrison starb kurz nach seinem Amtsantritt, und Tyler, der darauf ins Weiße Haus nachrückte, mußte sein Kabinett wiederholt umbilden. Daß schließlich Calhoun, der nach dem Bruch mit Jackson einen unabhängigen Kurs verfolgt hatte, den Posten des Staatssekretärs übernahm, zeigte zur Genüge die Schwäche dieser wenig bedeutenden Administration. Seit den Kongreßwahlen zur Halbzeit der Tyler-Regierung beherrschten wieder die Demokraten das Repräsentantenhaus.

Die Schwungkraft der reformerischen Bewegung hatte nicht nachgelassen. Sie setzte eine Fülle bahnbrechender Gedanken ins Werk und durchdrang mit ihnen nahezu alle Gebiete des öffentlichen Lebens, die Rechtsprechung und den Strafvollzug, die Welt der Arbeit und das soziale Fürsorgewesen. Die althergebrachte Knechtschaft (servitude) wurde erheblich beschränkt, die Frauenemanzipation gefördert, der 10-Stunden-Arbeitstag verwirklicht und die Negersklaverei von den sogenannten Abolitionisten unter William Lloyd Garrison leidenschaftlich bekämpft.

Groß war die Zahl der sozialen Experimente im landwirtschaftlichen wie industriellen Sektor. Produktions- und Lebensgemeinschaften, neue Vereine, Logen und Kirchen, Schulen, Colleges und Universitäten entstanden. Die ersten Gewerkschaften wuchsen als National Trades Union über New York, Boston und Baltimore, Pittsburgh und Cincinnati hinaus.

Erz- und Kohlebergbau, Dampfkraft und Eisenindustrie förderten sich gegenseitig und gaben der Fabrikation von Maschinen, Fahrzeugen und Waffen kräftigen Anstoß. Das Verkehrsnetz wuchs. Die historische Cumberland-Route wurde bis nach Illinois weitergeführt, das Kanalsystem ausgebaut. Eisenbahngesellschaften machten sich die Konstruktionen eines Peter Cooper zunutze. Ende 1840 hatten die Vereinigten Staaten ein Schienennetz von 3328 Meilen (Europa: 1818 Meilen).

Neue Schiffe verbanden Amerika mit der übrigen Welt. Der Transportraum umfaßte 1,57 Millionen t (1840). New York allein beheimatete 52 Atlantikfahrer, unter ihnen die ersten Überseedampfer, von denen wöchentlich drei ausliefen und ebenso viele mit Einwanderern, größtenteils Deutschen und Iren, aus Europa zurückkehrten. Im Zeitalter Jacksons stieg ihre Jahresquote von 22 520 (1828) auf 154 416 (1846).

Radikale Parteien und Bünde bekämpften die Neuankömmlinge. Die Demokraten hielten sich dabei zurück und blieben deshalb die Hoffnung der Reformer. Auch übertrumpfte ihre Partei den engherzigen Nativismus mit nationalistischen Parolen großen Formats, einer von John L. O'Sullivan, Samuel Langstreet und George Bancroft heraufbeschworenen Vision, die dem Selbstbewußtsein der Angloamerikaner besser entsprach und zu ihrem Leitstern wurde.

„Unsere Aufgabe", schrieb O'Sullivan, „sind vier Freiheiten für die Welt": "freedom of conscience, freedom of person, freedom of trade and business pursuits, universality of freedom and equality." Wenige Jahre später verkündete er in einem Aufsatz der Zeitung "The United States Magazine and Democratic Review", daß es für die Amerikaner „offenkundige Bestimmung" ("manifest destiny") sei, sich „über den Kontinent auszubreiten" ("to overspread the continent allotted by Providence for the free development of our multiplying millions").

AUSDEHNUNG ZUM PAZIFIK

Die von O'Sullivan, Langstreet und Bancroft ausgesprochene Idee ließ sich nur durch Erweiterung des Bundesgebietes verwirklichen. Beides – die gedankliche Konzeption und deren Durchführung – waren freilich nicht das Primäre. Wie auch früher schon, folgten sie der vorgreifenden Expansion amerikanischer Bevölkerungselemente, den Zügen erfolgshungriger Forscher und Händler, Farmer und Pflanzer.

Pioniersiedler aus den USA hatten außerhalb des Bundesgebiets zuerst unter Sam Houston in Texas (seit 1821), dann auch in Oregon (seit 1834) und Kalifornien (seit 1840) Fuß gefaßt und sich ungeachtet ihrer anfänglich geringen Zahl nach der gewohnten Covenant-Praxis (in Texas 1836 und Oregon 1843) staatliche Ordnungen gegeben. Diese neuen Gemeinwesen wollten der Union beitreten.

Die Tyler-Administration mußte dem Rechnung tragen. Calhoun schloß mit Houston einen Annexionsvertrag. Gleichzeitig verwarf der Staatssekretär den Vorschlag der Londoner Regierung, das auch von ihr beanspruchte Oregon-Gebiet durch eine Linie am Columbia River zu teilen. Was Kalifornien betraf, das ebenfalls in den Bereich britischer Interessen zu fallen schien, so hofften Tyler und Calhoun auf eine Erhebung der dort ansässigen Angloamerikaner.

Doch der kalifornische Aufstand ließ auf sich warten, das Oregon-Problem führte zu Spannungen, und die Ratifizierung des Calhoun-Houston-Vertrages scheiterte an den Sklavereigegnern im Senat. Clay und Van Buren, die mutmaßlichen Hauptgegner der bevorstehenden Präsidentschaftswahlen, kamen daher überein, alle Annexionsfragen während ihres Kräftemessens ruhen zu lassen. Die wachsende Unruhe ergriff gleichwohl ihre Nominierungs-Konvente.

Als das Stillhalteabkommen zwischen den beiden Bewerbern ruchbar wurde, ließ Jackson seinen Schützling Martin Van Buren fallen und empfahl dem Konvent in Baltimore mit Erfolg die Nominierung von James K. Polk als demokratischen Präsidentschaftskandidaten. Durch diese letzte politische Entscheidung des siechen alten Mannes wurde die Forderung nach Annexionen nunmehr doch das wichtigste Thema der folgenden Wahlkampagne (1844).

Die um Clay gescharten Whigs unterlagen, weil sie wegen des leidigen Sklavereiproblems nicht ernsthaft Stellung beziehen wollten. Dagegen ließ ihr früherer Kandidat, der den unglücklichen Versuch unternahm, mit einer neugegründeten Partei eigene Wege zu gehen, den Slogan "Tyler and Texas" verbreiten. Die vom "Manifest Destiny" faszinierten Demokraten aber verlangten gleich die "Reannexation of Texas" und entgegen dem englischen Kompromißvorschlag "54° 40′ or fight!", das heißt eine optimale Grenzziehung für Oregon. Wie zu erwarten, ging der Annexionist James K. Polk aus dem Wahlkampf als Sieger hervor.

Vor der Amtseinführung des neuen Präsidenten bewerkstelligte Tyler noch die nächstliegende Annexion. Er hatte herausgefunden, daß ihm eine Stellungnahme des Senats während der Wahlkampagne die Zwei-Drittel-Mehrheit zur Ratifikation des Calhoun-Houston-Vertrages ersparte und ließ darauf Texas durch gemeinsamen Beschluß beider Häuser des Kongresses in die Union eingliedern. Ein Versuch der Briten und Franzosen, diesen Schritt mit Hilfe von Mexiko zu hintertreiben, scheiterte an der texanischen Legislatur (1845).

Mexiko brach die diplomatischen Beziehungen zur Union ab, zahlte seine Schulden in Washington nicht mehr und bezeichnete anstelle des Rio Grande del Norte den Nueces als mexikanisch-texanischen Grenzfluß, womit es den jüngsten Territorialgewinn der Vereinigten Staaten schmälerte. Indes ließen Polk und sein Staatssekretär James Buchanan, die jetzt regierten, dies nicht ohne weiteres gelten. Vielmehr gaben sie der Annexionspolitik ihren bisher schärfsten Ausdruck.

Polk beorderte General Zachary Taylor mit einem Truppenverband nach Texas und ließ die mexikanischen Küsten durch Einheiten der US-Navy blockieren. Buchanan instruierte seinen Vertrauensmann in Kalifornien, daß die USA eine Erhebung der angloamerikanischen Siedler unterstützen würden. Gegenüber Großbritannien betonte die neue Regierung den Anspruch der Vereinigten Staaten auf „ganz Oregon" bis zur Nordgrenze des Gebietes bei 54° 40′.

Polks Politik war ein Spiel mit dem Feuer, herausfordernd und gefährlich. Sie konnte ins Chaos führen, wenn man berücksichtigte, daß der U.S. Army nur 7365 aktive Soldaten zur Verfügung standen. Allerdings zählte auch die Schwäche der potentiellen Gegner. Mexiko schien außerstande, seinen territorialen Besitzstand zu wahren. Großbritannien kämpfte anderweitig und mußte auch aus innenpolitischen Gründen froh sein, wenn das Tauziehen um Oregon mit einem Kompromiß endete, der Kanada freien Auslauf zum Pazifik gewährte. Frankreich, das sich noch unlängst an Texas interessiert gezeigt hatte, ging einer Revolution entgegen.

Polk war sich bewußt, daß es für die Vereinigten Staaten auf dem Kontinent keinen ernstzunehmenden Widersacher mehr gab. Jedes existenzbedrohende Risiko schien ihm undenkbar. Ebenso wie andere Politiker seiner Generation trug er kaum Bedenken, die Anwendung militärischen Drucks mit den Lockungen erklecklicher Geldsummen zu kombinieren. Seit dem Floridakauf der Vereinigten Staaten schien dies eine praktikable, durchaus erfolgverheißende Methode.

Als die mexikanische Regierung ein Zeichen der Verhandlungsbereitschaft gab, ließ Polk den General Zachary Taylor am Nueces haltmachen, die Seeblockade aufheben und John Slidell in geheimer Mission nach Mexiko reisen. Der Unterhändler sollte die Rio-Grande-Grenze fordern sowie der mexikanischen Regierung den Verkauf von Neu-Mexiko und Kalifornien vorschlagen. Mit Zustimmung des Kabinettes wollte der Präsident für diese beiden Länder etwa 14 bis 40 Millionen Dollar zahlen.

Slidells Mission scheiterte, weil Mexiko, das mit einem Krieg zwischen den Vereinigten Staaten und Großbritannien rechnete, nicht nachgeben, sondern abwarten wollte. Polk verstärkte daher seinen militärischen Druck. Er ließ die Seeblockade wiederherstellen, Taylor vom Nueces zum Rio Grande vorrücken und ermutigte die Angloamerikaner in Kalifornien, wo Captain John C. Frémont als „Pfadfinder" tätig war, zur Machtergreifung.

Als am Rio Grande del Norte die ersten Schüsse fielen, verkündete Polk, daß „Mexiko ... amerikanisches Blut auf amerikanischem Boden vergossen" habe. Wenige Stunden später bevollmächtigte ihn das Repräsentantenhaus, 50000 Freiwillige einzustellen, am nächsten Tag hatte die Kriegserklärung den Kongreß passiert. General Taylor schlug den vorgedrungenen Gegner bei Palo Alto und Reseca de la Palma und warf die Mexikaner über den Fluß zurück.

Die mexikanische Regierung hatte sich verrechnet, als sie mit einem Zusammenprall in der Oregonfrage rechnete. London unterbreitete einen neuen Kompromißvorschlag. Polk hielt demgegenüber zwar, wie es schien, an 54° 40′ fest, überließ jedoch die eigentliche Entscheidung dem Senat. Das Ergebnis war der Vertrag vom 15. Juni 1846. Die größtenteils bei 49 Grad nördlicher Breite mappierte Grenzlinie zwischen den Vereinigten Staaten und Kanada wurde nach Westen bis zur Küste des Pazifik verlängert, Vancouver samt seinen Nebeninseln der englischen Krone zugesprochen.

Die USA begnügten sich also mit dem Südteil des vorher beanspruchten Oregongebietes und erreichten hier, im Raum der historischen Lewis-Clark-Expedition, den Großen Ozean, wohin sich parallellaufend auch Britisch-Kanada ohne weitere Behinderung ausbreiten konnte. Für Polk war dies kein leichter Kompromiß, gab es doch demokratische Politiker, die ihn des „Verrats" bezichtigten. Immerhin hatte der Präsident nun die Hände frei, um Neu-Mexiko und Kalifornien zu erobern. Die dazu erforderlichen Operationspläne lagen seit vier Wochen vor.

Taylor sollte mit seiner Armee, etwa der Hälfte aller amerikanischen Landstreitkräfte, den Rio Grande del Norte überschreiten und die Hauptmacht des Gegners zur Entscheidungsschlacht stellen, während ein zweites Truppenkontingent unter Oberst Stephen W. Kearny von Fort Leavenworth am Missouri aufbrechen und Neu-Mexiko, später auch Oberkalifornien okkupieren würde. Polk hoffte die Früchte beider Offensiven in wenigen Monaten ernten zu können.

Der Krieg gegen Mexiko (1846–1848) war jedoch für die Vereinigten Staaten nicht frei von politischen Hemmungen. John Quincy Adams hatte erklärt, die Fahne der Freiheit wehe diesmal auf seiten des Gegners. Ähnlich dachten die Whigs und einige Demokraten. In den Nordstaaten befürchtete man, daß die militärischen Maßnahmen zu einer gewaltigen Ausweitung des Baumwollimperiums und seiner Sklavenhaltergesellschaft führen könnten. Auch einige prominente Generale sträubten sich innerlich gegen die Eroberungspläne.

Taylor trat zwar, wie befohlen, den Vormarsch an und schlug nach langem Zögern den mexikanischen General Santa Anna bei Buena Vista. Gleichzeitig aber empfahl er sich mit Hilfe willfähriger Zeitungskorrespondenten als künftiger Präsidentschaftskandidat der Whigs. Ein solches Verhalten mißfiel selbstverständlich den Demokraten. Nicht zuletzt deshalb genehmigte Polk amphibische Operationen zur Wegnahme des Küstenplatzes Vera Cruz, gefolgt von einem voraussichtlich entscheidenden Stoß gegen die feindliche Hauptstadt. Denn für diesen Feldzug mußten Taylors beste Verbände abgezweigt und General Winfield Scott unterstellt werden.

Mittlerweile hatten amerikanische Siedler in Sonoma eine "Republic of California" proklamiert und Frémont zu Hilfe gerufen. Gleichzeitig waren San Francisco, Monterrey, Los Angeles und andere Ortschaften durch Detachements des Pazifik-Geschwaders der U.S. Navy besetzt worden. Ein Aufstand der 16000 kalifornischen Mexikaner wurde von diesen Kräften und den eben rechtzeitig aus Fort Leavenworth eintreffenden Truppen niedergeworfen.

Kearny war auf seinem langen, beschwerlichen Marsch über Santa Fé und Las Vegas bis nach San Diego und Los Angeles gelangt, zeitweilig unterstützt durch ein Bataillon der Mormonensekte, deren Wagentrecks vom Mississippi zum Großen Salzsee zogen. Als der mexikanische Aufstand zusammenbrach, hielten die Angelsachsen ganz Neu-Mexiko und Oberkalifornien in ihrer Hand. Die letzte Entscheidung über den Verbleib dieser umfangreichen Eroberungen mußte allerdings noch General Winfield Scott erkämpfen.

Seine Armee nahm Vera Cruz, bahnte sich am Cerro Gorde einen Weg auf das Hochland von Mexiko und schlug Santa Anna bei Contreras und Churubusco, Molino del Rey und Chapultepec. Im September 1847 lag die feindliche Hauptstadt dem Sieger zu Füßen. Polk und Buchanan hatten schon vorher Nicholas Trist als Friedenskommissar dorthin gesandt, seine Beauftragung freilich wieder rückgängig gemacht. Doch Trist war aus eigenem Entschluß geblieben und verhandelte mit den rasch wechselnden Präsidenten des besiegten Landes über die Beilegung des Konfliktes.

Am 2. Februar 1848 schloß er den Vertrag von Guadelupe Hidalgo. Die mexikanische Regierung gab ihre Ansprüche in Texas preis und begnügte sich gegenüber diesem Land mit dem Rio Grande del Norte als Grenzfluß. Zugleich trat sie Neu-Mexiko und Oberkalifornien ab (ein Gebiet, das später die Unionsstaaten California und New Mexiko, teilweise auch Utah, Nevada, Arizona und Colorado umfaßte). Insgesamt erwarben die USA 1 193 061 Quadratmeilen. Dafür sollten sie 15 Millionen Dollar Entschädigung zahlen.

Polk und Buchanan hatten starke Bedenken, weil Trists Regelung nicht die Annexion des ganzen Nachbarstaates vorsah. Entsprechend äußerten sich die meisten der vierzehn Neinstimmen im Senat. Dennoch wurde der Friedensvertrag von Guadelupe Hidalgo am 10. März 1848 ratifiziert. Zur selben Stunde endete auf dem Boden Niederkaliforniens das letzte Gefecht. Bis Anfang August waren alle amerikanischen Truppen hinter die neuen Grenzlinien zurückgezogen.

DER UNAUSWEICHLICHE KONFLIKT 1850–1860

Die Vereinigten Staaten hatten ihren Gebietsumfang überraschend schnell erweitert und dabei eine so große Ländermasse an sich gerissen, wie sie (mit Ausnahme des Zarenreiches) keine europäische Macht des 19. Jahrhunderts erobern konnte. Diese weltgeschichtlich bedeutende Expansion entsprach den Vorhersagen von Alexis de Tocqueville und Friedrich List. Nur eine letzte Leistung mußte die zur Wirklichkeit gewordene Prophezeiung noch ergänzen: der Bau transkontinentaler Eisenbahnen.

An Plänen dazu fehlte es nicht. Ansätze waren vorhanden. Die Vereinigten Staaten besaßen weitläufige Schienenwege, während die europäischen Länder zusammen lediglich 1818 Meilen unterhielten. Die westlichen Stränge des modernen amerikanischen Eisenbahnsystems reichten bis nach St. Joseph am Missouri. Von dort und einigen anderen Endpunkten aus konnte man weiterbauen, sobald der Kongreß neue Lizenzen erteilt hatte. Doch wie schon früher wurde auch jetzt das Vorrücken der Siedler durch die überschießenden Impulse sozialer Kräfte bestimmt.

Die "multiplying millions", von denen O'Sullivan gesprochen hatte, brachten Massen landhungriger Menschen hervor. Diese Pioniersiedler der 50er Jahre warteten nicht erst das Heranreifen politischer Entscheidungen und Gesetzesakte ab, sondern suchten allein ihren Weg. Die Wanderzüge erreichten entlegene Gebiete: Oregon und Texas, sogar das aride Utah, wo Brigham Young als Nachfolger des ermordeten Propheten Joseph Smith für die Mormonen ein Refugium, den "State of Desert", schuf.

Den steigenden Arbeitskräftebedarf in den sklavenfreien Staaten deckten unterdessen europäische Einwanderer, deren Zahl mächtig wuchs, seit die Personenschiffahrt auf dem Atlantik laufend verbessert wurde. 1849/50 kamen 669 004 Emigranten nach Nordamerika, 1851/52 waren es sogar 751 069, überwiegend Deutsche, Iren und Skandinavier. Mit ihnen wuchsen nicht nur die Industriezentren von New York, Philadelphia und Baltimore, sondern auch Niederlassungen wie Chicago und Milwaukee. Letzteres wurde eine deutsche Stadt, deren rasch zunehmende Einwohnerzahl schon 1848 Wisconsin zur staatlichen Anerkennung verhalf.

Am schnellsten wurde Kalifornien besiedelt. Kurz nachdem Trist die Verhandlungen mit Mexiko abgeschlossen hatte, war dort Flußgold gefunden worden. Als Polk dies in seiner Abschiedsbotschaft an den Kongreß feststellte, erhob sich ein Sturm sondergleichen (gold rush). Abenteurer aus allen Teilen der Vereinigten Staaten, auch Kanadier, Europäer und Neuseeländer durchquerten Nordamerika, umrundeten Kap Hoorn oder segelten über den Pazifik, begierig, in dem fernen Land das Glück zu erjagen.

Die stürmische Massierung von etwa 100000 Menschen vorwiegend angelsächsischer Herkunft, die nach dem Abklingen des „Goldrausches“ größtenteils an Ort und Stelle blieben, hatte politische Konsequenzen. Der Kongreß mußte eine territoriale Ordnung schaffen, sollten die jüngst erworbenen Gebiete nicht, wie einst Texas, selbständige Republiken bilden. Dieser Zwang gefährdete das bisher mühsam aufrechterhaltene Gleichgewicht zwischen den sklavenhaltenden und sklavenfreien Staaten der Union (15 : 15).

Taylor, den die Whigs 1848 zum Präsidenten gewählt hatten, verneinte, daß der Kongreß berechtigt sei, künftigen Gemeinwesen ihre staatliche Ordnung vorzuschreiben, und verfocht eine fast unumschränkte Volkssouveränität (“popular” oder “squatter's sovereignty”). Als er seine Auffassung mit einer Sonderbotschaft zum Ausdruck brachte, waren bereits vollendete Tatsachen geschaffen. Die Konvention der Kalifornier in Monterrey hatte eine Verfassung unter Ausschluß des Rechtes auf Sklavenhaltung beschlossen.

Der Vorschlag des Präsidenten, das sklavenfreie Kalifornien als Staat in die Union aufzunehmen, stiftete üble Verwirrung. Der Kongreß eröffnete die größte Debatte seiner Geschichte. Noch einmal traten die alten Triumvirn Clay, Calhoun und Webster hervor. Auch jüngere Politiker wie Stephan A. Douglas, Jefferson Davis und William H. Seward leisteten vielbeachtete Diskussionsbeiträge. Der Streit wogte um einen Kompromiß, mit welchem Henry Clay den Graben zwischen Nord und Süd zu überbrücken suchte.

Sein kompliziertes, acht Vorschläge verknüpfendes Werk stockte bei der gegebenen Kräfte- und Interessenlagerung im Kongreß und drohte, wenn nicht schon hier, so doch später am Veto des eigenwilligen Präsidenten zu scheitern. Da starb Taylor. Sein Nachfolger, der bisherige Vizepräsident Millard Fillmore, unterstützte die Bestrebungen Clays. Mit der Zeit formierte sich eine tragfähige Mehrheit, und vom 9. bis 20. September 1850 konnte das Bundesparlament fünf ausgewogene Gesetze verabschieden.

Der „Kompromiß von 1850“ kam allen Interessengruppen entgegen.

Kalifornien wurde als sklavenfreier Staat der Union zugelassen, das übrige Gebiet in zwei Territorien – New Mexico und Utah – geteilt und die Bestimmung ihres künftigen Status den dort ansässigen Siedlern überlassen. Gleichzeitig regelte der Kongreß die Grenze zwischen Texas und Neu-Mexiko. Außerdem verbot das Parlament die Sklaverei für den Columbia-Distrikt. Geflohene Negersklaven waren fortan der Rechtsprechung des Bundes unterworfen.

Maßgebende Politiker beider Regionen begrüßten den Kompromiß als eine „endgültige Lösung". Man hatte „die Union bewahrt". Die Sklavereifrage trat in den Hintergrund. Aber viele Whigs wußten nicht recht, was sie mit diesem Ergebnis anfangen sollten. Sie haderten untereinander und überließen es den Demokraten, die Lorbeeren zu pflücken. Die Folge war der Umschwung des Jahres 1852. Obwohl ziemlich farblos und ohne jedes politische Verdienst, machte der demokratische Präsidentschaftskandidat Franklin Pierce das Rennen.

Während die Regierung Pierce Transitrechte von Mexiko, Nikaragua und Kolumbien erwarb, entstanden neue Kanalprojekte zur Durchstechung des mittelamerikanischen Isthmus, legten Neu-England-Reeder mächtige Klipperschiffe auf Kiel. Außerdem kam mit Mexiko der sogenannte Gadsdenkauf zustande: die Vereinigten Staaten konnten sich südlich des Gila River 45545 Quadratmeilen fast menschenleeren Landes für den eventuellen Bau einer Bahnlinie bis an die Küste des Pazifischen Ozeans einverleiben (1853).

Die Demokraten waren nicht mehr allein, wie zu Polks Zeiten, sendungsbewußte Expansionisten, sondern großenteils auch Wegbereiter eines weitausgreifenden Imperialismus. Das „Junge Amerika", eine ihnen nahestehende Gruppe, der Walt Whitman seine Feder lieh und Stephen A. Douglas als prominentes Mitglied angehörte, trieb zu neuen Eroberungen. Das Manifest einer amerikanischen Diplomatenkonferenz in Ostende ließ verlauten, die Vereinigten Staaten seien berechtigt, Kuba den Spaniern zu entreißen (1854).

Zuvor hatte Kommodore Matthew C. Perry noch auf Geheiß des Präsidenten Fillmore mit sieben amerikanischen Kriegsschiffen den Pazifik überquert und Japan unter Androhung von Waffengewalt den Abschluß eines Friedens-, Freundschafts- und Handelsvertrages nahegelegt. Als das Flottengeschwader nach weiteren ostasiatischen Kreuzfahrten wieder in der Yedo-Bucht ankerte, mußte sich das Kaiserreich dieser Forderung beugen und zwei seiner Häfen für Kaufleute und Frachter aus den Vereinigten Staaten öffnen (1854).

In erster Linie begrüßte diesen Erfolg der gewerbetreibende Norden. Aber auch der Süden war zuversichtlich. Denn 1854 brachte Stephen

A. Douglas eine Vorlage zur Bildung des (später geteilten) Territoriums von Kansas-Nebraska ein. Sein zweiter Gesetzentwurf begünstigte durch Anerkennung der Volks- oder „Squatter-Souveränität", wie man meinte, den mit Sklaven bewirtschafteten Plantagenbesitz. Dem Kongreß wurde die Einmischung in Angelegenheiten der Neusiedler verwehrt, der Missouri-Kompromiß expressis verbis aufgehoben.

Der Süden mußte nicht mehr um die Zukunft seines Wohlstandes bangen. Die Verabschiedung der Kansas-Nebraska-Akte erschloß den landsuchenden Pflanzersöhnen das Innere des Kontinentes. Fiel doch mit dem Missouri-Kompromiß das einst für ganz Louisiana ergangene Verbot der Sklaverei. Ein Proteststurm, der sich dagegen erhob, schien ohne Bedeutung. Denn schon zwei Jahre später errang James Buchanan als Präsidentschaftskandidat der sklavereifreundlichen Demokraten einen triumphalen Wahlsieg (1856).

Führende Südstaatler beeinflußten seit langem die Willensbildung der Demokratischen Partei und fanden zugleich bei den zur einengenden Verfassungsinterpretation neigenden Richtern des Supreme Court volles Verständnis für ihre heikle Interessenlage. So entschied das Oberste Gericht zwei Tage nach Buchanans Inauguration im Fall des geflohenen Negersklaven Dred Scott zwar nicht wörtlich, aber sinngemäß, daß der Missouri-Kompromiß von 1820 immer verfassungswidrig gewesen sei (1857).

Mit anderen Worten: dem Kongreß wurde das Recht abgesprochen, über Eigentum und Besitz amerikanischer Bürger zu befinden. Theoretisch konnten nach der Dred-Scott-Entscheidung die „besonderen Einrichtungen" des Südens in allen Territorien rechtlich verankert werden. Die Sklaverei ließ sich nur noch durch eine verfassungsändernde Dreiviertelmehrheit sämtlicher Staaten beseitigen. Das Gleichgewicht zwischen den beiden Hälften der Union verhinderte jedoch die Bildung einer solchen Majorität.

Auch beim Präsidenten fand die Sache des Südens wohlwollende Unterstützung. Obwohl das Ringen der Kansas-Siedler um die künftige Verfassung des Territoriums zu Wahlbetrug und blutigem Streit entartet war ("Bleeding Kansas"), half James Buchanan den sklavenhaltenden Extremisten. Allen Warnungen zum Trotz ließ er ihre von einer großen Mehrheit verworfene Konstitution dem unter demokratischer Herrschaft stehenden Kongreß vorlegen und empfehlen, Kansas als sogenannten Sklavenstaat in die Union aufzunehmen (1858).

Die Politik des Präsidenten stiftete neues Unheil. Denn jetzt mußten die Demokratische Partei und der Kongreß zusehen, wie sie zwei anerkannte, mittlerweile divergierende Grundsätze in Übereinstimmung brachten. Ohne Zweifel konnte seit der Dred-Scott-Entscheidung die Sklaverei von den südstaatlichen Pflanzern auf Kansas ausgedehnt werden. Doch nicht minder hatte die der Volks- oder „Squatter-Souveränität" entsprechende Siedlermehrheit des Territoriums das Recht, diese Bestrebungen zu durchkreuzen.

Das Bundesparlament fand schließlich eine Kompromißformel, ohne jedoch damit zu erreichen, daß der Verfassungsstreit in Kansas beigelegt wurde. Schon hatte der Hader auf Washington übergegriffen. Eine erbitterte Fehde zwischen Douglas und Buchanan zerrüttete die Demokratische Partei. Auch die zusammengeschmolzenen Reste der Whigs waren sich vollends uneinig. Andererseits verzeichnete die hellhörig gewordene Öffentlichkeit jedes vorgetragene Argument.

Noch vor acht Jahren hatten Nathaniel Hawthorne und Herman Melville als Sterne am Himmel der Literatur geleuchtet. Seither war ihr Einfluß durch die ungemein starke Verbreitung des Romans "Uncle Tom's Cabin" von Harriet Beecher Stowe zurückgedrängt worden. Dieser Vorgang ließ sich mit großen sozialen Veränderungen, dem raschen Anwachsen einer hinlänglich gebildeten Leserschaft, erklären. Zugleich kennzeichnete er den eingetretenen Sinneswandel breiter Schichten des amerikanischen Volkes.

Die Bereitschaft zur geistigen Auseinandersetzung mit dem Problem der Sklaverei war sehr lebhaft. Dafür zeugte nun auch das starke Interesse an den sieben öffentlich geführten Debatten zwischen Stephen A. Douglas und Abraham Lincoln, die sich beide um einen Senatorensitz des Staates Illinois bewarben (1858). Sprunghaft stieg die Erregung nach einem in Harper's Ferry fehlgeschlagenen Putschversuch des fanatischen Sklavenbefreiers John Brown. Als der zornige alte Prediger am Galgen endete, wurde er von vielen Nordstaatlern zum Märtyrer der abolitionistischen Bewegung erhoben (1859).

Die mächtig gewachsene Anti-Sklaverei-Bewegung rief nach einer stoßkräftigen politischen Organisation. Am meisten mußte ihr die "Free Soil Party" zusagen. Sie kämpfte seit Jahren für die unentgeltliche Abgabe öffentlichen Landes und stand so in Gegensatz zu den kreditfähigen, auf großräumigen Besitz erpichten Pflanzern. Die „Freibodenleute" (Freesoilers) waren bei der letzten Präsidentenwahl gescheitert. Etliche von ihnen hatten aber zusammen mit abtrünnigen Demokraten und Whigs eine neue, die Republikanische Partei gegründet.

Ihr Favorit war anfänglich William H. Seward, der das fatale Wort vom „unausweichlichen Konflikt" geprägt hatte. Doch schließlich einigten sich die Delegierten der Partei auf Abraham Lincoln als Präsidentschaftskandidaten. Seine Debatten mit Douglas hatten ihm die Zuneigung vieler Nordstaatler verschafft. Vor allem billigte er vorbehaltlos das republikanische Wahlprogramm: die Abschaffung der Sklaverei in den Territorien, den Schutzzoll und ein Heimstättengesetz für jeden, der Land „aufnehmen" wollte.

Die Demokratische Partei zerbrach bei dem Versuch, auf ihrem Nationalkonvent ein für sämtliche Regionen der Vereinigten Staaten annehmbares Programm (platform) zu schaffen, in zwei selbständig operierende Teile. Da obendrein die letzten Whigs und Nativisten gemeinsam als "Constitutional Union Party" zur Wahrung des Bundes und der Gesetze antraten, bewarben sich am 6. November 1860 insgesamt vier Präsidentschaftskandidaten um das höchste Amt.

Die Spitzenreiter der letztgenannten Parteien erzielten bei der "popular vote" insgesamt 2 814 518 Stimmen. Demgegenüber bekam ihr republikanischer Gegenspieler nur 1 866 352 Stimmen. Gleichwohl siegte Lincoln in allen sklavenfreien Staaten mit Ausnahme von New Jersey und gewann unter den Elektoren eine stattliche Majorität (180), die auch durch Zusammenschluß der anderen Kräfte nicht hätte gebrochen werden können. Er vertrat nicht die Mehrheit des amerikanischen Volkes, galt aber nach der Verfassung als rechtmäßig gewählter Präsident.

DER SEZESSIONSKRIEG 1861–1865

Führende Persönlichkeiten des Südens hatten seit langem mit wirtschaftlichen Argumenten die regionale Aufgliederung der USA gefordert. Nun, da sie bevorstand, gab es für eine solche Umgestaltung keinen zwingenden Grund. Denn die südstaatlichen Parlamentarier konnten im Kongreß vorerst nicht majorisiert werden, und ihre Gegner, die „schwarzen Republikaner", schienen bereit, einem Amendment zuzustimmen, das den Besitz von Sklaven verfassungsrechtlich garantierte.

Nicht Existenznot oder Verzweiflung, sondern ein spontan befolgter "Code of Honor" bestimmte das Handeln der "Southern Gentlemen", ihre "metaphysical politics", die wenig Raum für vernunftgemäße Entscheidungen ließen. „Wir werden alle zum Teufel gehen", prophezeite Benjamin F. Perry seinen Landsleuten; „Ehre und Heimatliebe gebieten allerdings, daß auch ich – right or wrong – zu meinem Staat stehe."

Lincolns Wahl gab South Carolina das Zeichen zum Abfall. Am 20. Dezember 1860 verkündete ein zeitweise von Columbia nach Charleston umgezogener Konvent auf Drängen des Senators Robert B. Rhett und seiner Freunde die Unabhängigkeit des Palmetto-Staates. Mississippi, Florida, Alabama, Georgia und Louisiana folgten diesem Beispiel zu Beginn des neuen Jahres – Texas vorbehaltlich einer Volksbefragung.

Anfang Februar 1861 begaben sich Delegierte aus den sechs abtrünnigen Staaten nach Montgomery in Alabama und gründeten einen Sonderbund, die "Confederate States of America". Ihre Verfassung enthielt Elemente der US-Constitution, schützte das Recht auf Sklavenhaltung, verbot jedoch den „Import von Negern". Jefferson Davis, ein Senator aus Mississippi, wurde zum „provisorischen Präsidenten" der Konföderation gewählt.

Die Politik der Konföderierten wurde als „kalkuliertes Risiko" bezeichnet. Man glaubte kaum, daß der Norden für die nationale Einheit kämpfen werde. Tat er es doch, so schien dem Süden jede Unterstützung von seiten Großbritanniens und Frankreichs gewiß. Außerdem rechneten die Sezessionisten mit einer baldigen Erweiterung des Sonderbundes durch den Beitritt anderer Staaten. Die neuen Machtverhältnisse im Mississippital mußten den vorerst noch schwankenden Legislaturen entsprechende Beschlüsse nahelegen.

Die allgemeine Lage war den konföderierten Staaten günstig. Buchanan konnte, solange er noch die Regierungsgeschäfte führte, nichts gegen den Sonderbund unternehmen, und Lincoln, der am 4. März 1861 in sein Amt eingeführt wurde, hob wiederum hervor, daß er die „besonderen Einrichtungen" des Südens respektieren und das Sklavenfluchtgesetz anwenden wolle. Die Union müsse allerdings erhalten, beschützt und nötigenfalls verteidigt werden; dazu sei der Präsident durch feierlichen Eid verpflichtet.

Lincolns Rede ließ einen weiten Spielraum für Verhandlungen. Fieberhaft suchten Unterhändler beider Seiten nach Kompromissen. Die Aussichten schienen nicht schlecht. Denn wiewohl südliche Truppen zahlreiche Waffenplätze des Bundes besetzten, war bisher kein Blut vergossen worden. Aber diese Okkupationen führten schließlich doch zum offenen Kampf. Am 12. April 1861 nahmen Küstenbatterien des Staates South Carolina das im Hafenbecken von Charleston gelegene Fort Sumter unter Beschuß.

Der Kommandant hatte bereits die Abtretung des Stützpunktes zugesagt. Daß er nun wegen eines Gewaltaktes südlicher Heißsporne die Bundesflagge vorzeitig niederholen mußte, wurde im Norden als tiefe Kränkung empfunden. Tausende stürzten auf die Straßen und forderten militärische Gegenmaßnahmen. Lincoln rief 75 000 Freiwillige zu den Waffen. Sie sollten, wie er sagte, „wahrscheinlich" nur die verlorenen Festungen wiederbesetzen. Darüber entschied jedoch letztlich der gleichfalls einberufene Kongreß.

Unterdessen sahen sich die sogenannten Grenzstaaten (Border States) in der breiten Übergangszone zwischen Nord und Süd von ihren Politikern zur Parteinahme gedrängt. Bis auf 50 Gebirgsgrafschaften, die dem Bunde treu blieben und später einen besonderen Staat bildeten, trat ganz Virginia der Konföderation bei. Bald folgten ihm Arkansas, Tennessee und North Carolina. Auch Maryland, Delaware, Kentucky und Missouri wären von der Union abgefallen, hätte sie nicht Lincoln mit Waffengewalt zur Loyalität gezwungen.

Zumindest in Missouri war der Bürgerkrieg deshalb schon entbrannt. Während seine Sezessionisten trotz erbitterten Widerstandes unter Mitwirkung eines Freiwilligenkorps deutscher Einwanderer aus St. Louis durch John C. Frémont vertrieben oder unterdrückt wurden, konnte sich das benachbarte Kansas nunmehr der Union anschließen, ohne daß die alten Gegensätze zwischen Farmern und sklavenhaltenden Pflanzern dort noch einmal zu Blutvergießen führten.

Kurz nach Ausbruch des Krieges standen 23 Staaten mit etwa 22 Millionen Bewohnern, ganz überwiegend freien Bürgern, mehr oder weniger fest im Verband der USA. Hingegen bildeten 11 andere Staaten mit rund 9 Millionen Menschen, von denen mehr als ein Drittel unfreie Neger waren, die Konföderation. Diese Zahlen zeigen zur Genüge das Ungleichgewicht zwischen beiden Lagern. Doch das militärische Aufgebot ließ den Unterschied weniger kraß erscheinen. Die Union mobilisierte insgesamt 1 556 678 Soldaten, die Konföderation 1 082 119 Kombattanten.

Auf längere Sicht mußten die verschiedenartigen Strukturen der feindlichen Staatenblöcke den Ausschlag geben. Der Norden verfügte über alle Vorteile einer ausgewogenen Wirtschaft mit starken Finanzen, fortgeschrittener Industrie, reicher Lebensmittelproduktion und engmaschigem Verkehrsnetz. Der Süden war noch überwiegend koloniales Agrarland; seine exportempfindlichen Stapelgüter (Baumwolle, Tabak, Zucker und Reis) konnten kaum zur Festigung des Sonderbundes beitragen.

Der Washingtoner Regierung mußte daran gelegen sein, die Ein- und Ausfuhren des Südens zu unterbinden. Da die U.S. Navy fast ohne Ausnahme der Union treu geblieben war, konnten alle wichtigen konföderierten Häfen blockiert werden. Mit der Zeit stellten die Vereinigten Staaten etwa 6000 Kriegsschiffe in Dienst. Sie überwachten die 3550 Meilen langen Südküsten, jagten Blockadebrecher, bombardierten Verteidigungsanlagen und setzten Truppen zur Eroberung der größeren Hafenstädte an Land.

Diese Maßnahmen berührten die Interessen der auf Lieferungen des Südens angewiesenen Mächte und forderten das Eingreifen sowohl Großbritanniens als auch Frankreichs heraus. Der neue Washingtoner Staatssekretär William H. Seward wollte den damit drohenden Konflikt riskieren, weil er sich von ihm einen Solidarisierungseffekt für die gespaltene Nation versprach. Lincoln wich aber gleich bei dem ersten Zwischenfall zurück und überwand so zunächst die Gefahr einer britisch-französischen Intervention.

Die Heeresoperationen hatten sich unterdessen vorwiegend auf zwei getrennten Kriegsschauplätzen entfaltet. Im Osten, zwischen dem Atlantik und der Gebirgskette, erstrebten beide Seiten die Einnahme von Washington beziehungsweise Richmond, das kürzlich zur konföderierten Hauptstadt erklärt worden war. Im Westen, zwischen den Appalachen und der großen Stromachse des Mississippi, bildeten zunächst Kentucky und Tennessee die wichtigsten Streitobjekte.

Davis und sein Berater, der General Robert E. Lee, wollten durch Vorstöße nach Norden weitere Staaten, vor allem Maryland und Delaware, für den Sonderbund gewinnen und damit zugleich auf die Entwicklung in Kentucky einwirken. Lincolns "Joint Committee on the Conduct of the War" erkannte, nachdem eine gegen den Rat von Scott unternommene Offensive am Bull Run gescheitert war, langsam die Bedeutung des westlichen Kriegsschauplatzes. Hatten die Unionsheere erst einmal den Mississippi freigekämpft, so konnte die Konföderation im tiefen Süden aufgespalten werden.

Während ein erneuter Feldzug der Nordstaatler gegen Richmond fehlschlug, errangen die Generale Ulysses S. Grant und Henry Halleck im Westen große Erfolge. Nach der ungemein blutigen Schlacht von Shiloh zeichnete sich dort eine Wende ab. Kentucky und Tennessee waren für die Union zurückerobert. Auch über New Orleans, das Kapitän David G. Farragut durch einen Flottenangriff auf das Deltagebiet zu Fall gebracht hatte, wehte wieder das Sternenbanner. Kanonenboote der U.S. Navy beherrschten den Mississippi. Nur Vicksburg leistete noch erbitterten Widerstand.

Halleck, der inzwischen Oberbefehlshaber der U.S. Army geworden war, konnte den Unionsheeren im Westen nicht gleich die erforderlichen Verstärkungen zuteilen, weil General Robert E. Lee nach Maryland einbrach und Washington bedrohte. Zwar kam seine Offensive bei Antietam zum Stehen; das konföderierte Heer mußte sogar seinen Bodengewinn preisgeben. In den Schlachten von Fredericksburg und Chancelorsville erlitt die nachstoßende Armee des Nordens jedoch so schwere Verluste, daß sie dringend der Auffrischung bedurfte.

Nach dem Scheinsieg bei Antietam hatte Lincoln eine Proklamation zur Freilassung der Sklaven angekündigt. Diese Maßnahme schien geboten, weil sie bereits von Frémont und anderen Generalen ohne rechtliche Grundlagen eingeleitet worden war. Die Politiker der Border States konnten damit ganz und gar nicht einverstanden sein. Ihre Legislaturen fanden aber, daß die im Blick auf den „rebellierenden" Süden abgegebene Erklärung vom 1. Januar 1863 nur leere Drohungen enthielt und praktisch keinen Neger befreite.

Nichtsdestoweniger wurde die Frage der Sklavenemanzipation auch für den Süden akut. Angesichts des immer fühlbarer werdenden Mangels an Rekruten sah sich das südstaatliche Bundesparlament genötigt, in einem verklausulierten Gesetz jedem Neger, der Soldat wurde, die Freiheit zu verheißen. Am Ende ließ Davis den Briten und Franzosen die Sklavenemanzipation als Gegengabe für die Anerkennung der konföderierten Staaten anbieten.

Paris und London hielten sich weiter zurück. Die USA waren jedoch beunruhigt, als Napoleon III. mit einer Armee in Mexiko intervenierte und britische Truppen nach Kanada verschickt wurden. Am härtesten traf den Norden, daß konföderierte Kreuzer, die von Häfen der beiden Großmächte ausliefen, 257 nordstaatliche Schiffe versenkten. Diesen Verlust hat die Handelsflotte der Union ein halbes Jahrhundert lang nicht überwunden.

1863 verbesserte sich die Lage der Vereinigten Staaten gegenüber England und Frankreich. Rund 700 Reeder ließen ihre Frachter unter fremder Flagge registrieren. Während General Lee nach einer erneuten Offensive seiner Streitkräfte durch Maryland und Pennsylvania die dreitägige Schlacht von Gettysburg verloren gab und den Rückzug antrat, brachte Grant durch komplizierte Märsche und Kampfhandlungen das seit Monaten vergeblich belagerte Vicksburg zu Fall. Bald war der ganze Lauf des Mississippi frei und die Konföderation damit endgültig in zwei Hälften zerschlagen.

Neue erfolgreiche Schlachten bei Chickamauga und Chattanooga verschafften Truppen des Bundesheeres auch schon den Ansatzpunkt für einen Stoßkeil, mit welchem sie im kommenden Frühjahr von Ost-Tennessee aus die atlantischen Südstaaten spalten konnten. Führer dieses auf 100000 Mann gebrachten Verbandes war General William T. Sherman. Seinen Vorgänger Grant hatte Halleck an die Spitze der noch stärkeren Armee gestellt, die Lee auf dem östlichen Kriegsschauplatz gegenüberstand und Richmond erobern sollte.

Grant erzielte nur sehr mühsam Bodengewinne. Unter den Gegenschlägen seines tüchtigen Widersachers verlor er binnen eines Monat in der Wildnis westlich des Rapidan, bei Spotsylvania, Cold Harbor und Petersburg, 60000 Mann, so viele Soldaten, wie Robert E. Lee befehligte. Auch Shermans Offensive stockte wiederholt infolge flankierender Operationen der Konföderierten. Erst als Atlanta gefallen war, gab es für den „Marsch durch Georgia“ bis nach Savannah keinen nennenswerten Widerstand mehr.

Am 22. Dezember 1864, acht Monate nach dem Aufbruch von Chattanooga, erreichte General William T. Sherman mit seiner Armee in einem breiten Streifen systematischer Zerstörungen das Meer, wo ihn die Flotte hinlänglich versorgte, so daß er schon drei Wochen später den verderbenbringenden Plünderzug durch South und North Carolina fortsetzen konnte. Dieser Siegeslauf, vollends das Niederbrennen eines großen Teils der Stadt Columbia, hob die gesunkene Moral des Bundesheeres und ließ den Süden verzweifeln.

Zusammenhalt und politische Einheit der konföderierten Staaten waren durch die raumgreifenden Feldzüge der Unionisten in Mississippi und Georgia zerrissen. Jefferson Davis besaß kaum noch Autorität. Die getrennten Regionen des Südens mußten nunmehr selbständig handeln. Ihre Versorgungslage wurde katastrophal, als Farragut die Sperren vor Mobile Bay forcierte und nordstaatliche Seestreitkräfte mit Landungseinheiten im Januar 1865 Fort Fisher, den Schlüssel des Hafens von Willington, nahmen.

Die schon immer spürbare Lebensmittelknappheit des Südens wurde zur unerträglichen Hungersnot. Das konföderierte Heer verlor ein Drittel seiner Mannschaften durch Desertion. Die Hauptarmee unter General Robert E. Lee mußte Petersburg preisgeben und das brennende Richmond räumen. Durch Grants Kavallerie von allen wichtigen Straßen, Bahnlinien und Magazinen abgeschnitten, mit noch knapp zwei Verpflegungssätzen, kapitulierte es vor dem Oberbefehlshaber der U.S. Army am 9. April 1865 in Appomattox Courthouse.

Bis zum Frühjahr streckten auch alle anderen konföderierten Truppenverbände ihre Waffen. Die Verluste und Schäden des beendeten Ringens wogen schwer. 617528 Soldaten waren tot. Südlich der Linie Gettysburg – St. Louis gab es nur noch vereinzelte Städte ohne Ruinen. Die Kriegskosten betrugen nach vorsichtigen Schätzungen mindestens 10 Milliarden Dollar. Knapp 50 Prozent dieser Summe hätte genügt, um das Sklavereisystem, die Ursache des Konfliktes, gegen angemessene Entschädigung der Pflanzer rechtzeitig zu beseitigen.

DIE JAHRE DER REKONSTRUKTION

Der Krieg hatte nicht nur Tod und Verderben über das Land gebracht, sondern seiner Entwicklung auch neue schöpferische Impulse gegeben. Die rasche Produktionssteigerung wirkte stimulierend auf Politik und Finanzwelt, Bergbau, Technik und Industrie der Nordstaaten. Da die Vertreter des Plantagenbesitzes Washington fernblieben, war es dem Kongreß ein leichtes, auf Wünsche und Anregungen der gewerblichen Wirtschaft einzugehen.

Von einer so starken Begünstigung der Industrie, wie sie jetzt durch das Anheben aller Einfuhrzölle um 5 % bis 10 % erfolgte, hätte kein Föderalist oder Whig je zu träumen gewagt. Indes näherte sich die Politik der Republikaner auch sonst den einst heftig befehdeten Grundsätzen Alexander Hamiltons, als sie den Staatsbanken das Währungsgeschäft aus der Hand nahm und wichtige Kontrollbefugnisse auf das Schatzamt der USA übertrug.

Bei der Neuverteilung des nationalen Eigentums kam die Landwirtschaft nicht zu kurz. Die Republikaner hatten den Forderungen der alten Freesoilers entsprochen und 1862 ein Heimstättengesetz (Homestead Act) durch das Bundesparlament gebracht. Wer der Union loyal gegenüberstand, mindestens 21 Jahre alt war und für eine Familie sorgen mußte, konnte sich aus öffentlichem Besitz im Westen 160 Acres zuteilen lassen und dieses Stück Land nach 5 Jahren ununterbrochenen Anbaus sein eigen nennen.

Der Wert solcher Heimstätten wie die Gewinne von Handel und Gewerbe mußten mit dem fortschreitenden Ausbau des transkontinentalen Eisenbahnsystems steigen. Der Kongreß hatte mittlerweile drei Gesellschaften – der "Union Pacific Company", "Central Pacific Company" und "Northern Pacific Company" – riesige Gebietsstreifen und große, nach Gleismeilen berechnete Geldsummen zur Verfügung gestellt. Trotz des Krieges waren die Arbeiten eingeleitet worden. In etwa 6 bis 8 Jahren sollte der erste durchlaufende Verkehrsstrang zwischen den Ost- und Westküsten fertig sein.

Wäre es nach Lincoln gegangen, so hätten ziemlich alle Bevölkerungsgruppen des Landes aus der sich anbahnenden Aufwärtsentwicklung wirtschaftlichen Nutzen ziehen können, auch die besiegten Südstaatler. Für den Präsidenten war der Bund unteilbar, also de jure nicht gespalten worden, als die Konföderierten eigene Wege gingen. Sobald die „Rebellen" ihre Waffen streckten und gewisse Bedingungen erfüllten, sollten sie wieder vollberechtigte Bürger der USA sein.

Lincolns Rekonstruktionsplan sah Stufen der Angleichung vor. Zuerst verwalteten Militärgouverneure die unterworfenen Gebiete. Dann wurden, von einigen Ausnahmen abgesehen, sämtliche Südstaatler, die gegenüber der Union einen Loyalitätseid leisteten, vom Präsidenten amnestiert. Hatten in einem Staat 10 Prozent der im Jahre 1860 Wahlberechtigten die gestellten Forderungen erfüllt, so konnten diese Männer zivile Organe einsetzen und Vertreter nach Washington entsenden.

Im besetzten Arkansas und Louisiana war entsprechend verfahren worden, doch verweigerte der Kongreß den Abgeordneten beider Staaten die ihnen zustehenden Sitze. Viele radikale Republikaner befürchteten nämlich ihre Entmachtung durch Rückkehr der wiedervereinigten Demokratischen Partei und hatten daher einen eigenen Rekonstruktionsplan zur Gesetzesvorlage erhoben, der mit strengen Loyalitätsklauseln weit über die von Abraham Lincoln den Südstaatlern gestellten Bedingungen hinausging.

Der Präsident war gegen das Kongreßgesetz, die Wade-Davis-Bill, unter Anwendung des sogenannten Taschenvetos eingeschritten. Für diese staatskluge Maßnahme, die den Süden vor Schikanen rachedürstender Politiker des Nordens bewahren sollte, hatte Lincoln bei seiner Wiederwahl in den Border States 1864 mit Stimmenverlusten büßen müssen.

Am 15. April 1865, wenige Tage nach der Kapitulation des Generals Robert Edward Lee bei Appomattox Courthouse, erlag Lincoln den Folgen eines Attentats. John Wilkes Booth, der Führer einer größtenteils aus Virginiern bestehenden Verschwörergruppe, die alle Regierungsangehörigen umbringen wollte, hatte ihn im Fordschen Theater zu Washington durch Kopfschuß tödlich verletzt und mit dieser blindwütigen Tat den letzten wohlmeinenden Sachwalter südstaatlicher Interessen ausgeschaltet.

Zwar übernahm Andrew Johnson, der bisherige Vizepräsident, Lincolns Rekonstruktionsplan ohne schwerwiegende Änderungen. Auch ließ der neue Chef, eine zeitweilige Schwäche des Bundesparlaments ausnutzend, nach vorausgegangener Amnestierung zahlreicher „Rebellen" im Süden provisorische Zivilgouverneure einsetzen und Verfassungskonvente wählen, so daß bis Ende 1865 mit Ausnahme von Texas alle ehemals konföderierten Staaten bereit waren, wieder Senatoren und Abgeordnete nach Washington zu schicken.

Doch der neue Kongreß verwahrte sich gegen die Politik des Präsidenten. Er bildete ein aus 6 Senatoren und 9 Repräsentanten bestehendes Komitee, das unter Thaddeus Stevens starken Einfluß auf das Bundesparlament und die Republikanische Partei gewann. Oberste Richtschnur dieses 15er-Ausschusses war eine von Charles Sumner verfochtene Theorie, derzufolge die Südstaaten durch ihre Sezession politisch Selbstmord begangen hätten und es nunmehr allein Sache des Kongresses sei, Bedingungen für den Neubeginn festzulegen.

Stevens und Sumner ging es im Grunde nicht um eine selbstlose, alle Ressentiments des Krieges überwindende und auf das wirklich Notwendige ausgerichtete Politik der rechtlichen und sozialen Neuordnung. Sie bezweckten vielmehr die Sicherung der 1860 errungenen Macht. Da die Republikanische Partei nur eine Minderheit des amerikanischen Volkes darstellte, kam es ihren Führern darauf an, durch ausgeklügelte Maßnahmen möglichst viele der kleinen weißen Farmer und freigelassenen Neger des Südens für sich zu gewinnen.

Nach dem Inkrafttreten eines Dreizehnten Amendments, das die Aufhebung der Sklaverei endgültig festlegte, bekam diese Politik immer deutlicher Profil. Zuerst erweiterte der Kongreß die Befugnisse des im Vorjahr geschaffenen "Freedman's Bureau". Dann verabschiedete er eine Civil Rights Act zur Angleichung der bürgerlichen Rechte in allen Staaten des Bundes. Als sich dagegen verfassungsrechtliche Bedenken erhoben, formulierte der gemeinsame Ausschuß unter Stevens das Vierzehnte Amendment.

Der neue Verfassungszusatz gab zum erstenmal eine Definition des Bürgerrechtes für alle in den USA geborenen Personen, also auch die Neger. Kein Wunder, daß außer Tennessee vorerst alle ehemaligen Sklavereistaaten die Ratifizierung des Vierzehnten Amendments verweigerten und auf eine politische Wende bei den bevorstehenden Kongreßwahlen hofften. Sie wurden schwer enttäuscht. Nach dem Urnengang beherrschten die Republikaner beide Häuser des Bundesparlamentes durch straff geführte Zwei-Drittel-Mehrheiten.

1867 schien der Kongreß aller Hemmungen ledig. Auf Grund eines Rekonstruktions-Gesetzes und mehrerer Ergänzungs-Akten wurden die exkonföderierten Staaten mit Ausnahme Tennessees in fünf Militärdistrikte eingeteilt und der strengen Kontrolle von Offizieren des Bundesheeres unterworfen. Die ersten Nachkriegsregierungen und -verfassungen sahen sich ausgeschaltet, ein großer Teil der weißen Bevölkerung verlor das Wahlrecht. Neue Konvente sollten das Vierzehnte Amendment ratifizieren und den männlichen Negern alle bürgerlichen Freiheiten garantieren.

Die Militärkommandeure ließen in Wählerlisten 703000 Neger und

627000 Weiße registrieren. Letztere wurden von ihren diskriminierten Landsleuten als "Scalawags" bezeichnet, Politiker, die aus dem Norden zureisten, um an der Rekonstruktion teilzunehmen, hießen "Carpetbaggers". Fünf Staaten hatten farbige Mehrheiten, alle anderen kamen unter die Vorherrschaft schwarz-weißer Koalitionen. Überall dominierten die radikalen Republikaner.

Zum wirtschaftlichen Debakel und sozialen Elend des Südens kamen Willkür, Betrug und Korruption der neuen Politiker. Überall regten sich deshalb Widerstände. Geheimbünde wie die "Knights of the White Camelia" und der "Ku Klux Klan" hinderten durch Terrorakte die Farbigen an der Ausübung ihres Wahlrechts und verübten Attentate auf besonders verhaßte Scalawags und Carpetbaggers. Aber diese düsteren Aspekte beschäftigten die Öffentlichkeit der Vereinigten Staaten eigentlich nur nebenher.

Andere Ereignisse machten mehr Schlagzeilen, so zum Beispiel, daß Johnsons Staatssekretär William Henry Seward den Franzosenkaiser Napoleon III. ultimativ zum Abzug seiner Truppen aus Mexiko bewog, die Midway-Inseln im Stillen Ozean okkupieren ließ und gleichzeitig von Rußland für 7,2 Millionen Dollar das entlegene und noch unerschlossene Alaska erwarb (1867). Auch ein Finanzskandal bei der Union Pacific und Greuelnachrichten über den ersten Sioux-Krieg (1865 bis 1868) erregten viele Gemüter.

Hinzu kam der (bisher einzige) Parlamentsprozeß gegen den Präsidenten (1868). Johnson hatte unter wiederholtem Einsatz seines Vetos hart, aber erfolglos mit dem Kongreß gerungen. Darauf beschloß das Repräsentantenhaus, den ersten Beamten wegen schwerer Verfehlungen in elf Fällen anzuklagen. Das Verfahren (Impeachment) fand unter Leitung des Chief Justice Salomon P. Chase vor dem Senat statt. Dort blieb den radikalen Politikern die zur Verurteilung erforderliche Zwei-Drittel-Mehrheit versagt.

Zu Beginn des nächsten Jahres hielt General Ulysses S. Grant als siegreicher Präsidentschaftskandidat der Republikaner seinen Einzug ins Weiße Haus. Die Partei feierte neue Triumphe. Der Süden kroch zu Kreuze. Sieben Staaten (Arkansas, Alabama, Georgia, Florida, Louisiana, North und South Carolina) hatten die Vorschriften der Rekonstruktions-Gesetze erfüllt und durften nun endlich ihre Vertreter nach Washington senden. Georgia, das rückfällig wurde, mußte sich noch einmal unter die Militärherrschaft ducken.

Als ob er seiner Sache noch immer nicht sicher wäre, beschloß der Kongreß ein Fünfzehntes Amendment, das jedem Staat verbot, Menschen wegen ihrer Rasse, Hautfarbe oder sozialen Herkunft des Wahlrechtes zu berauben. Auch von der Ratifizierung dieses Zusatzes sollte künftig die Wiederaufnahme in den Bund abhängig sein. Doch jetzt gab es kein Zögern mehr: 1870 nahmen Mississippi, Texas und Virginia die letzten Hürden, und am Ende folgte Georgia. Damit war die „kongressiale Rekonstruktion“ abgeschlossen.

1872 verabschiedete das Bundesparlament ein Amnestie-Gesetz. Für Jefferson Davis, der drei Jahre ohne Gerichtsurteil im Kerker zugebracht hatte, und Robert Edward Lee bedeutete dies wenig. Indes konnten sich andere Männer der ehemaligen Konföderation wieder dem öffentlichen Leben widmen. Auch sonst gab es personelle Veränderungen. Stevens war gestorben, Sumner hatte sich mit Grant überworfen. Eine liberal-republikanische Bewegung unter Carl Schurz und Charles Francis Adams zügelte die Radikalen der Partei.

Grant wurde noch einmal gewählt, aber auf den Glanz seines Namens fiel der Staub währungs- und finanzpolitischer Auseinandersetzungen, sozialer Wirren und immer neuer Skandale. Rutherford B. Hayes, ein Republikaner, der 1878 Präsident wurde, mußte die Hilfe südlicher Demokraten in Anspruch nehmen und ihnen dafür weit entgegenkommen. Er berief die letzten Besatzungstruppen ab und erlaubte den Exkonföderierten „innerstaatliche Verbesserungen“, wohl wissend, daß diese zu Lasten der Neger gingen.

Die haarsträubende Mißwirtschaft der schwarz-weißen Republikaner ließ eine solche Verständigung dringend notwendig erscheinen. In Georgia, North Carolina, Tennessee und Virginia, Alabama, Arkansas, Mississippi und Texas waren die Scalawags und Carpetbaggers bereits aus der Macht verdrängt. Nun entledigten sich auch Florida, Louisiana und South Carolina der schwarz-weißen Regime. Zu Beginn des Jahres 1877 stand das ganze Gebiet der ehemaligen Konföderation wieder unter konservativer Herrschaft.

DER WIRTSCHAFTLICHE UMBRUCH

Das Zeitalter zwischen dem Bürgerkrieg und der Jahrhundertwende ist zunächst und vor allem durch sechs ineinandergreifende Entwicklungsprozesse gekennzeichnet: 1. die erneute Zunahme der Einwanderung, 2. die Erschließung des Trans-Mississippi-Westens, 3. die Auslieferung der natürlichen Reichtumsquellen an Privatunternehmer und Gesellschaften, 4. die Zusammenschlüsse expandierender Firmen in enger Verbindung mit dem ständig wachsenden Großkapital, 5. die Organisation einer modernen Arbeiterbewegung, 6. das gleichbleibende Wechselspiel der Parteien.

Diese Übersicht gibt wirtschaftlichen und sozialen Geschehnissen den Vorrang, läßt literarisch-geistige Einflüsse außer Betracht und verweist die Politik ans Ende der Skala. Die dominierenden Vorgänge der Epoche erheischen eine solche Anordnung. Denn kräftiger als je zuvor haben sich im letzten Drittel des Jahrhunderts materielle Interessen durchgesetzt. Obwohl eine Depression der anderen folgte, schwärmten die meisten Amerikaner von nichts anderem als "Boom" und "Prosperity". Henry James, der größte Ästhet des Landes, ging nach England.

Wieder einmal wurden ganze Kapitel im Grundbuch der amerikanischen Geschichte von Einwanderern geschrieben. Ihre Zahlen waren zu Beginn des Sezessionskrieges weit zurückgegangen. Aber 1873 und 1880–1882 stiegen sie auf jährlich 459 803, 457 257, 669 341 und 788 992. Dabei handelte es sich noch immer vorwiegend um Deutsche, Iren und Engländer. Mit zahlreichen Neuankömmlingen aus Italien, Österreich-Ungarn und Rußland begann allerdings eine Verschiebung, die bald nach 1900 vollendet sein sollte. Sogar chinesische Kulis und Japaner kamen nach Nordamerika.

Im Unterschied zu früher verzichteten die meisten Einwanderer auf den Erwerb eigenen Farmlandes. Soweit sie nicht Pächter wurden, wandten sich ihre Massen den großen Städten zu, die mit der stürmischen Entwicklung von Handel und Gewerbe verlockende Aufstiegsmöglichkeiten boten. So wuchsen erneut die älteren Industriezentren der USA (New York, Boston, Philadelphia und Baltimore). Auch verhältnismäßig junge Siedlungen des Mittelwestens (Chicago, St. Louis) überschritten die Millionengrenze.

Das Missouri-Mississippi-Tal hatte sich in vieler Hinsicht dem Osten angeglichen und streckte jetzt seine wirtschaftlichen Fangarme weit nach Westen aus, wo in Utah 1869 die erste transkontinentale Eisenbahnlinie durch Verknüpfung der Union Pacific und Central Pacific Railroad vollendet worden war. Eine "35th Parallel Route" erreichte 1872 Colorado. Die Northern Pacific wurde 1883 fertig. Im Süden strebte die Southern Pacific R. R. mit ihrem Gleiskopf der Küste des Stillen Ozeans zu.

Es lag nicht an diesen Eisenbahnbauten, daß die Landnahme jenseits des Missouri-Mississippi-Tales sprunghaft und sporadisch vor sich ging. Maßgebend waren die Bodenbeschaffenheit, verheißungsvolle Mineralfunde und kommerzielle Aussichten. So hatte man Oregon und Kalifornien eher in Besitz genommen als die Prärietafel und das Felsengebirge. Hier aber entstand erst recht kein breiter, zusammenhängender Grenzlandsaum, den rodende Pioniersiedler nach alter Sitte gegen die Wildnis vorschoben.

Wohl kauften zahlreiche Amerikaner, durch das Heimstättengesetz ermutigt, kleine Grundstücke. Auch verpachteten Eisenbahngesellschaften und Banken vermessenes Land. Die Zahl der Farmen stieg damit von 2,66 auf 5,36 Millionen. Gemessen an den Riesenräumen im Westen bedeutete das jedoch wenig. Solange die Methoden des "dry farming" nicht genügend entwickelt waren und für den einzelnen Ackerbauer keine Möglichkeit bestand, den harten Prärieboden umzuwenden, lohnte sich die Agrarwirtschaft nur stellenweise.

Zehn Jahre nach Beendigung des Sezessionskrieges wohnten erst 3,3 Millionen Neusiedler im Trans-Mississippi-Westen. Die meisten waren 1868–1870 mit dem Texas- beziehungsweise North-Dakota-Boom gekommen. Kurz vor und während dieser Farmerzüge hatten Mineralfunde in den Territorien Nevada, Idaho und Montana zur Entstehung einer sogenannten Mining Frontier geführt. Wenig später durchwühlten Goldgräber (diggers) die Black Hills und leiteten auf ihre Art die Erschließung von South Dakota ein.

Starke Bewegung verursachte das „Rinderreich" (Cattle Kingdom), eine Folge des Bürgerkrieges. Wachsender Bedarf im Mittelwesten bei entsprechendem Preisanstieg bewog texanische Züchter, zwischen 1865 und 1879 durch Cowboys rund 4 Millionen Stück Vieh über die Prärie nach Kansas und Nebraska treiben zu lassen, wo Handelszentren (cow towns) die Herden aufnahmen. Den Weitertransport besorgte die Eisenbahn. Endstation für die Tiere war das Labyrinth der Schlachthöfe von Chicago.

Farm Boom und Gold Rush entrissen den Indianern große Reservationen, die ihnen vor nicht langer Zeit ausdrücklich als bleibende Besitztümer zugewiesen worden waren. An der Mining Frontier starben die Wälder, wertvolle Pelzjagdreviere. Fleischschützen der Eisenbahngesellschaften rotteten für 1 bis 3 Dollar das Stück rund 13 Millionen Büffel aus, fast den ganzen Bestand dieses vielen Rothäuten besonders wichtigen Wildes. Kein Wunder, daß es zu Aufständen der Apache, Navaho, Sioux, Cheyenne und Nez Percé kam.

Die Indianer überfielen Farmen und Goldgräberlager, Trecks, Postkutschen und Eisenbahnzüge, zerstörten Geleise und Telegrafenlinien, blockierten Transporte, stahlen Vieh und vernichteten ein Dragonerdetachement am Little Big Horn River in den Black Hills von South Dakota. Während des Zweiten Sioux-Krieges 1875–1876 und der bis 1886 andauernden Apache-Aufstände mußte General William T. Sherman als Oberbefehlshaber des Heeres einen Großteil seiner Truppenverbände nach dem Westen abordnen.

Mittlerweile endete der Cattle Boom – nicht weil auf dem gefahrvollen "Long Drive", bei Kämpfen gegen Banditen und Indianer, durch Seuchen und Unfälle etwa die Hälfte der 30000 Cowboys umgekommen war, sondern wegen überlegener Konkurrenz. Joseph Glidden hatte den Stacheldraht erfunden. Seiner bedienten sich allein in Wyoming 23 kapitalkräftige Züchtergesellschaften zur Anlage fest umzäunter Weideareale (saloon ranches), aus denen gesunde, gut ernährte und schwere Fleischrinder hervorgingen.

Big Business war jetzt fast überall, wo Reichtümer erschlossen und verteilt wurden, zugegen: während des Zweiten Dakota-Booms, bei den Holzfällerbetrieben und Bergwerksunternehmen in Idaho und Montana, nach Entdeckung der Bunker-Hill- und Sullivan-Silbervorkommen. Unter starkem Druck der Geschäftswelt wurde 1889 das zum Teil erst kürzlich den Fox, Sauk, Potawatomie, Nez Percé und Cheyenne überlassene Gebiet von Oklahoma mit 1920000 Acres Bodenfläche bereitstehenden Siedlerscharen geöffnet.

Wieder einmal fühlten sich die Rothäute übertölpelt. Umsonst hatte Helen H. Jackson angesichts des begangenen Unrechtes mit ihrem Buch "A Century of Dishonor" das Gewissen der Nation wachzurütteln versucht. Ohne nennenswerten Erfolg protestierte eine indianerfreundliche Vereinigung, die Indian Rights Association. Das Gewinnstreben der Amerikaner war stärker. Die Teton Sioux wurden niedergemetzelt. Alle größeren Stämme mußten nach erneuten Verhandlungen in die Wüsten des fernen Südwestens umsiedeln.

Bei der Freigabe des Oklahoma-Distriktes stürzten sich Zehntausende von profitgierigen Bodenspekulanten, Kaufleuten und Farmern auf das Land. Wo wenige Tage zuvor noch indianische Zelte gestanden hatten, schossen häßliche Bretterbudenstädte aus dem Boden, entwikkelte sich die hemdsärmelige, robuste Frühkultur des „Wilden Westens“, deren Geist und Jargon von Dichtern wie Joaquin Miller, Bret Harte und Mark Twain (Samuel L. Clemens) in literarische Werke eingeführt wurden.

Ein großer dynamischer Entwicklungsprozeß der amerikanischen Geschichte näherte sich seinem Ziel. Am 2. Mai 1890 gab der US-Census Director bekannt, daß von einer "frontier line" kaum noch gesprochen werden könne. Schließlich blickte man auf zwei Dezennien zurück, in denen nicht weniger als zehn neue Staaten des Westens der Union beigetreten waren: Nevada, Nebraska und Colorado, North und South Dakota, Montana und das aus dem Oregon-Gebiet hervorgegangene Washington, Idaho, Wyoming und Utah.

Die Westexpansion wirkte mannigfach auf das Geschehen im Osten ein. Aber die stärksten Impulse kamen nach wie vor aus dem älteren Bundesgebiet. Dort waren die großen Vermögen angehäuft und teilweise kräftig kapitalisiert worden. Dort bedienten sich clevere Unternehmer neuer technischer Errungenschaften zur Steigerung ihrer Produktion. Dort wurden erfolgreiche Firmen gegründet, erweitert und mit anderen Betrieben zu marktbeherrschenden "Pools", "Trusts" oder "Holding Companies" verflochten.

Für Whisky, Zucker, Baumwolle, Leder und Fleisch zeichneten sich solche Konzentrationen seit den 70er Jahren ab. Sie alle übertraf die Standard Oil Company von John D. Rockefeller. Er hatte die Erdölförderung in Pennsylvania, Ohio, West Virginia und Wyoming an sich gebracht, günstige Eisenbahntarife ausgehandelt und Rohrleitungen (pipelines) kaufen lassen. Seine guten, preisgünstigen Erzeugnisse verdrängten das bisher bevorzugte Walfischöl aus den Petroleumlampen des Kontinentes.

Parallel zum Erdöl-Boom, der bald auch Oklahoma und Texas, Louisiana, Kansas und Illinois einbeziehen sollte, entwickelte sich, angetrieben durch den steigenden Schienenbedarf der Eisenbahngesellschaften, die Bessemer-Stahl-Industrie. Ihr wichtigstes Zentrum war und blieb Pittsburgh. Den zweiten Platz nahm der Distrikt von Chicago mit den Erzlagerstätten in Michigan und Minnesota am Oberen See ein. Der Pool für fast alle Gruben, Hütten, Walzwerke und Fabriken der Branche wurde die Bethlehem Steel Company.

Noch umfangreicher gestaltete sich die auf der Grundlage des Open-Hearth-Verfahrens entstandene Stahlindustrie, deren Schwerpunkte von New Jersey nach Birmingham in Alabama wanderten und schließlich eine breite Rohstoffbasis zwischen Duluth (Minnesota) und Gary

(Indiana) vorfanden. Die Open-Hearth-Hütten konnten das phosphorhaltige und daher für den Bessemer-Prozeß ungeeignete Erz aufbereiten. Gegen 1890 faßte sie Andrew Carnegie zusammen, später die gewaltige U.S. Steel Corporation.

Diese für lange Zeit größte Holding-Gesellschaft der Welt wurde durch Finanzmänner unter Führung des New Yorker Bankherren John P. Morgan mit einem Stammkapital von 1,4 Milliarden Dollar gegründet. Das Haus Drexel, Morgan & Co. beherrschte schon andere Unternehmungen, insbesondere die Mehrzahl der reorganisierten östlichen Eisenbahnen, mit denen sich Cornelius Vanderbilt, James Fisk, Jay Gould und Daniel Drew als maßgebende Geschäftsleute in heillose Konkurrenzkämpfe verstrickt hatten.

Zum Gegengewicht der Riesenfirmen und des Großkapitals wollten die Gewerkschaften werden. Aber ihre zunächst am besten organisierten Gruppen – die von politischem Ehrgeiz zerfressene "National Labor Union" und der altertümliche "Order of the Knights of St. Crispin" – siechten in den 70er Jahren an Mitgliederschwund dahin. Neugründungen eingewanderter Marxisten und Anarcho-Kommunisten disqualifizierten sich sehr bald durch maßlose Agitation und blutige Ausschreitungen deutscher Funktionäre.

Auch die "Knights of Labor" erlitten unüberwindliche Rückschläge, als sie Protestaktionen und Streiks nach Art irischer Geheimbünde anzettelten und sich damit Verdächtigungen aussetzten. Allein die aus 25 Einzelgewerkschaften hervorgehende "American Federation of Labor" (A. F. of L.) wurde durch Samuel Gompers nach 1890 langsam zu einer bewegenden Kraft geformt. Im Augenblick gab es allerdings kaum Politiker, die bereit waren, der Geschäftswelt soziale Verpflichtungen aufzuerlegen.

Die Partei Abraham Lincolns war kaum noch wiederzuerkennen. Sie hatte die Union gerettet, das Heimstätten-Gesetz verabschiedet, die Sklaven befreit und ihnen Bürgerrechte gegeben, den Mormonen in Utah die Vielweiberei ausgetrieben, jede Art von Kontraktknechtschaft unterbunden und damit breite Schichten des Volkes für sich gewonnen. Am stärksten beeinflußt wurden die Republikaner gleichwohl durch Kapitalinteressen der Banken und Eisenbahngesellschaften, Minenbesitzer, Viehzüchter und Holzhändler.

Die Demokraten litten noch lange unter dem Zusammenbruch der früher mit ihnen eng verbundenen Sezessionisten. Zum schnellen Wiederaufstieg fehlten der Partei die fähigen Führer aus den Pflanzerkreisen des Südens. Die alten demokratischen Forderungen nach Staatenrechten und niedrigen Zöllen zogen nicht mehr. Nur vereinzelt brach der einst von Jackson geschürte Haß auf die Monopole in Attacken gegen Eisenbahngesellschaften und Trusts hervor. Allmählich wurden diese Angriffe seltener.

Die großen Parteien trieben ein nicht eben geistvolles Spiel. Jede warf der anderen Unfähigkeit, Korruption und Verrat vor, nicht ohne sich selbst über alle Maßen zu lobpreisen. Die Republikaner verfolgten obendrein eine wirksame Personalpolitik und ernannten auf ihren Nominierungskonventen grundsätzlich bekannte „Kriegshelden" als Präsidentschaftskandidaten. So hatten sie erst Ulysses S. Grant auf den Schild gehoben und später Rutherford B. Hayes, James Garfield und Chester A. Arthur ins Weiße Haus gebracht.

Garfield wurde bald nach seinem Amtsantritt in Washington von einem enttäuschten Bittsteller erschossen. Arthur, dem es als bisherigem Vizepräsidenten oblag, die Regierungsgeschäfte weiterzuführen, war, obwohl ehemaliger Offizier des Bundesheeres, nicht populär. Die Republikaner suchten demzufolge anderweitig das Glück und nominierten auf ihrem nächsten Konvent einen zivilen Kandidaten. Da dieser vielen Anhängern der Partei mißfiel, bekamen zum erstenmal seit dem Kriege die Demokraten eine Chance.

Sie besaßen im Süden, wo die Weißen seit Beendigung der Rekonstruktion zwischen sich und den Negern eine scharfe Trennungslinie (color line) gezogen hatten und mit Gesetzesklauseln zahlreichen Farbigen das Wahlrecht vorenthielten, eine solide Machtbasis. Dieser Rückhalt genügte zwar nicht; aber vermehrt durch abtrünnige Republikaner (Mugwumps), konnten die Demokraten Grover Cleveland, einem Politiker aus New Jersey, der Gouverneur des Staates New York gewesen war, zum Sieg verhelfen.

Der neue Präsident mußte sich ebenso wie seine unmittelbaren Vorgänger hauptsächlich der Zoll- und Währungspolitik, den Meliorationen und der Verteilung öffentlicher Ländereien widmen. Darüber hinaus wehrte er den verbreiteten Betrügereien mit Kriegspensionen. Zugleich lag ihm an der Ausgestaltung des unter Hayes und Arthur entstandenen Civil Service System, einer gesetzlich verankerten Liste „klassischer" Ämter, die künftig nicht mehr Beutestellen (spoils) der jeweils siegreichen Partei sein sollten.

Ein heißes Eisen waren die oft undurchsichtigen Machenschaften der großen Monopole. Das Bundesparlament suchte mit einem Interstate Commerce Act den Geheimabsprachen über niedrige Frachttarife der Eisenbahn- und Schiffahrtsunternehmungen entgegenzutreten. Auch verabschiedete es 1890 den Sherman Antitrust Act. Beide Gesetze existierten jedoch nur auf dem Papier, weil Cleveland und sein Nachfolger, der Republikaner Benjamin Harrison, als Chefs der Exekutive sie nicht anzuwenden wagten.

Als Cleveland 1893 noch einmal Präsident wurde, zwangen Verfechter des „billigen Geldes“ das Schatzamt, wieder Silber-Dollars zu prägen. Der andauernde Streit um den Bimetallismus der Währung führte zu Inflation und Kapitalflucht. In der bisher schwersten Wirtschaftskrise des Landes stellten 642 Banken und 15000 Gewerbebetriebe die Zahlungen ein. Blutige Unruhen und ein Marsch von Arbeitslosen (“Coxey’s Army”) nach Washington waren die Folge.

ANFÄNGE DES IMPERIALISMUS

Mit dem offiziellen Ende der "Frontier" war die amerikanische Expansion vorläufig abgeschlossen. Überschüssige Kräfte der Bevölkerung hatten den Kontinent in seiner ganzen Breite vom Atlantik bis zum Stillen Ozean durchdrungen und Voraussetzungen für den Aufbau neuer Staaten geschaffen, die nun alle Glieder der Union waren. Ein Traum schien Wirklichkeit geworden. Dennoch richteten unternehmende Männer den Blick auf Länder jenseits der Meere.

Robert Gray und andere Kauffahrer von der Neuengland-Küste hatten schon vor hundert Jahren in China einen entwicklungsfähigen Markt gesehen. Später war Oliver H. Perry für die Errichtung amerikanischer Stützpunkte rings um die Karibik eingetreten, während sein Bruder Matthew C. Perry, der Kommodore, dem sich Japan hatte beugen müssen, von den Vereinigten Staaten erwartete, daß sie ihre Flagge über allen wichtigen Pazifik-Inseln hißten.

William H. Seward war noch weiter gegangen, als er Lincoln einen Krieg gegen das Zarenreich um die Vorherrschaft in China empfahl. Obwohl der Präsident diesen Gedanken verwarf, konnte der Staatssekretär als zielbewußter Imperialist angesehen werden. Sein Alaska-Kauf, der die Aleuten-Kette einbezog, also den Stillen Ozean in nördlichen Breiten überschritt, dazu die Okkupation von Midway waren Etappen des amerikanischen Vordringens nach Ostasien.

Seward hatte die britisch-kanadischen Provinzen nicht vom Pazifik abschneiden können, sondern wider Willen dazu beigetragen, daß dem angelsächsischen Nachbarland der Dominium-Status verliehen und seine Westexpansion beschleunigt wurde. Immerhin entzog die Besetzung der Aleuten- und Midway-Inseln das Königreich Hawaii, in dessen neuer Ratsversammlung schon eine Minderheit naturalisierter Amerikaner gleiches Stimmrecht besaß, dem französisch-englischen Einfluß und ließ künftige Annexionsverhandlungen über die Sandwich-Inseln aussichtsreich erscheinen.

Für die Machterweiterung gab es ein wirksames Instrument. Flottenmanöver vor Garfield hatten gezeigt, daß die Vereinigten Staaten moderne Seestreitkräfte ("a steel fleet") brauchten. Die neuen Schiffe waren unter Arthur und Harrison gebaut und teilweise in San Diego stationiert worden. Mit ihnen als Rückhalt konnte Stanford Dole, ein Exponent amerikanischer Zuckerrohrpflanzer auf Hawaii, den Sturz der Königin in Honolulu vorbereiten.

Angesichts beginnender Unruhen rief John Stevens, der amerikanische Gesandte, das Pazifik-Geschwader und die Marineinfanterie (Marines) zu Hilfe. Dole proklamierte einen Freistaat, und Cleveland umging das seiner Demokratischen Partei widerwärtige Annexionsproblem durch ein Schutzversprechen, so wie vorher schon für Samoa, wo die Vereinigten Staaten, Großbritannien und das Deutsche Reich seit fünf Jahren ein Kondominium ausübten.

Im Hintergrund standen Geschäftsinteressen. Die der Wirtschaftskrise von 1893–1897 folgende Konsolidierung hatte den Zusammenschluß ganzer Produktionszweige zur Folge und einem skrupellosen Unternehmertum ("Tycoons") Vorschub geleistet. Geldmagnaten wie John Pierpont Morgan, Elbert H. Gary und Markus A. Hanna nahmen über ihre ständigen Vertretungen ("Lobbies") Einfluß auf die Politik.

Den Wünschen der Bankherren und Industriekapitäne kamen Publizisten entgegen. Alfred T. Mahan ("The Influence of Sea Power upon History") zog Lehren aus der Geschichte des britischen Empire und betonte, daß auch Amerika dank seiner insularen Position unbegrenzten Handlungsspielraum habe. Josiah Strong ("Our Country") bescheinigte der „amerikanischen Rasse" eine „unvergleichliche Energie", gestützt auf das „reinste Christentum".

Sie überbrückten die Kluft zwischen dem Drang nach weltpolitischer Betätigung und der tiefen Abneigung des Volkes gegen jede Art von Kolonialherrschaft. Mahan erklärte seinen Mitbürgern in der Sprache eines Darwin, die Nation müsse, ob sie wolle oder nicht, am „Kampf ums Dasein" teilnehmen. Strong appellierte an das Sendungsbewußtsein der Amerikaner, ihre Bereitschaft, anderen Menschen die Freiheit zu bringen; allein damit, versicherte er, könne man im eigenen Land den Gefahren des Sozialismus entgehen.

„Sozialismus" – das waren die Vorstellungen einer "Social Democratic Party", der "Socialist Labor Party" und "People's (Populist) Party of the U. S. A". Zu ihren Postulaten gehörten mit einigen Unterschieden: Ablösung des Präsidenten durch eine Exekutivbehörde, Frauenstimmrecht und Volkswahl der Senatoren, zivile Kontrolle des Militärs und Verstaatlichung aller öffentlichen Betriebe, progressive Erbschafts- und Einkommensteuer, gerechte Löhne, Acht-Stunden-Arbeitstag und Schulgeldfreiheit.

1896 unterstützten zwei der sozialistischen Parteien und die von Cleveland abgefallenen „Frei-Silver-Demokraten" im Kampf um das Weiße

Haus den jungen William Jennings Bryan, einen Gegner des Goldstandards. Dagegen förderten Hochfinanz und Großindustrie den Republikaner William McKinley. Er gewann die Präsidentschaftskampagne dank einer 3,5-Millionen-Dollar-Spende von Markus A. Hanna.

Was McKinley an imperialistischer Zielstrebigkeit fehlte, ersetzten Männer wie Theodore Roosevelt, Henry Cabot Lodge und Albert Beveridge durch eigene Initiativen. Die New Yorker Zeitungsmagnaten William R. Hearst und Joseph Pulitzer leisteten ihnen Schützenhilfe, als sie den Widerstrebenden zu Eroberungen im Karibischen Meer und Stillen Ozean drängten. Ein Ansatzpunkt war die Kuba-Frage.

Auf der Insel hatten amerikanische Geschäftsleute etwa 50 Millionen Dollar investiert. Manche Yankees besaßen dort Plantagen und Zuckermühlen. Aufstände der Einheimischen gegen die Spanier fanden in den USA lebhafte Sympathien. Man half den Rebellen durch Ausrüstung sogenannter Flibustierzüge. Einundsiebzig solcher Freischärlerunternehmungen waren schon durchgeführt worden, als die Bundesregierung mit Schiffen der U.S. Navy weitere Fahrten verhinderte. Um Gegendruck auszuüben, nahmen die kubanischen Insurgenten ausländische Geiseln und beschlagnahmten das Eigentum der Amerikaner.

Trotzdem trieben die Boulevard-Blätter von Hearst und Pulitzer antispanische Greuelpropaganda. Ihr Einfluß ging schon so weit, daß sich beide Häuser des Kongresses für ein „freies Kuba“ aussprachen und von der Regierung entsprechende Schritte verlangten. Aus der begonnenen Kampagne wurde hemmungslose Kriegshetze, als das zum Schutz amerikanischer Bürger nach Havanna entsandte US-Schlachtschiff “Maine” infolge einer Explosion sank und 260 Seeleute mit sich in die Tiefe riß.

Die Hintergründe der Katastrophe blieben dunkel. Naheliegend war die Vermutung, daß kubanische Rebellen, denen am Bruch zwischen Washington und Madrid gelegen sein mußte, ein Attentat unternommen hatten. Spanien konnte die Versenkung des fremden Schiffes nach Lage der Dinge nicht gewollt haben. Doch gerade ihm wurde durch die “yellow press” alle Schuld zugeschoben. Zeitungen und Flugblätter verbreiteten den zündenden Slogan: “Remember the ‘Maine’”!

Die offizielle amerikanische Politik konnte dieses Spiel nicht mitmachen. Der Präsident unterstrich, daß den Vereinigten Staaten der Gedanke an territoriale Ziele fernliege. Zugleich aber verlangte McKinley von Spanien ultimativ den Abschluß eines Waffenstillstandsvertrages und die Auflösung der Konzentrationslager in Kuba. Die Madrider Regierung mußte einlenken. Sie beugte sich den Forderungen.

Mittlerweile hatte McKinley unter dem Druck der Kriegstreiber seine Politik ins Gegenteil verkehrt. Die noch unvollständige Antwort aus Madrid diente ihm als Vorwand für eine Kongreßbotschaft. Er forderte Vollmachten für eine „gewaltsame Intervention" zur Wiederherstellung des Friedens auf Kuba. Das Bundesparlament zögerte. Eine Anzahl von Senatoren wollte sichergehen, daß die Insel wirklich befreit und nicht annektiert wurde. Nach der Annahme einer solchen Klausel kam die begehrte Resolution zustande.

Das Bundesparlament erkannte die Unabhängigkeit der Insel an, forderte den Abzug aller spanischen Truppen von Kuba und ermächtigte McKinley, nötigenfalls eigene Land- und Seestreitkräfte einzusetzen. Der im Senat formulierte Zusatz, das sogenannte Teller-Amendment, verneinte jede Annexionsabsicht der USA und erklärte ausdrücklich, Hoheitsrechte und Regierungsgewalt der Insel den Kubanern überlassen zu wollen.

Dessenungeachtet ging es den Vereinigten Staaten offenbar nicht allein um die Beseitigung himmelschreienden Unrechtes auf Kuba. Schon vor zwei Monaten hatte der Unterstaatssekretär Theodore Roosevelt das Kreuzer-Geschwader des Admirals George Dewey nach Hongkong dirigiert, von wo aus es die spanischen Philippinen angreifen sollte. Nun bestätigte McKinley die Kongreßresolution und blockierte wenige Tage später Admiral William Sampson mit starken Flottenverbänden die Häfen von Santiago und Havanna.

Der Spanisch-Amerikanische Krieg (1898) wurde auf See entschieden. Dewey stieß nach einer kurzen Finte überraschend gegen Manila, die Hauptstadt der Philippinen, vor und zerschlug unweit ihres Hafens ein Geschwader des Gegners. Sampson vernichtete in einem ungleichen vierstündigen Kampf den größten feindlichen Flottenverband, der von Santiago ausgebrochen war und nach Spanien entkommen wollte. Beide Schlachten kosteten die amerikanische Marine insgesamt nicht mehr als einen Toten und neun Verwundete.

Die erfolgreichen Flottenoperationen wurden durch Truppenlandungen ergänzt. Santiago und Manila kapitulierten vor den Expeditionskorps der U.S. Army. Auf ihrem Anmarsch zu den Philippinen hatten die Amerikaner auch gleich Wake Island, 2325 Meilen westlich von Hawaii, besetzt. Im Karibischen Meer nahmen sie Puerto Rico, das ebensowenig mit der künstlich hochgespielten Kuba-Frage zu tun hatte. Ernsthafte Kämpfe mußten kaum ausgefochten werden. Verluste entstanden vorwiegend durch Tropenkrankheiten.

Amerika befand sich im Siegestaumel. Ihm konnte sich auch der sonst zurückhaltende Senat nicht ganz entziehen. Er ratifizierte daher den erneut vorliegenden Annexionsvertrag für Hawaii, das zwei Jahre später vom Kongreß die Rechtsstellung eines kontinentalen Territoriums erhielt. Dem Resultat der durch Vermittlung des französischen Botschafters in Washington zwischen den USA und Spanien eingeleiteten Friedensverhandlungen standen die meisten demokratischen Senatoren freilich ablehnend gegenüber.

Im Frieden von Paris (1898) überließ Spanien den Vereinigten Staaten seine Hoheitsrechte, Besitztitel und Ansprüche auf Kuba, zur Verrechnung alter Finanzschulden auch Puerto Rico und Guam. Ferner gab Madrid gegen eine Zahlung von 20 Millionen Dollar die Philippinen preis. Der amerikanische Gewinn mußte jedem Betrachter imponieren. Doch für Annexionen solchen Umfanges – das wurde Roosevelt, Mahan, Lodge und Beveridge jählings klar – war im Senat kaum eine ausreichende Mehrheit zu finden.

Der Kampf um die Ratifizierung dauerte einen Monat. Die Imperialisten führten alle Argumente von Mahan und Strong ins Feld, die Anti-Imperialisten beschworen den Geist der amerikanischen Verfassung und Tradition. Aber es blieb nicht bei dieser Konfrontation. Als William Jennings Bryan nach Washington kam und wider Erwarten für die Anerkennung des Pariser Friedensvertrages eintrat, folgten im entscheidenden Augenblick seinem Beispiel aus Gründen der Parteidisziplin nahezu alle demokratischen Senatoren (1899).

Dadurch wurde auch noch eine zweite wichtige Senatsentscheidung des Jahres 1899 gefördert. Die Tage des Kondominiums über Samoa waren gezählt. Großbritannien zog sich zurück. Deutschland forderte klare Verhältnisse. Im Vertrag von Berlin bekam das Reich den Löwenanteil und erhielten die Vereinigten Staaten Tutuila nebst einigen Nebeninseln und dem von Sampson und Dewey als erstklassig angesehenen Hafen von Pago Pago. Die dazu notwendige Ratifizierung bereitete keinerlei Schwierigkeiten.

Indes sahen sich Filipinos, die auf seiten der USA gefochten und dafür das Versprechen erhalten hatten, künftig als unabhängige Nation leben zu können, durch den Abschluß des Pariser Vertrages hintergangen. Seit Beginn des Jahres kämpften sie unter Emilio Aguinaldo erbittert gegen die neue Besatzungsmacht. Eine von McKinley berufene Kommission erarbeitete Vorschläge für den Wiederaufbau der Zivilverwaltung, doch griff die Rebellion wegen dieses unzulänglichen Programmes von Leyte auf Luzon und Mindanao über.

Der Philippinenkrieg (1899–1902) band 70000 amerikanische Soldaten und hinderte die USA daran, sich mit mehr als nur symbolischen Truppenkontingenten an der Niederschlagung des Boxeraufstandes in China (1900) zu beteiligen. Wurde das Reich der Mitte nach dieser tief einschneidenden Intervention fremder Mächte aufgeteilt, so kamen die Vereinigten Staaten zu spät, und Rockefellers Traum, dereinst etliche hundert Millionen chinesische Petroleumlampen mit Brennstoff beliefern zu können, war ausgeträumt.

Unter diesen Umständen, auch weil viele Amerikaner noch immer eine historisch begründete Abneigung gegen den Erwerb von „Kolonien" empfanden und einige Berater des State Department verfeinerte Methoden imperialistischer Politik anmahnten, fand sich McKinley zu Kurskorrekturen bereit. Die bisher übliche Gewaltanwendung sollte nach Möglichkeit durch finanzielle Einflußnahme ("Dollar Diplomacy") ersetzt werden, in der Absicht, ein weniger anstößiges Herrschaftssystem ("Informal Empire") zu errichten.

Auf Anraten von William W. Rockhill propagierte Staatssekretär John Hay hinsichtlich des ostasiatischen Festlandes das Prinzip der „Offenen Tür" ("Open Door"). Die Vereinigten Staaten wollten, nachdem sie sich wegen des Philippinen-Krieges in China verspätet hatten, bei der wirtschaftlichen Durchdringung dieses Landes neben den anderen Mächten gleichberechtigt handeln können. Befürworter der neuen Politik glaubten, daß die Finanz- und Produktionskraft der USA jeden Mitbewerber ausstechen würden.

Als William Jennings Bryan im folgenden Wahlkampf ein Programm vorstellte, das dem Gold Standard Act zuwiderlief, und zugleich jedem „Kolonialismus" abschwor, siegte erneut McKinley, der republikanische Präsidentschaftskandidat. Seine zweite Amtszeit dauerte allerdings nur wenige Monate. Am 16. September 1901 erlag er den Folgen eines Mordanschlages in Buffalo, worauf Theodore Roosevelt, der bisherige Vizepräsident, an die Spitze des Landes trat.

Roosevelt zählte zu den Reformern von der Ostküste. Er bekämpfte die Trusts und Monopole, tadelte aber auch kritische Schriftsteller ("Muckrackers"), deren meistgelesener Autor Upton Sinclair wurde. Zum Image des Präsidenten gehörte der Rinderzüchter und Rauhreiter. Besser kennzeichnete ihn jedoch, daß er als Geschichtsschreiber ("The Winning of the West") nationalistische Parolen verbreitete.

Auf dem mittelamerikanischen Isthmus wollte die bankrotte Kanalbaugesellschaft des Franzosen Ferdinand de Lesseps ihre von Kolumbien erworbenen Rechte einer Panama Canal Company verkaufen. Als das Parlament in Bogotá den Vertrag nicht ratifizierte, trug sich Roosevelt mit dem Gedanken, der von einer amerikanischen Aktienmehrheit kontrollierten Gesellschaft durch Militäreinsatz weiterzuhelfen.

Sie inszenierte jedoch selbst einen Coup, bei dem Schiffe der U.S. Navy die Landung kolumbianischer Regierungstruppen verhinderten.

Nach nur drei Tagen war „Panama" von den Vereinigten Staaten anerkannt. In der nächsten Woche verpachtete ihnen die neue Republik für 10 Millionen Dollar zuzüglich eines 250000-Dollar-Jahresgeldes die Kanalbauzone zwischen der Karibik und dem Stillen Ozean (1903).

Finanzielle Versäumnisse der Dominikanischen Republik lieferten Roosevelt einen Vorwand, die Monroe-Doktrin abzuändern. Hatten die USA bisher den Subkontinent vor fremdem Zugriff schützen wollen, so beanspruchten sie nun das Interventionsrecht. Ihre Streitkräfte sollten künftig überall in der westlichen Hemisphäre, von Alaska bis nach Feuerland, zur Wahrung amerikanischer Interessen eingesetzt werden können.

Den Präsidenten kümmerte kaum, daß man ihn einen Politiker des „großen Knüppels" ("Big Stick") nannte. Er trotzte Kanada eine für Alaska günstige Grenzlinie ab (1904) und zwang die Dominikanische Republik durch Gewaltandrohung, sich amerikanischer Finanzaufsicht zu unterwerfen (1905). Während des Russisch-Japanischen Krieges (1904–1905) verlangte Roosevelt von beiden Parteien, Chinas Integrität zu achten.

Dem Präsidenten ging es um die Festigung des Prinzips der „Offenen Tür". Bei der Vermittlung des Friedens zwischen den Kriegsgegnern im Navy Yard von Portsmouth (New Hampshire) sorgten Roosevelt und Staatssekretär Elihu Root dafür, daß Japans Territorialgewinn auf Korea und Südsachalin beschränkt blieb und Rußland nach dem Fall von Port Arthur nicht auch die mandschurischen Pachtrechte verlor.

Damit war eine Balance zwischen den Mächten hergestellt, der größte Teil des Fragenkomplexes aber noch offen. Der weitere Zustrom japanischer Arbeitskräfte nach Kanada, Kalifornien und Mexiko beunruhigte die Öffentlichkeit; man sprach von einer „Gelben Gefahr" ("Yellow Peril"). Regierungskreisen gab der Aufstieg des fernöstlichen Kaiserreiches zu denken. Sie begannen sich auf neue Konflikte einzustellen.

Roosevelt drängte zum beschleunigten Ausbau des Panamakanals und der Festungsanlagen in Corregidor bei Manila. Er ließ durch das Joint Board of the War and Navy Departments Operationspläne für einen Krieg gegen Japan entwerfen und die Einsatzbereitschaft der Flotte demonstrieren. Als Admiral Robley Evans 1907 mit sechzehn Panzerschiffen die Reede von Hampton Roads zur Fahrt rund um den Erdball verließ, hatte die Welt dergleichen noch nicht gesehen.

Die Expedition erleichterte weitere Verhandlungen des Staatssekretärs Elihu Root. In einem Agreement mit dem japanischen Botschafter wurde das Prinzip der „Offenen Tür" erstmals vertraglich festgeschrieben, der Status quo im Pazifik anerkannt und die Unantastbarkeit des Chinesischen Reiches von beiden Seiten bestätigt. Dafür bekam Japan erneut Korea und Südsachalin zugesprochen.

Indessen hatte William Howard Taft die Präsidentschaftswahlen von 1908 gewonnen. Er gehörte zum Freundeskreis seines Vorgängers Roosevelt und war ein ruhig abwägender Jurist. Weltgeltung und kontinentale Hegemonie der Vereinigten Staaten waren ihm aber ebenso wichtig wie fast jedem Anhänger der Republikanischen Partei. Die Außenpolitik folgte daher auch künftig der vorgezeichneten Linie.

Taft setzte die inneren Reformen fort. Er ließ Reingewinne über 5000 Dollar mit Abgaben belegen und private Wahlspenden einschränken. Gegen Trusts wurden von ihm doppelt soviel Verfahren wie unter Roosevelt eingeleitet. Noch wichtiger waren zwei Verfassungszusätze: das Sechzehnte Amendment (zur Einkommensteuererhebung) und das Siebzehnte Amendment (über die Volkswahl der Senatoren).

Taft wußte aus seinen Leistungen nicht Kapital zu schlagen. Er strauchelte, ein Opfer maßloser Kritik und schamloser Untreue. Die Republikaner sammelten sich wieder hinter Roosevelt, der mit dem Freund brach. Gespalten ging die Partei in die nächste Präsidentschaftskampagne. Die Demokratische Partei bekam wieder eine Chance, zumal Woodrow Wilson, ihr Kandidat, von Bryan unterstützt wurde.

Mit der Inauguration des neuen Präsidenten (1913) verbanden sich hohe Erwartungen. Wilson hatte als Professor der Universität Princeton und Gouverneur des Staates New Jersey großes Ansehen gewonnen. Die Wähler hielten ihn für einen Idealisten und Friedensfreund, Missionar und Erzieher, der Amerika von den „vereinigten Geldmagnaten und Industriekapitänen“ befreien werde.

Dieser Wunsch konnte sowenig in Erfüllung gehen wie der von Demokraten seit zwei Jahrzehnten gepredigte Antiimperialismus. Die begonnene Revision des Banken- und Währungssystems aufgrund eines Federal Reserve Act stockte infolge der Auswirkungen der neuen Wirtschaftskrise. Vom Verzicht auf Imperialismus konnte nicht die Rede sein, als der Präsident den Bau des Panamakanals mit enorm hohem Geldaufwand vollenden ließ.

Gegenüber den lateinamerikanischen Republiken variierte Wilson die erweiterte Monroe-Doktrin (“Roosevelt’s Collorary”). Er wollte persönlich entscheiden, ob eine Regierung „gerecht“ und damit auch „würdig“ sei, diplomatisch anerkannt zu werden. Anlaß hierzu gab die Mexikanische Revolution, bei der über eine Milliarde Dollar Anlagekapital aus den Vereinigten Staaten verlorenging.

Angesichts des beginnenden Bürgerkrieges unterstützte der Präsident den ihm zusagenden Protagonisten durch Verhängung einer Seeblokkade gegen seinen Widersacher. Als sich dieser Waffen aus Hamburg kommen ließ, befahl Wilson den vor Vera Cruz liegenden Kreuzern der U.S. Navy, die Stadt am 21. April 1914 zu beschießen. Darauf besetzten sie Marines der U.S. Forces fünf Monate lang.

Der Kongreß hatte den Präsidenten zur Gewaltanwendung ermächtigt, weil scheinbar die Flagge der Vereinigten Staaten beleidigt worden war. Der eigentliche Zweck des Vera-Cruz-Abenteuers, die Vertreibung eines mißliebigen Revolutionsregimes, wurde damals nicht erreicht, doch stand nunmehr fest, daß sich die USA als Großmacht fühlten und dies mit üblichen Methoden zum Ausdruck brachten.

Amerika hatte seinen Charakter gewandelt. Die nachkoloniale Epoche der Vereinigten Staaten war zu Ende. Viele ihrer Künstler und Wissenschaftler wurden Weltmaßstäben gerecht. Mancher Europäer zollte den Werken von Upton Sinclair, Jack London und Theodore Dreiser (Literatur), Edward A. MacDowell und Charles Cadman (Musik), Frank L. Wright und Louis H. Sullivan (Architektur), Mary Cassett, Thomas Easkins und Winslow Homer (Malerei) hohes Lob.

In verschiedenen Disziplinen der Naturwissenschaft und ihrer Anwendung waren Amerikaner führend geworden. John Fiske (Popularphilosophie), James Sylvester (Mathematik) und Henry Draper (Astronomie), Robert Millikan (Physik), Thomas H. Morgan (Biologie), Oliver W. Gibbs und Josiah P. Cooke (Chemie) hatten internationalen Ruf, ebenso Walter Reed und William Gorgas, Robert Abbe und Daniel Palmer, Charles und William H. Mayo (Medizin).

Auf dem Feld der technischen Entwicklung hielt Amerika sogar die Spitze. Thomas A. Edison, Moses Garrish und Francis Jenkins (Elektrik), Nathan Stubblefield, Reginald A. Fessenden und Lee de Forst (Rundfunk), William D. Coolidge und George Eastman (Optik), Ottmar Mergenthaler (Maschinenschriftsatz) und Charles Hall (Aluminiumherstellung), Henry House, George Selden und William Morrison (Kraftfahrzeugbau), die Brüder Orville und Wilbur Wright, Samuel P. Langley, Elmer A. Sperry und George W. Walden (Flugtechnik) gaben der Industrie neue starke Impulse.

Motorflugzeuge wurden noch einzeln gebaut, aber die Automobilfertigung rückte durch die Fließbandtechnik eines Henry Ford 1909–1913 dem Wert der industriellen Produktion entsprechend bereits vom 21. auf den 6. Platz und gab dabei gleichzeitig der Stahl-, Glas-, Leder-, Gummi- und Erdölerzeugung mächtigen Auftrieb. 1913 wurden 1,7 Milliarden Gallonen Treibstoff abgesetzt, rollten 1 258 062 Personen- und 67 667 Lastkraftwagen über die 161 000 Meilen langen Asphaltstraßen der USA – um ein Vielfaches mehr als in jedem anderen Land.

DER ERSTE WELTKRIEG

Während Wilson den Mexikanern seinen Willen aufzuzwingen versuchte, stand Europa vor einer Katastrophe. Die Pentarchie, das Gleichgewicht zwischen den fünf Großmächten der Alten Welt, war durch zwei hochgerüstete Koalitionen ersetzt worden, deren Heere und Flotten Anfang August 1914 in den Kampf zogen: die Entente (Großbritannien, Frankreich und Rußland samt ihren Alliierten) und die Mittelmächte (Deutschland und Österreich-Ungarn, denen sich das Osmanische Reich und Bulgarien anschlossen).

Trotz ihrer Neutralitätserklärung vom 5. August 1914 sahen sich die Vereinigten Staaten dadurch mit Problemen politischer, finanzieller und psychologischer Natur konfrontiert. Das von Wilson in Mexiko bekämpfte Revolutionsregime war von Großbritannien und Japan, Deutschland, Frankreich und Spanien anerkannt und bezog von ihnen teilweise materielle Hilfe. Der Präsident mußte daher dem in Vera Cruz drohenden Krieg ausweichen und die dort eingesetzten Seestreitkräfte zurückziehen.

Wie das Bildungsbürgertum und die Ostküstenpresse der USA sah Wilson ungeachtet der früheren Auseinandersetzungen in England den Hort angelsächsischer Wesensart, einen Vorposten des eigenen Wertesystems. Doch Großbritannien war durch Bündnis an Japan gebunden, das die amerikanische Außenpolitik seit Jahren als schwer berechenbaren Gegenspieler ruhigzustellen bemüht war, wennschon ihr amtierender Präsident seit dem Samoa-Konflikt auch das Deutsche Reich für einen solchen hielt.

Der Erste Weltkrieg (1914–1918) stellte die Vereinigten Staaten bald vor unangenehme Tatsachen. Japan bemächtigte sich der deutschen Palau-, Marianen-, Marshall- und Karolinen-Inseln im Pazifik und eroberte das Pachtgebiet von Kiautschou, um das angrenzende Schantung, eine Provinz Chinas, zu kontrollieren. Damit war die amerikanische Politik der „Offenen Tür“ weitgehend blockiert.

Hoffnung gab noch, daß Großbritannien südlich des Äquators das Bismarck-Archipel, Kaiser-Wilhelm-Land und West-Samoa besetzen ließ und dadurch den japanischen Druck in Richtung auf Hawaii etwas abschwächte. Mittlerweile konnte Wilson starke Einheiten der U.S. Navy durch den am 15. August 1914 eröffneten Panamakanal nach Pearl

Harbor dirigieren und das Bundesparlament für eine Aufstockung des amerikanischen Flottenbauprogramms gewinnen.

Beides geschah zur Begrenzung des japanischen Expansionismus. Kurz vorher hatte Alfred T. Mahan aber noch ein anderes Strategem entwickelt: die Vereinigten Staaten sollten bei passender Gelegenheit die britische Vorherrschaft auf See ablösen. Diese private Initiative wurde erst später unter anderen Voraussetzungen fast unbewußt zu einer Komponente amerikanischen Weltmachtstrebens.

Zur Zeit beanspruchte die seit dem letzten Jahr andauernde Rezession vermehrte Aufmerksamkeit. Die Krise mußte sich ausweiten, wenn nicht der sprunghaft ansteigende Geld- und Materialbedarf der kriegführenden Europäer für eine Konjunktur in den USA sorgte. Dem stand vorerst entgegen, daß Staatssekretär William Jennings Bryan amerikanische Kreditgeschäfte für unvereinbar mit echter Neutralität hielt.

Die National City Bank und das Haus von John Pierpont Morgan Jr. wandten sich gegen dieses Statement. Sie gewannen Robert M. Lansing, einen Berater des Außenamtes, für ihre Interessen und hatten damit schon bald Erfolg. Im Oktober 1914 mußte der Kongreß einlenken. Zur Abwendung wirtschaftlichen Schadens wurde die Kreditpolitik der Vereinigten Staaten modifiziert.

Voraussetzung war, daß die „Freiheit der Meere“ und damit der Transport gesichert wurde. Bryan hatte daher alle Signatarstaaten der Londoner Seerechtedeklaration von 1909 ersucht, diese Abmachung einzuhalten. Den Mittelmächten fiel die Zusage nicht schwer. Dagegen begann Großbritannien seine Kriegsgegner durch die völkerrechtswidrige Verhängung einer Handelsblockade niederzuringen.

Der neutralen Schiffahrt wurden Hindernisse in den Weg gelegt. Die Frachter durften kein Handelsgut mehr an Bord nehmen, das die Royal Navy zur Konterbande erklärt hatte. Alle Transporte mußten sich kontrollieren lassen und Zwangskurse steuern. Die Häfen der Mittelmächte waren damit aus der Ferne gesperrt und Umschlagplätze ihrer europäischen Nachbarn nur noch mit Sondergenehmigungen anzulaufen.

Deutschland wehrte sich durch die Proklamation einer Gegenblokkade. Die Schiffe neutraler Staaten sollten künftig nur noch auf eigenes Risiko in ein Sperrgebiet um die Britischen Inseln fahren können. Deutsche Unterseeboote operierten dort anfangs nach Maßgabe des Prisenrechts, bevorzugten aber wegen ihrer zunehmenden Gefährdung durch Abwehrmaßnahmen des Feindes den Unterwasser-Torpedoangriff.

Bryan protestierte gegen die Blockade der einen und anderen Seite. Doch die weiteren Stellungnahmen aus Washington bekamen zunehmend legalistischen Charakter, entsprechend dem Puritanismus des

Präsidenten und seines Beraters, Edward M. House. Wilson fand sich mit der englischen Kriegsführung ab, weil sie scheinbar Menschenleben schonte, verurteilte aber die rücksichtslosen, oft todbringenden Angriffe deutscher Unterseeboote.

Der Präsident war nicht unbedingt Pazifist, hatte er doch selbst vor elf Monaten eine Blockade samt Schießbefehl gegen Mexiko angeordnet und auch schon militärische Maßnahmen in der Dominikanischen Republik und Haiti vorgesehen. Für Wilson, Lansing und House stellte sich vielmehr die Frage, ob Amerika weiter abseits bleiben oder an dem weltweiten Kriegsgeschehen teilnehmen solle.

Am 7. Mai 1915 versenkte ein U-Boot vor Irland den bewaffneten englischen Passagierdampfer "Lusitania" mit 1298 Menschen, darunter 124 Amerikanern. Die deutsche Botschaft in Washington hatte vor Reisen auf diesem Schiff, das auch Munition transportierte, gewarnt. Um so mehr richtete sich der Zorn gegen den vermeintlich allein Schuldigen, zumal die im Hintergrund lenkende Hand des britischen Naval Intelligence Service noch lange verborgen blieb.

Der Präsident selbst entwarf die Protestnoten des State Department, deren letzte ein Ultimatum war. Wilson wollte Deutschland die Waffe des U-Boot-Krieges aus der Hand winden. Als Bryan aus Furcht vor einem militärischen Konflikt die Unterschrift verweigerte und seinen Rücktritt anbot, wurde er durch Robert M. Lansing, den Repräsentanten der New Yorker Wall Street, abgelöst.

Begreiflicherweise wünschte die Hochfinanz der USA ihre einseitig entwickelten und zugleich lukrativen Geschäfte gegen Störungen auf See abzusichern. Tatsächlich stieg der Wert des amerikanischen Exportes nach Westeuropa von 800 Millionen (1914) auf 3 Milliarden Dollar (1916), während die Erträge im Handel mit Zentraleuropa von 169 Millionen auf 1,0 Millionen Dollar zurückgingen.

Amerika lieferte der Entente landwirtschaftliche Produkte, Erdöl, Eisen, Stahl und Aluminium, Ford-Automobile und Gummibereifungen, Waffen und Gerät, vor allem jedoch Munition, wobei die Du Pont Company 40 Prozent des alliierten Bedarfs deckte und dabei 265 Millionen Dollar verdiente. Insgesamt stiegen die Einnahmen aus Sprengstoffexporten der USA auf 803 Millionen Dollar.

Teile der Nation neigten dennoch zur Gegenseite. Menschen deutscher Abstammung, auch Iroamerikaner, denen an einer Niederlage Englands lag, bildeten einen Sabotagering. Seine Anschläge auf Munitionsdepots, Schiffe und Eisenbahnbrücken wurden von Diplomaten der Mittelmächte unterstützt. Die Enthüllung dieser Vorgänge gab den Ressentiments gegen Deutschland neue Nahrung.

Nur im Mittelwesten und an der Küste des Pazifik wahrten viele US-Bürger noch Zurückhaltung. Die Mehrheit fühlte sich den Briten verbunden. Ein Grund hierfür war die gemeinsame Sprache, deren sich auch die Presseagenturen und Zeitungen bedienten. England konnte sie täglich zu seinen Gunsten beeinflussen, da es seit Kriegsbeginn die Überseekabel im Atlantik kontrollierte.

Unter anderem wurde suggeriert, daß Deutschland die dänischen Jungferninseln in der Karibik besetzen wolle. Ihr Erwerb gehörte zum Programm amerikanischer Imperialisten, war bisher jedoch auf den Widerstand des Kongresses gestoßen. Nun, da der Panamakanal bedroht schien, mußten die Parlamentarier nachgeben. Anfang August kaufte Amerika die drei Eilande von Dänemark für 25 Millionen Dollar.

Etwa gleichzeitig legalisierte der Kongreß die von Theodore Roosevelt und Henry Cabot Lodge geführte Bereitschaftsbewegung (Preparedness Movement) durch einen National Defense Act. Die U.S. Army sollte künftig eine Präsenzstärke von 223000 Mann haben. Als der Präsident den Mexikanischen Krieg erneuerte, waren an den langen Südgrenzen des Landes bereits 130000 Soldaten und Indian Scouts zusammengezogen.

General John J. Pershing stieß bei der Verfolgung von Partisanen mit einer Kavallerie-Division weit nach Süden vor und hielt das gewonnene Gebiet ein Jahr lang besetzt. Wilson erreichte dadurch sein ursprüngliches Ziel: die Wahl des gewünschten Prätendenten und einer genehmen Verfassung für das seit sechs Jahren von Revolution und Krieg heimgesuchte Nachbarland.

Flottenbau und Heeresvermehrung, Interventionismus und Grenzkrieg lieferten Charles E. Hughes, dem republikanischen Präsidentschaftskandidaten von 1916, nur wenige Reizthemen. Die Demokratische Partei zog mit der euphemistischen Parole "He kept us out of war" für Wilson in den Kampf. Der neue Präsident war der alte – die Elektoren gaben ihm 23 Stimmen mehr als seinem Gegner.

Wie Robert M. Lansing und Edward M. House war Walter H. Page, der US-Botschafter in London, überzeugt, daß ein dauerhafter Friede nur durch Vernichtung des „deutschen Militarismus" zu gewinnen sei, weil dieser sonst nach dem Krieg auch die Vereinigten Staaten bedrohen würde. Wilson wünschte aber einen Ausgleich (clearing) zwischen den kämpfenden Parteien herbeizuführen.

Ohne darauf zu warten, trat am 12. Dezember 1916 der deutsche Reichskanzler mit einem Friedensappell vor die Weltöffentlichkeit. Wider Willen hemmte er dadurch die Initiative des Präsidenten. Als Wilson die Gegner um Bekanntgabe ihrer Kriegsziele ersuchte, wurde ihm seitens der Mittelmächte eine ermutigende Antwort zuteil, während die Entente exorbitante Forderungen erhob.

Der Präsident suchte verhandelbare Formeln zu finden. Er sondierte weiter und bekannte sich vor dem Senat in Washington zu einem „Frieden ohne Sieger und Besiegte“. Aber die Alliierten verneinten diese Zielsetzung. Aussichtsreiche Verhandlungen mit dem Botschafter des Deutschen Reiches wurden durch eine neue Wendung im U-Boot-Krieg jäh abgebrochen.

Kaiser und Kanzler des Reiches hatten vor der Marineleitung kapituliert. Die Admirale behaupteten, mit der Wiederaufnahme unbeschränkter U-Boot-Operationen den britischen Kriegswillen in absehbarer Zeit brechen zu können – jedenfalls bevor die Vereinigten Staaten imstande wären, eine starke Heeresmacht über den Atlantik nach Nordfrankreich zu werfen.

Wilsons Friedenspolitik brach zusammen. Seine nur zu oft auf moralische und völkerrechtliche Argumente gestützte Verurteilung der deutschen Kriegführung ließ ihm in der entstandenen Zwangslage keinen Ausweg offen. Am 3. Februar 1917 brach der Präsident die diplomatischen Beziehungen zu Deutschland ab. Diesem Schritt folgten unter Druck der USA zunächst Brasilien, Bolivien und Peru, später die Mehrzahl der mittel- und südamerikanischen Staaten.

Die Massen schienen diesmal nicht so sehr erregt zu sein wie beim “Lusitania”-Zwischenfall. Um sie aufzureizen, übermittelte der britische Geheimdienst eine abgefangene Depesche aus dem Berliner Auswärtigen Amt, die Page sogleich seiner Behörde und einigen Zeitungen zuleitete. Staatssekretär Alfred Zimmermann verzeichnete in dem Schriftsatz Bedingungen für ein gegen die USA gerichtetes Bündnis zwischen dem Deutschen Reich, Japan und Mexiko.

Der Vorschlag kam einer Illusion gleich: Mexiko werde, wenn es so weit käme, finanzielle Unterstützung erhalten und Gelegenheit finden, die ihm einst von den Vereinigten Staaten entrissenen Territorien, insbesondere Texas, New Mexico und Arizona, zurückzuerobern. Die Veröffentlichung der Note erfüllte ihren Zweck. Auch die Bevölkerung im amerikanischen Westen fühlte sich nun bedroht.

Damit wuchs der Druck auf den Kongreß. Das Repräsentantenhaus genehmigte mit großer Mehrheit eine von Lansing eingebrachte Vorlage zur Bewaffnung der amerikanischen Handelsschiffe. Nur der Senat konnte seine Zustimmung verweigern, worauf die Regierung Wilson ihre Absichten dennoch verwirklichte, gestützt auf ein jahrhundertealtes Gesetz gegen Seeräuberei.

Mittlerweile hatten zwei US-Bürger beim Untergang der britischen

"Laconia" den Tod gefunden und waren wenig später sechs aus Amerika kommende Frachter versenkt worden. Die Kriegsstimmung bekam neuen Auftrieb. Den Ausschlag für die bevorstehenden Entscheidungen gaben jedoch politische Motive, zuletzt beim Sturz des russischen Zaren Nikolaus II. am 2./15. März 1917.

Trotz alliierter Hilfeleistungen war die wirtschaftliche Desorganisation in Rußland fortgeschritten und an eine Offensive seines ausgebluteten Heeres zur Entlastung der Westmächte daher nicht zu denken. Ihre Diplomaten hatten mit der liberal-demokratischen Opposition Verbindung aufgenommen und nach Rückfragen bei den vorgesetzten Behörden den Zaren fallengelassen.

Wilson begrüßte das zur Republik gewordene Rußland als einen „passenden Partner der Ehrenlegion". Die Frage war jedoch, ob dieser nun auch durch Revolutionswirren geschwächte Staat weiterkämpfen und starke deutsche Kräfte im Osten binden konnte. Walter H. Page hielt eine Antwort bereit: „Der Kriegseintritt Amerikas ist wahrscheinlich die einzige Möglichkeit, unsere gegenwärtige wirtschaftliche Position zu halten und eine Krise zu verhindern."

Angesichts des russischen Debakels drängte Lansing den Präsidenten, am 2. April 1917 eine Sondersitzung beider Häuser des Kongresses einzuberufen. In seiner dort vorgetragenen Botschaft bezeichnete Wilson die „deutsche U-Boot-Politik" als einen „Krieg gegen die Menschheit". Amerika müsse sich daher dem Kampf für einen „endgültigen Frieden" anschließen: "The world must be made safe for democracy."

Die Entscheidung auf dem Kapitol fiel am 4. und 6. April 1917. Zuerst billigte der Senat mit 82 gegen 6 Stimmen den vorliegenden Resolutionsentwurf, dann folgte das Repräsentantenhaus mit 373 gegen 50 Stimmen. Die Entschließung besagte, daß der Amerika „aufgezwungene Kriegszustand" formell erklärt werde und der Präsident ermächtigt sei, alle Kräfte und Hilfsquellen für den Sieg einzusetzen.

Damit wuchs einmal mehr der Handlungsspielraum für die Tokioter Regierung. Sie hatte China ultimativ zur Anerkennung der japanischen Position in Schantung gezwungen und verlangte nun auch eine entsprechende Zusage der USA. Außerdem sollte Amerika einigen zwischen Japan und der Entente abgeschlossenen Geheimverträgen beipflichten, insbesondere dem Besitzwechsel im nördlichen Pazifik.

Dies geschah mit dem Lansing-Ishii-Agreement. Japan respektierte zwar formal die Politik der „Offenen Tür" und Chinas „Integrität". Dafür mußten die Vereinigten Staaten aber das „besondere" Interesse des Kaiserreiches an der Mandschurei und Schantung zur Kenntnis nehmen, wobei "special" als „höherstehend", „überragend", schlechthin „ausschlaggebend" (paramount) gelten sollte.

Inzwischen war das demokratische Experiment in Rußland gescheitert. Lansing suchte die zur Macht gekommenen Bolschewiken im Ring der Ententemächte festzuhalten. Doch Wladimir I. Uljanow (Lenin) veröffentlichte die von England und Frankreich mit dem Zarenregime abgeschlossenen Geheimabkommen und stempelte so die Vereinigten Staaten zu Komplizen einer imperialistischen Weltverschwörung.

Auf Anregung von House verwahrte sich Wilson dagegen in einer Kongreßbotschaft vom 8. Januar 1918. Das darin enthaltene Vierzehn-Punkte-Programm berücksichtigte Gebietsansprüche und Autonomieforderungen, postulierte aber auch Grundsätze „für den Frieden": den Verzicht auf Geheimdiplomatie, das Bekenntnis zur Abrüstung und Freiheit der Meere, den Abbau der Handelsschranken und die Lösung kolonialer Probleme sowie das Zustandekommen eines Völkerbundes.

Die militärischen Maßnahmen der USA waren angelaufen. Unter dem Oberbefehl von Admiral William S. Simms halfen Verbände der U.S. Navy beim Auslegen des bisher größten Minengürtels. Sie verringerten die U-Boot-Gefahr und sicherten die auslaufenden Geleitzüge so wirksam, daß auf den Seewegen von Amerika nach Europa kein mit Truppen und Material beladenes Transportschiff verlorenging.

Anhand eines im Mai 1917 verabschiedeten Selective Service Act ließ die Regierung 9,6 Millionen wehrtaugliche Amerikaner zwischen 18 und 45 Jahren erfassen. Von ihnen wurden etwa 4,9 Millionen einberufen und 2 Millionen zum Kampfeinsatz nach Frankreich geschickt. Anfang 1918 zählte die dort aufgestellte American Expeditionary Force knapp 329000 Soldaten.

Ihr Oberbefehlshaber, General John J. Pershing, hielt sie zur weiteren Ausbildung bei Bordeaux und im Loire-Gebiet zurück. Er war sich mit dem Secretary of War Newton D. Baker darin einig, daß die American Expeditionary Force erst 1919 eingesetzt werden sollte, damit der Präsident gegen Ende des Krieges des zur Durchsetzung seiner Ziele notwendigen Einflusses sicher sein konnte.

Nachdem amerikanische Truppenteile im Rahmen ihres Ausbildungsprogramms bereits mehrfach zur Front abgestellt worden waren, veränderte die deutsche Frühjahrsoffensive am 21. März 1918 das bisherige Lagebild. Die Alliierten sahen sich zur Einsetzung eines gemeinsamen Oberkommandos gezwungen, das mit Zustimmung von Wilson und Baker auch Verbände der U.S. Army heranziehen konnte.

Sie wurden zuerst bei Montdidier und Armentieres, Château-Thierry, Belleau und Cantigny, dann auch divisionsweise an der Aisne,

Marne und Somme verwendet und halfen hier, den früheren Frontverlauf wiederherzustellen. Im Juli 1918 folgte auf den letzten Ansturm für das deutsche Westheer bei Reims ein schwerer Rückschlag. Damit bestand Aussicht auf ein baldiges Kriegsende.

Baker hatte der Expeditionary Force 813410 Mann zugeführt und mit Hilfe von Simms Verbände der U.S. Army auch nach Nordrußland und Wladiwostok geschickt, wo sie gemeinsam mit assoziierten Streitkräften das ehedem angelieferte Kriegsmaterial den Bolschewiken vorenthalten, aber auch japanische Divisionen beim Vormarsch in Ostsibirien beschatten sollten.

Anfang September bildete Pershing aus seinen Kräften eine Armee und griff mit ihr das abgekämpfte deutsche Westheer an. Sie zerschlug den Frontbogen bei St. Mihiel, durchstieß die Argonnen und stand vor Sedan, als der Gegner am 11. November 1918 im Wald von Compiègne um Waffenstillstand bat. Bis zu diesem Zeitpunkt hatte der Krieg die Vereinigten Staaten 112482 Gefallene (zur Häfte Seuchentote) und 220074 Verwundete sowie 21,9 Milliarden Dollar gekostet.

Wilson stand am Ziel seiner Wünsche. Er hatte die seit mehr als einem Monat friedensbereiten Deutschen durch Lansing hinhalten lassen und währenddessen in London und Paris das zwar nicht vorbehaltlose, aber grundsätzliche Einverständnis der Alliierten mit den Vierzehn Punkten erwirkt. Die Demokratie stand anscheinend wirklich vor ihrem höchsten Triumph. Österreich-Ungarn war zerbrochen. Deutschland lag in den Krämpfen einer Revolution, die das „autokratische" Herrschaftssystem seines Kaisers beseitigte.

Taub gegen alle kritischen Stimmen, stellte sich Wilson an die Spitze der amerikanischen Friedensdelegation. Dadurch wurde seine Autorität geschmälert. Freilich waren manche Fußangeln, die ihm bei der Pariser Konferenz vom Januar bis Juni 1919 im Rat der „Großen Vier" zu schaffen machten, nicht bloß Rücksichtslosigkeiten eines David Lloyd George (England), Georges Clemenceau (Frankreich) oder Vittorio Orlando (Italien); Schwierigkeiten bereiten auch innere Widersprüche des Vierzehn-Punkte-Programms.

Wilson forderte einen friedlich-schiedlichen Völkerbund, Reduzierung der Streitkräfte und Selbstbestimmungsrecht – Clemenceau dagegen Sicherheit für Frankreich durch einseitige Entwaffnung des deutschen Nachbarn, die Schaffung rheinischer Pufferstaaten und das Verbot der deutsch-österreichischen Wiedervereinigung. Der Präsident wünschte einen Ausgang für Serbien zur Adria – Orlando jedoch Istrien und Dalmatien. Wilson hatte die „Freiheit der Meere" in seinem Programm – Lloyd George lehnte sie ab.

Bei allem Unverstand gegenüber Europa, den der Präsident mit Lansing und House teilte, gelang es ihm jedoch, manchen verhängnisvollen Fehler abzuwenden. So wehrte Wilson zum Beispiel dem polnischen Chauvinismus. Auch verhinderte der Amerikaner, daß Clemenceau aus dem Rheinland einen französischen Satellitenstaat machte und das Saargebiet annektierte. Dafür mußten sich die USA und England jedoch verpflichten, Frankreich im Fall eines „unprovozierten" deutschen Angriffs Waffenhilfe zu leisten.

Je fragwürdiger die Ergebnisse der Konferenz wurden, desto mehr mußte Wilson wünschen, ihre Ungereimtheiten durch Einbau des Völkerbundstatutes in den Versailler Vertrag auszugleichen. Nachdem er die Monroe-Doktrin der Jurisdiktion des künftigen Weltparlamentes entzogen hatte, schien ihm dies möglich zu sein. Die Demokratische Partei und ein Teil der Republikaner unter William H. Taft, viele Legislaturen, auch Gompers und die A.F. of L. unterstützten den Plan des Präsidenten.

Als der Pakt am 10. Juli 1919 zur Ratifikation vorlag, traf er jedoch auf heftigen Widerstand. Im Senat bildeten sich drei Gruppen: die Anhänger Wilsons, scharfe Gegner aller weltweiten Verpflichtungen, die von Hiram Johnson und William Borah geführt wurden, sowie einige kompromißwillige Männer des Auswärtigen Ausschusses unter Henry Cabot Lodge, welche den Friedensvertrag samt seinen Völkerbundsatzungen (Covenant of the League of Nations) mit 45 Zusätzen und 4 Vorbehalten billigen wollten.

Der Präsident eilte nach dem Westen. Dort, wo seine hartnäckigsten Gegner zu Hause waren, wollte er um Verständnis werben. Doch unterwegs in Colorado erlitt Woodrow Wilson einen Schlaganfall, der ihn für immer lähmte. Die Ratifikation des Vertrages scheiterte am 19. November 1919 und 19. März 1920. Zur erforderlichen Mehrheit fehlten sieben Stimmen. Sie entschieden darüber, daß die Vereinigten Staaten nicht dem Völkerbund beitraten.

ZWISCHEN DEN KRIEGEN 1919–1939

In der Folge sind zwei Zeitabschnitte gesondert zu betrachten: die Periode der neu begründeten republikanischen Vorherrschaft unter den Präsidenten Warren G. Harding, Calvin Coolidge und Herbert Hoover (1918/21–1933) und die Ära der wiedergewonnenen demokratischen Dominanz (1933–1939/40) mit Franklin Delano Roosevelt am Steuer. Die erste Spanne wurde als „Rückkehr zur Normalität" angesehen, der zweiten gab man den Namen des "New Deal". Der Einschnitt zwischen ihnen war die Weltwirtschaftskrise (1929–1932). Sie leitete den Machtwechsel des Jahres 1933 ein.

Es wäre überspitzt zu behaupten, die erste Periode sei „konservativ", der zweite Abschnitt dagegen „progressiv" gewesen. Dieser Eindruck mag entstehen, wenn man literarische Wandlungen jener Kreise symptomatisch findet, die Gertrude Stein als "lost generation" charakterisiert hat. Ernest Hemingway, John Dos Passos und William Faulkner, auch Sinclair Lewis, Thomas Wolfe, Sherwood Anderson und Upton Sinclair fühlten sich in den zwanziger Jahren sehr unglücklich und gewannen erst nach 1933 dem Leben wieder einen Sinn ab.

Was die jungen Schriftsteller am meisten verabscheuten, waren der Krieg, das satte, selbstgefällige Spießbürgertum und die moderne Automobile-radio-jazz-band-five-and-ten-store-civilization. Aber diese Scheußlichkeiten konnte man den erst seit Dezember 1918 wieder mit Mehrheit im Kongreß vertretenen Republikanern nicht zum Vorwurf machen, sowenig wie reaktionäre Erscheinungen, etwa das rasche Anwachsen des neu gegründeten Ku-Klux-Klan, die Prohibition und eine 1919 noch von dem demokratischen Department of Justice entfesselte Kommunistenjagd.

Die konservativen Republikaner wurden sich bald des Widersinns ihrer Parole bewußt. „Rückkehr zur Normalität" hieß ja, wie ein Witzbold bemerkte, daß „alles so bleiben sollte, wie es niemals war". Der Kongreß richtete seinen Blick durchaus in die Gegenwart und Zukunft. Er hob nicht nur keine der Reformen aus den letzten zwanzig Jahren auf, sondern bemühte sich auch unter republikanischer Führung um einen steigenden Lebensstandard der Massen, sozialen Fortschritt und politische Gleichberechtigung.

Die von der Republikanischen Partei früher wütend bekämpften Einkommen- und Erbschaftsteuern, aus denen der Bund fast zur Hälfte seine Mittel zog, blieben unangetastet und dienten nach Hoovers Worten dem Ausgleich privater Besitzverhältnisse. Sozialpolitische Aspekte hatte teilweise auch das fortgesetzte Ringen um die Verwendung der natürlichen Hilfsquellen, vor allem des Wassers. Noch mehr Gewicht bekam das Neunzehnte Amendment, die Einführung des Stimmrechtes der Frauen.

Über die Auswirkungen war man sich nicht einig. Viele Beobachter meinen jedoch, daß durch dieses Amendment (und die neuen Massenmedien der von Owen Young organisierten Radio Corporation of America) zuerst dem wenig profilierten Warren G. Harding trotz empörender Korruptionsskandale, denen inzwischen ein Untersuchungsausschuß des Senates nachging, später sogar noch Calvin Coolidge und Herbert Hoover, ungewöhnlich große Stimmenvorsprünge gegenüber den Demokraten möglich geworden sind.

Die auswärtige Politik führte zu keiner Wiederbelebung des Imperialismus der McKinley-Zeit. Das unter Harding mit Republikanern umbesetzte State Department hielt zwar auf Kuba am Platt-Amendment fest und verweigerte den Philippinen die schon zweimal versprochene Unabhängigkeit. Andererseits jedoch wahrte Washington trotz immer wiederkehrender Spannungen und Krisen gegenüber Mexiko steinerne Ruhe. Auch wurde San Domingo im Laufe der zwanziger Jahre von amerikanischen Truppen geräumt.

Zur „Normalität" gehörte nicht der „Isolationismus" im älteren Sinne des Wortes. Die Außenpolitik dieser Periode wurde mehr von einem nationalen Egoismus mit pazifistischer Unterströmung getragen. Die Republikaner hatten das Versailler Vertragswerk abgelehnt beziehungsweise umgestalten wollen, weil Wilsons Zusatzabkommen die USA militärisch an Frankreich band und Artikel X des Covenant zur Mitwirkung bei Sanktionen verpflichtete. Man befürchtete neue kriegerische Verwicklungen.

Staatssekretär Charles Evans Hughes – im Grunde sowenig ein Gegner der Völkerbundsidee wie sein Nachfolger Frank B. Kellogg – drängte daher nicht weiter zur Ratifikation des Paktes, sondern schloß mit Deutschland, Österreich und Ungarn 1921 Sonderfriedensverträge. Auch ließ er alle Schreiben der inzwischen konstituierten League of Nations unerledigt abheften. Doch zugleich beschäftigte ihn ernsthaft der Aufbau eines Systems kollektiver Sicherheit durch internationale Konsultation und Abrüstung.

Schon 1921/22 präsidierte Hughes an der Spitze einer Washingtoner Konferenz mit geladenen Unterhändlern aus Großbritannien, Frankreich, Italien und Japan sowie China, Belgien, Portugal und den Niederlanden. Man schloß insgesamt neun Verträge. Zwei von ihnen sollten die kostspielige Flottenrüstung der fünf Großmächte begrenzen, alle übrigen den japanischen Expansionismus zügeln und mit wechselseitigen Garantien und Konsultationsverpflichtungen dem Frieden im Fernen Osten gemäß der Open-Door-Formel dienen.

Ein anderer Fragenkomplex, den Amerika nicht isoliert behandeln konnte, war das Problem der Kriegsschulden und Reparationen. Die ehemaligen Alliierten, aber auch viele Staaten, die erst 1918/19 gegründet waren, standen bei den USA mit zusammen 10350479074 Dollar in der Kreide. Sie erklärten, erst dann zahlen zu können, wenn Deutschland seinen Verpflichtungen ihnen gegenüber nachkäme. Da dies aus verschiedenen Gründen nicht oder nur stockend geschah, schaltete sich Washington ein.

1924 sandten Coolidge und Hughes den Finanzexperten Charles G. Dawes nach Europa. Auf seinen Rat beschloß der dort tagende Sachverständigenausschuß, daß die Reichsmark unter alliierter Kontrolle und mit Hilfe einer größtenteils in Amerika zu zeichnenden Anleihe stabilisiert, das Tempo der in ihrer Gesamthöhe nicht bestimmten Reparationszahlungen gemindert und gleichzeitig ein Transfersystem errichtet wurde. Da jedoch der Dawes-Plan die deutsche Leistungskraft bei weitem überschätzt hatte, mußte wenige Jahre später eine neue Kommission zusammentreten.

Ihr Vorsitzender verwirklichte sein Konzept, den sogenannten Young-Plan. Freilich war es jetzt noch weniger möglich, den verhängnisvollen Kreislauf von Anleihen, Reparationen und Kriegsschulden zu steuern. Deutschland konnte nur zahlen, weil ihm die Vereinigten Staaten 2,6 Milliarden Dollar liehen. Indessen überwiesen die Alliierten eine etwa gleich hohe Summe nach Amerika. Mit anderen Worten: die USA finanzierten ihren eigenen Geldexport. Dabei wurde der internationale Zahlungsverkehr zerrüttet und das Kreditgebäude auf schwankenden Grund gestellt.

Die europäischen Schuldner erholten sich nur langsam. Der starke Abfluß ihrer besten Valuta ließ viele notwendige Investitionen nicht zu. Um weiter zahlen zu können, hätten die betroffenen Staaten größere Exportüberschüsse erzielen müssen. Doch daran hinderten sie die von den Republikanern wieder unmäßig erhöhten Schutzzölle der USA. Eine weitere Folge war, daß die Aufnahmefähigkeit der Alten Welt für amerikanische Exportgüter immer geringer wurde.

Die Landwirtschaft der Vereinigten Staaten mit ihrer riesigen Überproduktion bekam dies bald zu spüren. Fast ebenso schnell verringerten sich die Absatzmöglichkeiten für dauerhafte und hochwertige Konsumgüter, nachdem bereits auf jeden fünften Amerikaner ein Personenkraftwagen kam und die meisten Wohnungen in den USA mit Strom versorgt wurden und daher auch Elektroherde und Kühlschränke, Staubsauger, Telefon und Rundfunkempfänger hatten.

Seit 1926 bröckelte die Automobilkonjunktur ab; Henry Ford ging zur Fünf-Tage-Woche über. Aber diese und viele andere rückläufige Tendenzen warnten nur eine vorsichtige Minderheit. Ungeniert wurden 1928/29 weitere Aktien ausgegeben und zahlreiche Investment-Trusts gegründet, die erworbenen Wertpapiere aber nur teilweise bezahlt. Aus bisher nicht ganz geklärten Ursachen sorgten damit Hunderttausende von Amerikanern, die auf Hausse spekulierten, für eine gefährliche Aufblähung des Kreditmarktes.

Wohin dieser wilde Spekulationsrausch führen mußte, sahen scharfblickende Finanzexperten voraus. Ihre Warnungen verhallten unbeachtet. Zu Beginn des Monats September 1929 gaben an der New Yorker Börse verschiedene Kurse nach. Zwischen dem 21. und 29. Oktober folgte der katastrophale Zusammenbruch: rund 29 Millionen Anteile wurden mit einem Verlust von etwa 30 Milliarden Dollar abgestoßen. In den nächsten anderthalb Jahren erhöhte sich diese Einbuße noch auf 75 Milliarden Dollar.

Stützungsversuche der Häuser J. P. Morgan und Rockefeller kamen zu spät. Der Hypothekenmarkt, das gesamte Kreditwesen war zerrüttet. Als Ende 1930 eine der größten Wallstreet-Banken zusammenbrach, begann im ganzen Land der Sturm auf die Kassenschalter. Die Einlagen wurden drastisch reduziert und nicht zuletzt aus diesem Grunde auch alle kurzfristigen Anleihen gekündigt. Europa bekam sofort die Auswirkungen zu spüren, wie umgekehrt Amerika das Stocken des internationalen Zahlungsverkehrs.

Hoover hatte die Bedeutung des New Yorker Bankkrachs nicht richtig erkannt. Als die amerikanische Wirtschaft erneut und diesmal noch viel schwerer von einer Krise betroffen wurde, blieben die Maßnahmen des Präsidenten ohne Erfolg. Das sogenannte Hoover-Moratorium, mit dem die internationalen Schuldenzahlungen vorläufig endeten, und der Versuch, das amerikanische Bankwesen durch Kredite einer Reconstruction Finance Corporation unter Charles G. Dawes zu stützen, brachten keine Rettung vor dem Abgrund der Krise.

9761 Banken hatten falliert. Die Industrieproduktion war um 10,5 Prozent geschrumpft. Ein rapider Preisverfall der Agrarerzeugnisse ruinierte die ohnehin durch Verschuldung und Erosionsschäden überlastete Landwirtschaft. Ende 1932 wurden annähernd 15 Millionen Arbeitslose gezählt. Der damit ausgelöste Schock verstörte die Nation. Hatten viele Amerikaner ihr soziales und wirtschaftliches System bisher für die beste aller denkbaren Ordnungen gehalten, so regten sich bei ihnen nun erhebliche Zweifel.

Hinzu kam das Drama im Fernen Osten. Ein von Kellogg geschlossener Kriegsächtungspakt, dem zahlreiche Staaten beigetreten waren, bot sowenig Sicherheit wie der Völkerbund. Während die Westmächte unter den Auswirkungen der Weltwirtschaftskrise litten, benutzte Japan die günstige Gelegenheit, um über China herzufallen. Obwohl dadurch die "Open Door" fast zugeschlagen wurde, mußten es Hoover und sein Staatssekretär Henry L. Stimson bei einer „moralischen Verurteilung" des Aggressors bewenden lassen.

Vor allem jedoch wurde die Regierung von dem Prestigeverlust der mit ihr eng verbundenen Geschäftswelt in Mitleidenschaft gezogen. Auch hatte Herbert Hoover zu oft eine Besserung der wirtschaftlichen Lage angekündigt, die dann ausgeblieben war. Sein Ansehen sank daher. Die Masse der Amerikaner wollte eine starke Führung, wennschon keinen radikalen Umbruch, wie ihn damals ein Teil des deutschen Volkes unter wesentlich anderen Voraussetzungen hinzunehmen bereit schien.

Infolgedessen machte bei den Präsidentschaftswahlen am 6. November 1932 kein Außenseiter das Rennen – es sei denn, man wollte Franklin D. Roosevelt dafür halten, der, ohne vorherige Nominierung durch seine Parteifreunde, von Albany nach Chicago flog und dort den Konvent der Demokraten mit hinreißendem Erfolg zu einer ganz „neuen Spielrunde" ("to a new deal for the American people") aufrief. Zwischen ihm und Herbert Hoover, den Kandidaten der großen Parteien, fiel die Entscheidung.

Franklin D. Roosevelt war durch spinale Kinderlähmung seit zwölf Jahren an Beinschienen und Rollstuhl gefesselt, jedoch, wie er zuletzt als Gouverneur des Staates New York bewiesen hatte, eine Persönlichkeit von erstaunlicher Strahlungskraft, voller Selbstvertrauen, Ehrgeiz und Energie. Der gut gespielte Optimismus dieses einfallsreichen Taktikers, seine Kontaktfähigkeit und frisch-fröhliche Art, auch unvereinbare Gegensätze wenigstens oberflächlich zu bereinigen, faszinierte unsicher gewordene Menschen.

Der neue Präsident war ein Vetter fünften Grades und angeheirateter Neffe des verstorbenen Theodore Roosevelt. Beide ähnelten einander in mancher Hinsicht. Beide schimpften, obwohl gegensätzlichen Parteien angehörend, auf die „Wirtschaftsroyalisten". Der Jüngere pflegte, so wie einst sein Verwandter, eigene Ansichten dramatisch in Szene zu setzen und sich dann von dem durch ihn selbst ausgelösten Strom der öffentlichen Meinung weitertragen zu lassen. Dabei bestimmte ihn noch weniger als den älteren Roosevelt eine politische Theorie.

"New Deal" war nicht der Name für eine ausgereifte Konzeption. Das Schlagwort hatte ein Beratergremium des neuen Präsidenten, der "Brain Trust", erfunden. Seine Mitglieder galten ihrer politischen Herkunft wegen als „Progressive", doch gab es unter ihnen zumindest zwei grundverschiedene Richtungen. Während Raymond Moley und Adolf A. Berle noch immer Vertrauen in die schöpferischen Kräfte der Geschäftswelt setzten, befürworteten Rexford Tugwell und Hugh Johnson eine planende und lenkende Führung von seiten des Staates.

Die Lage der Nation ließ keine Zeit zur Ausarbeitung detaillierter Pläne. Nachdem sich ziemlich alle Methoden des klassischen Wirtschaftsliberalismus ad absurdum geführt hatten, war es notwendig, daß unverzüglich etwas Aufrüttelndes geschah. Man mußte improvisieren ("just try"), mochte der "New Deal" damit auch Gefahr laufen, als prinzipienloses Management verurteilt zu werden. Trotz allem führte das begonnene Experiment zu einer fundamentalen Veränderung der amerikanischen Gesellschaft.

Die Krise hatte in weiten Kreisen ein Gefühl der sozialen Verpflichtung gegenüber den Zukurzgekommenen (underdogs) entstehen lassen. Roosevelt und Tugwell sympathisierten besonders mit der notleidenden Landwirtschaft. Sie verschafften den Farmern wieder ein sicheres Einkommen und halfen auch den kleinen farbigen Ackerbauern, die bisher, wenn überhaupt, Wähler der Republikanischen Partei gewesen waren, nun aber nach einigem Schwanken großenteils auf den neuen Präsidenten und die Demokraten schworen.

Diese konservative Agrarpolitik änderte indessen nicht die Hauptstoßrichtung des "New Deal", der sich immer deutlicher auf eine großindustrielle, städtische Massengesellschaft hin orientierte. Zuvörderst mußten das Bankwesen und die Währung stabilisiert werden. Darüber hinaus ging es um die Lösung des Arbeitslosenproblems und eine kräftige Produktionsausweitung durch staatliche Investitionen. Moley, Berle und Johnson wollten die Kaufkraft der Massen steigern und damit Vollbeschäftigung erzielen.

Das breit ansteigende Lohnniveau formte aus den modernen Sozialschichten der Industriearbeiter und Angestellten einen Stand, dessen Selbstbewußtsein mächtigen Ausdruck in gewerkschaftlichen Vertretungen fand, obwohl sich von der älteren American Federation of Labor ein Congress of Industrial Organization unter John Lewis abtrennte. Am Ende der Regierung Roosevelt gab es mehr organisierte Arbeitnehmer als je zuvor in den Vereinigten Staaten. Die A. F. of L. zählte fast 9 Millionen, die C. I. O. 5,29 Millionen.

In dem neuen städtischen Sozialorganismus fanden sogar die bisher kaum beachteten Intellektuellen einen angemessenen Platz. Denn der "New Deal" berücksichtigte bei seinen vielen Hilfsmaßnahmen auch Wissenschaftler und Lehrer, Schriftsteller und Studenten. Viele Autoren hatten, wie einst Henry James, die USA verlassen. Nun war mit einigen von ihnen immerhin Thomas Stearns Eliot, der größte amerikanische Dichter seiner Zeit, für ein Jahr als Gastprofessor aus Europa nach Harvard zurückgekehrt.

Das vom Präsidenten und seinen Beratern inaugurierte Gesetzgebungswerk wurde hauptsächlich in zwei verhältnismäßig kurzen Zeitabschnitten vollbracht: als "First New Deal" (binnen der „Hundert Tage" unmittelbar nach Roosevelts Regierungsantritt 1933) und "Second New Deal" (während der ordentlichen Sitzungsperiode des Kongresses 1935/36). Zunächst ging es den New Dealers um Notmaßnahmen und Hilfsprogramme sowie auch die Errichtung tragender Säulen. Später spielte die Sozialpolitik eine größere Rolle.

Der "First New Deal" begann mit einem „Bankfeiertag". Danach wurden monetäre Transaktionen der Regierungsaufsicht beziehungsweise Kontrolle des erweiterten Federal Reserve System unterworfen, Depositen- und Investitionsgeschäft getrennt und die Ausgabe von Wertpapieren aller Art anmeldepflichtig. Gleichzeitig gaben die USA den Goldstandard auf, um sich der Währungspolitik des Sterling-Blocks anzuschließen. Zur Erhöhung der Steuereinnahmen widerrief der Kongreß das Achtzehnte (Prohibitions-)Amendment.

In dieser Phase entstand auch das Civilian Conservation Corps (CCC), ein freiwilliger Arbeitsdienst für anfänglich 250000, später fast 500000 junge Männer, die unter dem Befehl von Offizieren schützende Waldgürtel pflanzten, Erosionsschäden behoben, Flußläufe regulierten und Nationalparks anlegten. Noch wichtiger war die Harry Hopkins anvertraute Federal Emergency Relief Administration (FERA), aus deren Mitteln einzelstaatliche wie kommunale Arbeitsbeschaffungsprojekte unterstützt wurden.

Fundamentale Bedeutung hatten vor allem zwei große Gesetze: Agricultural Adjustment Act (AAA) und National Industrial Recovery Act (NIRA). Auf Grund des AAA erhielten Farmer staatliche Prämien für freiwillige Anbaubeschränkungen, mit denen sie ihre Überproduktion einschränken und zum Wiederansteigen der zerfallenen Agrarpreise beitragen konnten. Der NIRA sollte einem Interessenausgleich zwischen Unternehmern, Arbeitern und Verbrauchern durch korporative Selbstregulierung unter Aufsicht des Bundes (NRA) dienen.

Zu einem übergreifenden Entwicklungsprojekt, das gleichermaßen Industrie und Landwirtschaft förderte, wurde die Tennessee Valley Administration (TVA). Flußregulierungen und Kanalisationen im Notstandsgebiet des Tennesseetales ermöglichten den Bau zahlreicher Wasserkraftwerke und Kunstdüngerfabriken. Diese wiederum, auch Meliorationen und neue Transportwege, führten zur Modernisierung der rückständigen Farmen. Roosevelt wollte das gelungene Experiment anderweitig wiederholen lassen, kam aber nicht mehr dazu.

Das hochgesinnte Gemeinschaftsgefühl, von dem der "New Deal" bisher beflügelt worden war, wurde durch die Kritik oppositioneller Kräfte irritiert. Konservative aus beiden großen Parteien, vorwiegend Geschäftsleute, bildeten eine Freiheitsliga und ziehen die Regierung der „Diktatur", des „Sozialismus" und „inflationärer Währungsmanipulationen". Auf der anderen Seite suchten radikale Reformer wie Upton Sinclair, Francis Townsend, Charles Coughlin und Huey Long den New Dealers das Wasser abzugraben.

Die Arbeiterschaft war unruhig. Abschnitt 7 des NIRA hatte ihr die Koalitionsfreiheit und den Gewerkschaften das Recht zum Abschluß kollektiver Lohnverträge gebracht. Seither brandeten Streikwellen durch das Land, bei denen es teilweise unter kommunistischer Führung zu Straßenschlachten mit Toten und Verwundeten kam. Obwohl Roosevelts Partei die Kongreßwahlen im Herbst 1934 glänzend gewann, deutete das Ergebnis demoskopischer Umfragen auf eine bevorstehende Radikalisierung hin.

Außerdem geschah es, daß sich der Oberste Gerichtshof unter Chief Justice Charles Evans Hughes anschickte, 1935 verschiedene Maßnahmen und Gesetze, vor allem große Teile des NIRA, als verfassungswidrig außer Kraft zu setzen. Roosevelt mußte daher schnell für Ersatz sorgen und gleichzeitig der wachsenden Unruhe entgegenwirken. Während Moley, Berle und Tugwell in den Hintergrund traten, leitete der Präsident mit Hilfe von Felix Frankfurter und dessen Schülern den "Second New Deal" ein.

Der Bund unterstützte fortan nicht mehr alle öffentlichen Arbeiten in den Gemeinden und Einzelstaaten, sondern zahlte über eine von Hopkins geleitete Works Progress Administration (PWA) hauptsächlich Löhne und Gehälter. Der sogenannte Wagner Act ermöglichte den Ausbau gewerkschaftlicher Organisationen und verbot gewisse „unfaire Praktiken" der Arbeitgeber. Auf den Grundlagen des neuen Social

Security Act entstand ein allerdings noch sehr dürftiges System staatlicher Sozialversicherung.

Die monopolfeindliche Tendenz des zweiten "New Deal" wurde deutlich, als der Kongreß trotz vieler Bedenken ein Gesetz über die Versorgungsindustrien annahm, mit dem innerhalb von drei Jahren alle großen Holding-Gesellschaften zerschlagen werden konnten. Diese und ähnliche Schritte, vor allem jedoch die gleichzeitig begonnene, auf eine bessere Streuung der Einkommen zielende Steuerreform, ermöglichten es Roosevelt, bei den Präsidentschaftswahlen des Jahres 1936 seine radikalen Gegner zu überrunden.

Umsonst stellten Francis Townsend, Charles Coughlin und die Anhänger des im Vorjahr ermordeten Huey Long einen gemeinsamen Kandidaten auf. Vergebens unterstützte Sinclair den Sozialisten. Selbst der Republikaner, hinter dem finanzkräftige Geschäftskreise standen, konnte für sich nur einen beschämend kleinen Stimmenanteil verbuchen. Roosevelt errang den prozentual größten Wahltriumph der amerikanischen Geschichte. Damit hatte er den Höhepunkt seiner Laufbahn erreicht, freilich auch schon überschritten.

Dem Sieger schadete sehr, daß es ihm als nächstes offenbar um eine Schwächung des Obersten Gerichtshofes ging. Roosevelt behauptete zwar, nur das gestörte Gleichgewicht zwischen den staatlichen Gewalten wiederherstellen zu wollen. Sein Reformplan enthielt jedoch unter anderem einen Absatz, der dem Präsidenten das Recht verschaffen sollte, die Mitgliederzahl des Supreme Court von 9 auf 15 zu erweitern, falls nicht der eine oder andere Richter nach Erreichung seines siebzigsten Lebensjahres zurücktrat.

Roosevelt kämpfte für die Bewahrung der hart angeschlagenen Grundlagen seiner Politik. Das erkannte auch der Vorsitzende des Obersten Gerichtes und tat ihnen keinen Abbruch mehr. Mit den jüngsten Vorschlägen konnte sich Charles Evans Hughes allerdings nicht befreunden. Seine klug formulierten Gegenargumente teilten die Kongreßgremien der Demokraten in zwei verschiedene Lager. Bei dieser Stagnation blieben alle hochpolitischen Elemente der heftig umstrittenen Bundesjustizreform auf der Strecke.

Roosevelt konnte den Supreme Court nicht erweitern. Daß der Präsident trotzdem in den folgenden vier Jahren sieben Richterstellen neu besetzte und dazu politische Freunde wie Felix Frankfurter, Robert Jackson und James Byrnes heranzog, steht auf einem anderen Blatt. Unterdessen blockierten Teile der gespaltenen Demokraten zusammen mit den Republikanern weitere Reformvorlagen der Regierung, so zum Beispiel eine Executive Reorganization Bill. Der dritte Anlauf des "New Deal" war gestoppt.

Dies wog um so schwerer, als die Arbeitslosenzahl erst von annähernd 15 Millionen (1933) auf 6 Millionen (1937) gesunken war und nun wieder bei 10 Millionen (1938) lag. Viele der in das NIRA und Johnsons NRA gesetzten Erwartungen hatten sich nicht erfüllt. Es gab keine wirkliche Prosperität, vielmehr eine Rezession, obwohl sich die Regierung bei den ersten Alarmzeichen antizyklisch verhielt. Verprellt durch „sozialistische Experimente", scheute die Industrie weitere Investitionen.

Indes konnte den New Dealers ein historischer Erfolg gutgeschrieben werden. Sie hatten verhindert, daß die Depression zur Krise des politischen Systems wurde. Das Reformwerk war freilich unvollendet, der Durchbruch zum Sozialstaat nur teilweise gelungen. Eine drückende Last blieb das Beschäftigungsproblem. „Dieses Land", schrieb Hopkins, „kann mit 10 bis 12 Millionen Arbeitslosen nicht als Demokratie fortbestehen." Sie kam noch mehr durch die Teilung des Weltmarktes und den heraufziehenden Konflikt der Großmächte in Gefahr.

DER ZWEITE WELTKRIEG

Franklin Delano Roosevelt war Wilsonianer. Er hatte 1919 als Unterstaatssekretär der Marine (Assistant Secretary of the Navy) die amerikanische Delegation zur Friedenskonferenz nach Frankreich begleitet, unterwegs den maschinengeschriebenen Entwurf des damaligen Präsidenten für das Völkerbund-Statut zu Gesicht bekommen und wenige Jahre später selbst ein solches Konzept ausgearbeitet.

Zu Beginn seiner Präsidentschaft war Roosevelt nicht darauf zurückgekommen, vielleicht weil die Folgen der Krise seine politische Energie beanspruchten. Immerhin hatte ihm die Möglichkeit eines Krieges mit Japan vor Augen gestanden. Auf Anraten von Stimson stellte die Administration POW-Gelder für den Ausbau der U.S. Navy bereit. Auch wurde ein Sowjetbotschafter in Washington akkreditiert.

In seiner Inauguralbotschaft hatte Roosevelt die auswärtigen Angelegenheiten nur kurz gestreift. Sein vertrauenerweckendes Wort vom „guten Nachbarn", der die USA künftig sein würden, galt besonders für Lateinamerika. Diese Wende war schon von Hoover und Stimson initiiert worden. Die Vereinigten Staaten wollten das Selbstwertgefühl der anderen Völker achten, sie sogar finanziell unterstützen, zugleich aber die eigenen Absatzmöglichkeiten und Rohstoffeinfuhren sichern.

Die Demokraten hatten sich wiederholt gegen den „Kolonialismus" gewandt. Roosevelt hielt sich an diese Tradition. Seine Regierung ließ das mit Vorrechten der Vereinigten Staaten gekoppelte Platt-Amendment fallen, Haiti räumen und gewährte Panama mehr Freiheiten. Ein Flottenaufmarsch vor der kubanischen Küste war längere Zeit die letzte Interventionsdrohung.

Daß sich die "Policy of the good neighbor" nutzbringend entwikkelte, war Staatssekretär Cordell Hull zu verdanken, der gegen den Widerstand von Raymond Moley bei Roosevelt den Abschluß zahlreicher Reziprozitätsverträge durchsetzte. Der finanzielle Ertrag war gering, doch verbesserten sich in diesem Rahmen die Absatzchancen der lateinamerikanischen Republiken auf dem Nordkontinent.

Amerika befreite sich vom Stigma des Kolonialismus, als Roosevelts Administration nach einer zwölfjährigen Übergangszeit die Philippinen freizugeben beschloß. Man wollte damit billige Plantagenerzeugnisse und Arbeitskräfte fernhalten. Die philippinische Legislatur verwarf deshalb das Unabhängigkeitsgesetz des US-Kongresses, billigte aber eine wenig geänderte Fassung dieses Tydings-McDuffie Act, weil nichts Besseres zu haben war.

Das Bemühen um gutnachbarliche Beziehungen, die Reziprozitätspolitik und der Verzicht auf ältere Herrschaftsstrukturen waren Teilaspekte des Isolationismus, der erst jetzt seinem Höhepunkt entgegenging. Angesichts der in Ostasien und Europa entfesselten Konflikte wollten Politiker wie Hiram Johnson und William Borah, Gerald Nye und Key Pittman dem Präsidenten durch Neutralitätsgesetze die Hände binden. Damit begann für das Ringen zwischen Legislative und Exekutive eine neue Phase.

Die aus dem Westen und Mittelwesten kommenden Kongreßmänner stützten sich auf Erfahrungen des Ersten Weltkrieges. „Revisionistische“ Historiker wie Charles A. Beard, Harry E. Barnes und Charles C. Tansill rechtfertigten die einst gegenüber Wilson geäußerten Vorbehalte. “A Farewell to Arms”, ein Roman von Ernest Hemingway, verstärkte den Stimmungswechsel, die fortschreitende Desillusionierung.

Empörung riefen Untersuchungsergebnisse eines Senatsausschusses hervor, der unter Gerald Nye die Kriegsgewinne amerikanischer Monopolherren offenlegte und dabei Vorgeschichte und Hintergründe des „Kreuzzuges“ von 1917/18 in trübes Licht tauchte. Als sich auch noch zeigte, daß außer Finnland kein europäischer Staat seine Kriegsschulden in den USA beglichen hatte, begrüßten Teile der Öffentlichkeit geradezu grimmig eine von Senator Hiram Johnson gegen säumige Zahler erwirkte Anleihensperre, den Dept Default Act (1934).

Die Isolationisten wollten, wenn es irgendwo zu einem bewaffneten Konflikt kam, Zwischenfällen auf See vorbeugen und dafür Sorge tragen, daß sich Handels- und Finanzinteressen der USA nicht wieder einseitig entwickelten. Die Neutrality Acts von 1935–1937 zwangen Roosevelt, den Ausbruch eines Krieges expressis verbis festzustellen und dadurch automatisch den Export von Waffen, Gerät und Munition ebenso wie Kreditgeschäfte zu sperren. Zugleich sollte US-Bürgern das Reisen auf Schiffen kriegführender Staaten verboten sein.

Roosevelt legte nicht sein Veto ein, polemisierte aber lange gegen diese Vorschriften, weil sie die Handlungsfreiheit der Exekutive einschränkten. Er fand, daß die Neutralitätsgesetzgebung rüstungsschwache, von einer Feindmacht angegriffene Länder benachteiligte und das Risiko des Aggressors verringerte. Der Präsident erinnerte auch an Lehren der Geschichte, das zweischneidige Schwert der Embargopolitik, die bisher immer auch den Vereinigten Staaten geschadet hatte.

Als sich herausstellte, daß Rohmaterialien wie Baumwolle und Erdöl,

Eisen- und Kupfererz, Stahl und Schrott für Kriegführende wichtiger sein konnten als Waffen und Munition, dachte Hull an „moralischen Boykott". Doch beim Angriff Italiens auf Abessinien, während des Spanischen Bürgerkrieges und angesichts der neuen Auseinandersetzung zwischen Japan und China ergaben sich weitere Unstimmigkeiten. Auf Drängen geschädigter Exportfirmen verabschiedete der Kongreß eine Cash-and-carry-Klausel. Bestimmte Güter sollten eine Zeitlang noch ausgeführt werden dürfen, wenn sie der Bezieher bar bezahlte und nicht auf amerikanischen Schiffen abtransportierte.

Die Cash-and-carry-Klausel des Jahres 1937 konnte keinen Amerikaner wirklich zufriedenstellen. Schon seit Monaten zeichnete sich ein Zusammengehen der großen, von Hitler und Mussolini geführten Diktaturstaaten in Europa mit Japan ab. Am 7. Juli 1937 schlug der ostasiatische Kaiserstaat erneut gegen China los, nahezu sicher, alle wirtschaftlichen Vorteile, die das unlängst modifizierte Neutralitätsrecht der USA einer seebeherrschenden Macht bot, ausnützen zu können.

Der Krieg schadete den Vereinigten Staaten. Von allen Verträgen, die zwischen Washington und Tokio geschlossen worden waren, ließ Japan, wie es schien, nur noch einen Passus des Lansing-Ishii-Agreements (1917) gelten: das dem Kaiserreich zugestandene „Spezialinteresse in China". Für die "Open Door" blieb kein Spielraum mehr. Wo immer die Eroberer hinkamen, zerstörten oder beschlagnahmten sie amerikanische Geschäftshäuser, Banken, Fabriken und Schiffahrtsunternehmungen, Krankenhäuser und Missionen.

Der Präsident weigerte sich, das jüngste Neutralitätsgesetz anzuwenden. Erst Mitte September verhängte er ein Munitionsembargo, gleichzeitig wurde Schatzsekretär Henry Morgenthau angewiesen, China finanziell zu helfen. Am 5. Oktober 1937 forderte Roosevelt in Chicago mit seiner sogenannten Quarantäne-Rede kollektive Maßnahmen gegen die Seuche der Aggressivität. Eine Brüsseler Neun-Mächte-Konferenz wartete allerdings vergeblich auf praktikable Vorschläge der Vereinigten Staaten.

In den USA selbst folgte der Quarantäne-Rede nicht viel mehr als ein Boykott japanischer Waren. Obwohl das Kaiserreich für seine Versorgung mit Erdöl, Rohgummi und Baumwolle, Kupfer- und Eisenerz auf Amerika und die Länder des Britischen Commonwealth angewiesen war, wollte Roosevelt keine Sanktionen ergreifen, weil ihre Durchführbarkeit schwierig schien und Joseph C. Grew, der Botschafter in Tokio, vor der Illusion warnte, Japan würde an wirtschaftlicher Auszehrung schnell zugrunde gehen.

Alle papiernen Wälle gegen den japanischen Expansionismus waren durchbrochen: "Open Door" (1899) und die Agreements vom Anfang des Jahrhunderts (1908, 1917) ebenso wie die Washingtoner Verträge (1922), der Kellogg-Pakt (1928) und die Stimson-Doktrin (1932). Tokio hatte das Unabhängigkeitsgesetz für die Philippinen als Signatur des amerikanischen Desinteresses im West-Pazifik, den Auftakt eines bevorstehenden Rückzugs der USA gedeutet. Durch diese Lagebeurteilung weitgehend enthemmt, erklärte Japan, Ostasien eine „neue Ordnung " geben zu wollen.

Roosevelt ließ gegen diese Ankündigung, die außer China noch andere Länder, nicht zuletzt Kolonien und Stützpunkte europäischer Mächte betraf, durch Crew protestieren, sobald das Bundesparlament 1938 eine „Zwei-Ozean-Flotte" (für Atlantik und Pazifik) mit Schiffsneubauten im Wert von 1096656000 Dollar genehmigt hatte. Mehr schien vorerst nicht möglich. Wurde doch die Aufmerksamkeit des Präsidenten und großer Teile der Öffentlichkeit stärker denn je nach Europa gezogen, wo Hitler – ein Vertragspartner des japanischen Kaiserreichs – um sich griff.

Namentlich der Anschluß Österreichs, das Münchener Abkommen und der Prager Coup des deutschen Diktators (1938/39) schockierten Amerika, weil diese Ereignisse das Scheitern der von Großbritannien und Frankreich verfolgten Appeasement-Politik offenkundig machten und mit den politischen Nachrichten bestürzende Informationen über Hitlers forcierte Aufrüstung und weitere Aktionspläne eintrafen.

Nicht alles davon war richtig; zum Beispiel hatte sich der Ozeanflieger Charles A. Lindbergh bluffen lassen, als man ihm die Schlagkraft der deutschen Luftwaffe vor Augen führte. Roosevelt hielt sich an die überhöhten Zahlenangaben und reagierte mit einer Steigerung der amerikanischen Flugzeugproduktion (auf 10000 Maschinen in zwei Jahren). Auch ließ er durch das Joint Board des War Department umfangreiche Operationspläne (Rainbow 1–5) für den drohenden Weltkrieg ausarbeiten.

Hitler wollte die „deutsche Raumfrage" lösen. Er hatte die Tschechoslowakei zerschlagen und das Memelland annektiert, Polen umfaßt und an Warschau ultimative Forderungen gerichtet. Mussolini ließ Albanien okkupieren, erhob Ansprüche auf französische Besitzungen und bezeichnete das Mittelmeer als „mare nostro". Dadurch gerieten die europäischen Westmächte, von denen Polen eine Garantie gegeben wurde, in Bedrängnis, zumal sie sich gleichzeitig um ihren ostasiatischen Territorialbesitz sorgen mußten.

Roosevelt ließ Frankreich, Großbritannien und Polen durch die amerikanischen Botschafter William C. Bullitt (Paris), Joseph P. Kennedy

(London) und Thomas Biddle (Warschau) zum Widerstand ermutigen. Der Versuch des Präsidenten, eine Verlängerung für die am 1. Mai 1939 auslaufende Cash-and-carry-Klausel zu erwirken, scheiterte jedoch im Kongreß. Die Anhänger von Nye und Borah waren noch sehr zahlreich und glaubten nicht an eine mögliche Bedrohung der Vereinigten Staaten.

Die Sorge vor einem engen konspirativen Angriffsbündnis zwischen Japan, Deutschland und Italien war verfrüht; lediglich die „Achsen"-Partner Hitler und Mussolini schlossen im Mai 1939 einen, wie sich zeigen sollte, fragilen Militärpakt. Auf eine viel näherliegende und härtere Wirklichkeit wurde der Präsident durch Joseph E. Davies, den amerikanischen Gesandten in Brüssel, hingewiesen: die bevorstehende Verständigung zwischen Berlin und Moskau. Dieses Arrangement mußte Roosevelt tief erschüttern, nachdem er selbst bei den Sowjets wegen einer gegen Deutschland gerichteten Koalition hatte vorfühlen lassen.

Der Pakt vom 23. August 1939 nahm Hitler die Furcht vor dem Zweifrontenkrieg und der Seeblockade, obwohl dieser überraschende Abschluß Italien zurückschrecken ließ und auf das deutsch-japanische Verhältnis eisigen Rauhreif warf. Doch trotz italienischer Vorbehalte und des Abbruchs seiner Bündnisverhandlungen mit Tokio konnte der deutsche Diktator die für ihn günstige Lage ausnützen. Er griff Polen an und entfesselte so den Zweiten Weltkrieg.

Auch Verbände der Roten Armee drangen in Polen ein. Sie besetzten außerdem die drei baltischen Republiken und überfielen Finnland, das sich bei den Amerikanern besonderer Sympathie erfreute. Roosevelt, der nicht wußte, daß ein geheimes Zusatzprotokoll des Hitler-Stalin-Paktes die Aufteilung der mittelosteuropäischen Länder zwischen Deutschland und der Sowjetunion vorsah, erwartete angesichts dieser Expansion zeitweise einen kriegerischen Zusammenstoß zwischen Hitler und Stalin.

Um Zeit zu gewinnen, drängte der Präsident den Kongreß zur Wiedereinführung des Cash-and-carry-Verfahrens. Amerika sollte das „Arsenal der Demokratie" werden. Mit Rücksicht auf die schlechte Beschäftigungslage fanden sich in beiden Häusern des Kongresses starke Mehrheiten für das konjunkturell belebende Neutralitätsgesetz. Von nun an konnten Großbritannien und Frankreich wieder Kriegsmaterial aus den Vereinigten Staaten beziehen und Hitler stärker als zuvor entgegentreten.

Damit hatte der Präsident eine Entscheidung herbeigeführt, die insoweit mit einer vor Jahren diskutierten Konzeption amerikanischer Militärs übereinstimmte, als sie das strategische Schwergewicht notwendigerweise Europa und nicht Asien zuerkannte. Auch jetzt widmeten Heer und Flotte der USA Deutschland und seiner im „Blitzkrieg“ gegen Polen erprobten Wehrmacht größere Aufmerksamkeit als Japan, dessen Landoperationen sich in China festgelaufen hatten. Für Roosevelt kam eine zweite Sorge hinzu: Albert Einstein warnte ihn vor einer atomaren Superwaffe, die womöglich eine Gruppe deutscher Wissenschaftler entwickeln und Hitler zur Gewinnung der Weltherrschaft anwenden konnte.

Trotz der amerikanischen Cash-and-carry-Politik erlitten die Westmächte im Frühjahr 1940 eine folgenschwere Niederlage. Deutsche Verbände besetzten Dänemark und Norwegen, überrannten Luxemburg, die Niederlande und Belgien, vertrieben das britische Heer vom europäischen Festland und zwangen Frankreich zur Kapitulation. Vergebens suchte Roosevelt den italienischen Duce vom Kriegseintritt zurückzuhalten. Ebenso wie Rußland und Japan nutzte Italien die Gunst der veränderten Lage zur Ausdehnung seiner Macht.

Stalin, der bereits Ostpolen, Karelien und Petsamo erobert hatte, ließ die baltischen Staaten, Bessarabien und die Nordbukowina annektieren. Japan erpreßte von Niederländisch-Indien umfängliche Rohstofflieferungen, besetzte französische Stützpunkte im nördlichen Indochina und zwang England, die Burmastraße zu schließen, über die China sein Kriegsmaterial aus Amerika bezog.

Unterdessen berichtete Kennedy aus London, daß Großbritannien den Krieg verloren habe und voraussichtlich einlenken müsse. Roosevelt ließ darauf große Mengen von Kriegsmaterial für das Vereinigte Königreich abzweigen und schwankenden Kollegen des Premierministers Winston Churchill raten, ein deutsches Friedensangebot abzulehnen. Die „Englandhilfe“ war in Amerika umstritten, doch verständigte sich der Präsident mit dem Gegner des bevorstehenden Wahlkampfes über gemeinsame außenpolitische Grundsätze. Henry L. Stimson und Frank Knox, zwei prominente Politiker der Opposition, ließen sich bewegen, als Kriegs- und Marineminister in das Kabinett einzutreten.

Reibungslos entwickelte sich die sogenannte Hemisphärenpolitik. Im Oktober 1939 hatte Cordell Hull in Panama mit lateinamerikanischen Staatsmännern eine 300 bis 1000 Meilen breite „Sicherheitszone“ vereinbart, die südlich von Kanada rings um den Doppelkontinent verlief. „Sicherheitspatrouillen“, vorwiegend Einheiten der U. S. Navy, die hier Transporter aus Deutschland oder Italien sichteten, riefen über Funk britisch-französische Seestreitkräfte heran und zwangen Schiffe der Achsenmächte, sich selbst zu versenken, sobald die Alliierten nahten.

Ende Juli 1940 berief Cordell Hull eine neue Konferenz aller 21 Republiken der westlichen Hemisphäre nach Havanna, wo man für den Fall, daß die amerikanischen Besitzungen der in Europa besiegten Briten, Franzosen und Niederländer an Deutschland abgetreten werden mußten, Gegenmaßnahmen zu ergreifen beschloß. Gleich darauf taten Roosevelt und der kanadische Premier den ersten Schritt: Sie vereinbarten in Ogdensburg die Gründung eines gemeinsamen Defense Board zum Zweck der militärischen Zusammenarbeit.

Zuvor hatte Churchill um Überlassung 50 „alter" Zerstörer gebeten. Ein Gremium New Yorker Juristen zeigte, wie man in dieser Sache eine Kongreßvorlage vermeiden konnte. Der Handel wurde zur sicherheitspolitischen Routinemaßnahme erklärt. England erhielt die Kriegsschiffe und verpachtete den USA dafür am 3. September 1940 Militärstützpunkte auf Neufundland, Bermuda und den Bahamas, Jamaika, Santa Lucia und Trinidad, Antigua und in Britisch-Guayana.

Das Ogdensburg-Agreement und der Zerstörerhandel kamen einem anglo-amerikanischen De-facto-Bündnis nahe. Um die weitere Annäherung zwischen den Angelsachsen zu behindern, verständigte sich Hitler wieder mit der japanischen Regierung. Auch Mussolini beteiligte sich. Am 27. September 1940 schlossen Deutschland, Italien und Japan einen Dreimächtepakt, der seine Spitze gegen die Vereinigten Staaten richtete.

Dieses Verteidigungsbündnis wurde in den USA als bedrohliche Konspiration angesehen. Der Streit zwischen dem "American First Committee", dessen prominente Leiter Beard, Coughlin, Johnson und Lindbergh waren, und einem von William A. White und Robert Sherwood gegründeten "Stop Hitler Now Committee" verlor daher an Schärfe. Langsam wuchs die Überzeugung, daß Amerika den Krieg nur noch durch Abschrecken der mutmaßlichen Angreifer vermeiden könne.

Ein gegen Japan verhängtes Stahl- und Schrottembargo wurde allgemein gutgeheißen, das Mitte September verabschiedete Dienstpflichtgesetz als bittere Notwendigkeit hingenommen. Die folgende Einberufung von 1,2 Millionen Wehrpflichtigen spielte bei der beginnenden Präsidentschaftkampagne keine entscheidende Rolle. Am 5. November 1940 erreichte Roosevelt mit 27,2 : 22,3 Millionen Stimmen seine Widerwahl.

Unterdessen wurde bekannt, daß sich Großbritannien wegen schwindender Devisenbestände nicht mehr zu Cash-and-carry-Bedingungen versorgen konnte. Entweder mußte die „Englandhilfe" eingestellt oder das „Dollarzeichen" aus dem Spiel gelassen werden. Die anglo-amerikanischen Staatsmänner fanden einen neuen Weg. Roosevelt gebrauchte in einer Pressekonferenz das harmlose Gleichnis vom ausgeliehenen Gartenschlauch, mit dem der Nachbar sein brennendes Haus retten kann. Die kleine Erzählung sollte der Nation den Sinn der folgenden Leih-Pacht-Gesetzgebung verständlich machen.

Mit dem Lend-Lease-Act vom 11. März 1941 erhielt Roosevelt eine Fülle neuer Vollmachten. Der Präsident konnte „jedem Land, dessen Verteidigung er als lebenswichtig für den Schutz der USA" erachtete, durch „Kauf, Übertragung, Tausch oder Pacht, als Leihgabe oder auf andere Weise" alle Hilfsgüter liefern, nicht nur Waffen und Munition, Schiffe und Landfahrzeuge, sondern auch Maschinen und Ersatzteile, Bekleidung, Nahrungsmittel und Medikamente, sogar Informationen, Pläne und Geheimdokumente.

Der Kongreß genehmigte vorerst 6 Milliarden Dollar Leih-Pacht-Mittel und ging noch einen Schritt weiter und ermächtigte den Präsidenten, über Arbeitskräfte, Werftkapazitäten, Fabriken und Verkehrseinrichtungen zu verfügen. Als Hitler mit Stalin brach und die Deutsche Wehrmacht in die UdSSR einfiel, wurde Harry Hopkins nach Moskau gesandt, um den russischen Materialbedarf zu erkunden. Roosevelt ließ die Sowjetunion in das Leih-Pacht-Programm einbeziehen. Ein Milliardenkredit ermöglichte dem Kreml die ersten Einkäufe.

Am 12. Juli 1941 schlossen Großbritannien und Rußland ein Beistandsabkommen. Zuvor liefen A(merican)-B(ritish) Staff Conferences über künftige Operationen. Ungeachtet des drohenden japanischen Angriffs sollte der Schwerpunkt des gemeinsamen Kriegseinsatzes in Europa liegen. Diese Entscheidung wurde bekräftigt, als Roosevelt und Churchill am 9. August 1941 vor der Neufundlandküste zusammentrafen und drei Tage später eine acht Punkte umfassende Atlantik-Charter verabschiedeten.

Die USA waren von der „Neutralität" zum „nichterklärten Krieg" (undeclared war) übergegangen. Roosevelt hatte die Guthaben der Achsenmächte in Amerika „einfrieren", ihre Konsulate schließen und alle erreichbaren deutschen und italienischen Schiffe beschlagnahmen, das dänische Grönland besetzen und die auf Island stationierten Kanadier durch Truppen der U.S. Army ablösen lassen. Die „Sicherheitszone" der westlichen Hemisphäre wurde verschoben und erstreckte sich nun über den größten Teil des Atlantik, wo ein Flottenverband unter Admiral Ernest King nicht nur eigene Konvois, sondern auch neutrale und englische Schiffe geleitete.

Obwohl die „Sicherheitszone" völkerrechtlich ohne Bedeutung war, respektierte sie Hitler, weil er den USA vorerst keinen Kriegsgrund liefern wollte. Dennoch mußte es zum Konflikt kommen. Roosevelt bezeichnete gleich den ersten unblutigen Zwischenfall als „unprovozierte Aggression“ und befahl, „auf Sicht zu feuern“ (shoot-on-sight). „Das Schießen“, betonte er, „hat begonnen und die Geschichte weiß, wer schuld daran ist.“

Der deutsche Feldzug in Rußland hatte die Weltlage wiederum verändert. Viele Beobachter rechneten mit dem Zusammenbruch der UdSSR, und Roosevelt befürchtete, daß Amerika durch die Hegemonie der Dreierpaktmächte isoliert werden könnte. Daher reifte sein Entschluß zum Eingreifen in den Krieg. Auch Stimson, Hull und Knox, Hopkins und Morgenthau hielten die amerikanische Intervention für unumgänglich.

Da der Kongreß für eine Kriegserklärung nicht zu haben war, mußte Roosevelt, wollte er das Gewicht der USA in die Waagschale werfen, weiter abwarten. Indes nahte der Krieg nicht, wie erwartet, vom Atlantik, vielmehr zog das Unheil über den Stillen Ozean herauf. Japan hatte sich durch Abschluß eines Neutralitätspaktes mit der Sowjetunion den Rücken freigemacht und ganz Indochina besetzt. Darauf bediente sich Amerika des stärksten Gegendruckes und verhängte das bereits angedrohte Erdölembargo.

Überzeugt, daß Amerika den Kampf wolle, setzten sich die führenden Männer in Tokio wegen der prekären Treibstofflage Japans und des später nicht mehr auszunutzenden Überraschungsmomentes einen letzten Termin für diplomatische Gespräche. Roosevelt, Hull, Stimson und Knox wußten dies, denn sie verfügten über den entzifferten Kode des japanischen auswärtigen Dienstes. Ebenso war ihnen bekannt, daß Washington kurz nach dem Eröffnungsschlag des Angreifers die Kriegserklärung der Achsenmächte bevorstand.

Trotzdem verfolgte man in Washington eine Politik der Stärke. Stimson notierte sich, es komme darauf an, Japan den ersten Schuß abfeuern zu lassen. Roosevelt schwankte angesichts eines aus Tokio eintreffenden Kompromißvorschlages, doch am Ende billigte der Präsident die unnachgiebig starre Haltung Hulls, der dem Kaiserreich alle Gewinne entreißen und die Auflösung des Dreimächtepaktes erreichen wollte. Beide unterschätzten die Entschlossenheit der Japaner und erschraken daher nicht über alarmierende Vorzeichen des bevorstehenden Angriffs.

Indessen erreichte eine starke Kampfgruppe japanischer Kriegsschiffe das Seegebiet nördlich von Hawaii. Am 7. Dezember 1941 stürzten sich ihre Bomben- und Torpedoflieger auf Pearl Harbor, den Liegeplatz der friedensmäßig versammelten Pazifik-Flotte. Nach zwei Stunden waren alle schweren Einheiten dieses Verbandes mit Ausnahme der nicht anwesenden Flugzeugträger versenkt, gekentert oder in flachem Wasser auf Grund gesetzt. 2403 Amerikaner hatten den Tod gefunden, 1178 waren verwundet.

Der Überfall von Pearl Harbor versetzte der amerikanischen Öffentlichkeit einen Schock. Zum erstenmal scharte sich die ganze Nation um den Präsidenten und ermöglichte eine umfassende Mobilisierung aller Kräfte. Ihre einheitliche Anstrengung wurde auch durch gelegentliche Streikaufrufe eines John Lewis, die Inhaftierung von 110000 Menschen japanischer Herkunft und Rassenunruhen in Detroit kaum ernsthaft gestört. Nur wenige Bürger der Vereinigten Staaten kannten die Vorgeschichte des japanischen Überfalls, ahnten etwas von den tieferen Ursachen und letzten Anlässen der eingetretenen Katastrophe. Viele, wohl die meisten Amerikaner, befürchteten das Nahen einer Invasion, als Hitler und Mussolini nach Abgabe ihrer Kriegserklärungen zahlreiche Unterseeboote mit Erfolg in amerikanische Gewässer vordringen ließen und Streitkräfte der Japaner einen Siegeszug ohnegleichen durch Südostasien und den westlichen Pazifik antraten.

Die Japaner nahmen Hongkong und Singapore, eroberten Malaya und Burma, zerschlugen weitere Flottenverbände und zwangen Niederländisch-Indien zur Kapitulation, besetzten alle wichtigen Stützpunkte des Bismarck-Archipels, Neu-Guineas und der Salomonen, okkupierten die weiter nördlich gelegenen Inselgruppen samt Guam und Wake und landeten auf den Philippinen, wo sich 125000 Mann, darunter 11500 Amerikaner, ergaben, nachdem ihr Oberbefehlshaber, General Douglas MacArthur, abberufen worden war.

Bereits nach drei Monaten verfügte Japan über die reiche südostasiatische Rohstoffzone mit einem in Richtung auf Amerika vorgelagerten Sicherheitsgürtel unversenkbarer Inselstützpunkte. King, den Knox an die Spitze der U.S. Navy gestellt hatte, genehmigte einen Trägervorstoß gegen Tokio. Die unmittelbare Wirkung des Bombardements war gering, der strategische Nutzen aber groß, denn das japanische Oberkommando dirigierte zur besseren Absicherung des gewonnenen Raumes einen starken Flottenverband nach Midway.

Admiral Chester W. Nimitz, der in Pearl Harbor die Pazifik-Flotte befehligte, erhielt darüber durch den Combat Intelligence Service dank des gebrochenen Kode rechtzeitig Kunde. So konnte er seine drei – in dieser Stärke noch immer unterlegenen – Flugzeugträger gegen die feindlichen Streitkräfte ansetzen und ihnen vom 3. bis 6. Juni 1942 eine entscheidende Niederlage beibringen. Die Schlacht von Midway war der Wendepunkt des Krieges im Stillen Ozean. Am 7. August begann die amerikanische Gegenoffensive.

Ungeachtet ihrer vielen Schwierigkeiten, die King, Nimitz und MacArthur noch manches Mal veranlaßten, Priorität für den pazifischen Schauplatz zu fordern, blieb der Präsident hartnäckig beim "Germany first". Kurz nach dem Kriegseintritt der Vereinigten Staaten, während einer umfangreichen Washingtoner Konferenz, hatte sich Roosevelt gegenüber Churchill erneut auf diese seit langem durchdachte Globalstrategie festgelegt und damit eine Grundsatzentscheidung von historischer Tragweite gefällt.

Zu ihrer Verwirklichung hatten beide angelsächsische Mächte Combined Chiefs of Staff eingesetzt. Sie stießen sogleich auf das schwierigste Problem des Koalitionskrieges. Stalin forderte zur Entlastung der geschlagenen sowjetischen Streitkräfte von den Amerikanern und Briten eine „Zweite Front" in Frankreich. General George C. Marshall, der Stabschef des amerikanischen Heeres, wollte dort bald landen. Aber die Engländer widersprachen, weil ihnen eine solche Invasion 1942 undurchführbar erschien.

Man einigte sich auf die Liquidierung des Kriegsschauplatzes in Nordafrika. Zuerst sollten Verbände einer nach Ägypten abgedrängten, doch wieder angriffsbereiten britischen Armee losschlagen, dann starke Streitkräfte aus England und den Vereinigten Staaten unter General Dwight D. Eisenhower an den marokkanisch-algerischen Küsten landen und schließlich beide Heere in zusammenlaufenden Operationen nach Tunesien vordringen, um dort die letzten Expeditionstruppen der Achsenmächte zu zerschlagen.

Nach Eröffnung dieses Feldzuges trafen Roosevelt und Churchill vom 14. bis 24. Januar 1943 in Casablanca zusammen. Sie waren sich beide einig, daß der Bombenkrieg verschärft und die „bedingungslose Kapitulation" (Unconditional Surrender) der Achsenmächte gefordert werden sollten. Die Invasionspläne beider Staatsmänner gingen aber noch weit auseinander. Die Folge war ein Kompromiß. Man beschloß Landungen auf Sizilien und der Apenninenhalbinsel. Die Errichtung der „Zweiten Front" wurde um ein Jahr verschoben.

Obwohl sich am Ende der Kämpfe in Tunesien, einer wertvollen Ergänzung des sowjetischen Sieges bei Stalingrad, rund 250000 Italiener und Deutsche ergaben, die Landung auf Sizilien den Sturz Mussolinis nach sich zog und der Sprung nach Italien eine Bomberoffensive großen Stils gegen Deutschland ermöglichte, war Moskau nicht zufriedengestellt. Der Kreml mochte befürchten, daß anglo-amerikanische Heere Mittelosteuropa erreichten, bevor die Rote Armee ihre jüngsten Erfolge ausnutzen konnte.

Zwar wurde den Russen auf einer Moskauer Außenministerkonferenz von Hull, wenn auch erst für Mai nächsten Jahres, die Errichtung der „Zweiten Front“ versprochen. Die Sowjetunion argwöhnte jedoch, daß ihre Westalliierten vorher an den Küsten der Balkanhalbinsel zu landen beabsichtigten. Stalin wollte sich daher, als er vom 28. November bis 1. Dezember 1943 mit Roosevelt und Churchill in Teheran tagte, wenigstens die ihm ehedem seitens der deutschen Reichsführung überlassenen Länder sichern.

Churchill schlug vor, Polen für seine Gebietsabtretungen an die Sowjetunion auf deutsche Kosten zu entschädigen. Roosevelt vermied es dagegen, Grenzfragen zu diskutieren, weil er Rücksicht auf die Isolationisten und seine aus Osteuropa stammenden Wähler nehmen wollte. Dennoch hatte die Konferenz von Teheran grundlegende Ergebnisse. Die „Großen Drei“ sanktionierten eine in Moskau geplante Europäische Beraterkommission zur Vorbereitung der Nachkriegspolitik und stimmten die militärischen Operationspläne aufeinander ab.

Als General Eisenhower nach Abzug der besten Truppen aus Italien am 6. Juni 1944 mit 75 divisionsstarken Verbänden, 5134 Schiffen und 6518 Flugzeugen die Invasionsschlacht in Nordfrankreich einleitete, durfte er annehmen, daß auch die Sowjets angreifen und ihrerseits starke deutsche Kräfte binden oder vernichten würden. Tatsächlich konnte Hitler nicht gleichzeitig West- und Osteuropa behaupten. Innerhalb weniger Monate verlor er den größten Teil seiner früheren Gebietseroberungen.

Nach Auffüllung des Landekopfes in der Normandie erkämpfte sich das amerikanische Invasionsheer die Operationsfreiheit. Es überrollte den Rumpf der Halbinsel Cotentin, eroberte Cherbourg, nahm Avranches und vernichtete zusammen mit den Briten im Kessel von La Falaise die deutschen Panzerverbände, ehe Paris fiel. Eine andere alliierte Streitmacht hatte Mitte August an der Côte d'Azur Fuß gefaßt und stieß durch das Rhônetal nach Norden vor. Bald waren Frankreich und Belgien befreit.

Auch Japan erlitt Einbußen. Nach dem verlustreichen Salomonenfeldzug (1942/43) hatte erneut und abwechselnd jeder der beiden amerikanischen Oberbefehlshaber zugeschlagen: Nimitz die Gilbert-, Marshall- und Marianen-Inseln erobert, MacArthur alle wichtigen Stützpunkte an der Nordküste von Neu-Guinea eingenommen. Seither kämpften Amerikaner wieder auf den Philippinen. Am 25. Oktober 1944 endete im Leyte-Golf die bisher größte Seeschlacht der Weltgeschichte mit einer entscheidenden japanischen Niederlage.

Eisenhower ließ unterdessen seine Truppen an der deutschen Reichsgrenze haltmachen, um die nächsten sowjetischen Schritte abzuwarten.

Er forderte dadurch eine Gegenoffensive in den Ardennen heraus, die ihn 73482 Mann kostete. Doch obwohl die Krise bald gemeistert wurde und die Rote Armee ganz Ostdeutschland überflutete, zauderte der westalliierte Oberbefehlshaber noch immer. Roosevelt, dessen vierte Präsidentschaft seit Ende des letzten Jahres nur einer sehr knappen Mehrheit zu danken war, hatte daher keine starke Verhandlungsposition, als er nach Jalta reiste.

Das Treffen vom 4. bis 11. Februar 1945 war durch Konferenzen in Bretton Woods und Dumbarton Oaks, eine britisch-sowjetische Verständigung über den Balkan und Protokolle der Europäischen Beraterkommission vorbereitet. Zugleich sollten die Teheraner Beschlüsse ergänzt werden. Dabei verfügte Stalin über alle Trümpfe, denn seine Streitkräfte hatten den größten Teil der Gebiete, um die es ging, schon besetzt und dort unabänderliche Tatsachen geschaffen.

Was Polen betraf, so brauchte er nur auf diesen fait accompli hinzuweisen. Den in Dumbarton Oaks gefaßten Beschlüssen über eine United Nations Organization (UNO) stimmte Stalin unter der Bedingung zu, daß die UdSSR zwei Sitze mehr erhalte, die Vetofrage günstig geregelt werde und Einstimmigkeit bei gewissen Entscheidungen erforderlich sei. Das in Moskau und Teheran gegebene Versprechen, am Krieg gegen Japan teilzunehmen, mußten die Westmächte mit territorialen Zugeständnissen honorieren.

Der Konferenz von Jalta folgten ernste Auseinandersetzungen zwischen den Mächten. Die Russen umgingen manche der getroffenen Vereinbarungen, und Stalin lenkte davon ab, indem er bittere Vorwürfe gegen die Anglo-Amerikaner erhob. Roosevelt vermied indes einen Bruch, weil ihm angesichts der schweren blutigen Kämpfe, die seit 19. Februar und 1. April 1945 auf Iwo Jima und Okinawa entbrannt waren, bei dem bevorstehenden Ringen um Japan sowjetische Hilfeleistung unentbehrlich erschien.

Churchill fand hingegen, daß man beherzte Entschlüsse fassen müsse und ohne Rücksicht auf die Russen erst einmal nach Berlin marschieren sollte, seien doch die in Jalta festgelegten Besatzungszonen für militärische Operationen unverbindlich. Auch Eisenhower, der nun endlich den Rhein überwunden hatte, hielt sich nicht an künftige Zonengrenzen. Er wollte auf Dresden vorstoßen, dann allerdings gegen das Alpengebiet einschwenken, wo er ein „Reduit“ der Nationalsozialisten vermutete.

Vergeblich wies Churchill ein um das andere Mal auf die Bedeutung der Reichshauptstadt hin. Da Eisenhower nur militärische Grundsätze beachtete und in Berlin kein lohnendes Operationsziel mehr sah, drängte der Premier den Präsidenten zu einem klärenden Wort. Doch Roosevelt erlag am 12. April 1945 in Warm Springs einem Gehirnschlag, und Harry S. Truman, sein Nachfolger, konnte wegen der nach San Francisco einberufenen UN-Gründungsversammlung die amerikanische Politik gegenüber Rußland nicht sofort ändern.

Während Eisenhower tatenlos an der Elbe stehenblieb, nahmen die Sowjets das für sie als Hebelpunkt künftiger Konflikte wichtige Berlin. Gleich nach der auf Hitlers Tod folgenden Kapitulation der Wehrmacht vollzog Stalin eine taktische Schwenkung. Er ging über den Beschluß zur Zerstückelung des Reiches hinweg und bekannte sich plötzlich zur deutschen Einheit. Von der alten Hauptstadt aus begann eine sowjetische Militäradministration politischen Neuanfängen in ganz Deutschland vorzugreifen.

Ohne Konsultation ihrer Alliierten annektierten die Russen auch schon das nördliche Ostpreußen und übertrugen andere deutsche Gebiete jenseits der Oder und Neiße einem moskauhörigen Warschauer Regime zur Verwaltung, obwohl Polen (im Unterschied zu Frankreich) nicht als Besatzungsmacht zugelassen war und Deutschland nach einer gemeinsamen Deklaration der verbündeten Oberbefehlshaber vom 5. Juli 1945 völkerrechtlich in den Grenzen des Jahres 1937 weiterbestehen sollte.

Truman nahm dies vorläufig hin, weil ihm mit Rücksicht auf den gefürchteten Endkampf gegen Japan und die am 26. Juni 1945 in San Francisco bevorstehende Unterzeichnung der UN-Charter eine „Abkühlungsperiode“ ratsam schien. So konnten die Westmächte denn auch ihre Berliner Sektoren erst besetzen und dort Kontrollbefugnisse wahrnehmen, nachdem sie sich russischen Forderungen gebeugt und alle Truppen aus den eroberten Gebieten von Mecklenburg, Sachsen und Thüringen zurückgezogen hatten.

Auf der Potsdamer Konferenz vom 17. Juli bis 2. August 1945 verfügten die Amerikaner und Briten über keine geeigneten Tauschobjekte mehr für einen politischen Handel. Sie mußten daher schwierige Fragen, namentlich das Problem des Friedensschlusses, ausklammern und erst einmal mit Stalin einen Außenministerrat schaffen, dem beizutreten China und Frankreich eingeladen wurden. Im übrigen regelten die „Großen Drei“ Einzelheiten der früher getroffenen Entscheidungen.

Die Konferenzmächte gründeten einen Kontrollrat in Berlin und fixierten Begriffe kollektiver Abrechnung (Entnazifizierung und Entmilitarisierung, Demokratisierung und Dezentralisierung, Reparationen und Demontagen, Gebietsamputationen und Vorbereitung von Kriegsverbrecherprozessen). Gleichzeitig wurde die Vertreibung der Deutschen aus den osteuropäischen Ländern mit einer salvatorischen Klausel gebilligt. Die Festlegung der polnischen Westgrenze sollte dem späteren Friedensschluß vorbehalten bleiben.

Japan kämpfte noch. Allerdings waren die Verbindungen zwischen seinen Außenposten durch amerikanische U-Boote zerschnitten, die Flotte des Kaiserreiches vernichtet, das Kerngebiet seit dem Fall von Okinawa einer neuen Bomberoffensive ausgesetzt. Der Endkampf, den Roosevelt, Stimson und Marshall sehr, King und Nimitz dagegen nie gefürchtet hatten, konnte vielleicht vermieden werden. Sorge bereitete den Amerikanern auch der sowjetische Aufmarsch im Fernen Osten.

Truman trug keine Bedenken, dem nicht mehr erwünschten Eingreifen der UdSSR durch Anwendung einer Superwaffe vorzubeugen. Ein Team amerikanischer Wissenschaftler unter J. Robert Oppenheimer und Kenneth T. Bainbridge hatte kürzlich in New Mexico den ersten atomaren Sprengsatz gezündet. Als Japan ein Ultimatum vom 26. Juli nicht gleich beantwortete, ließ der Präsident nach Rücksprache mit Byrnes, Stimson und Marshall am 6. und 9. August 1945 je eine Atombombe über Hiroshima und Nagasaki abwerfen.

Doch der Tod von rund 120000 Bewohnern dieser Städte brachte den Amerikanern keine entscheidenden Vorteile. Während Japan um Frieden bat, fanden starke sowjetische Kräfte noch genügend Zeit zum Einfall in die Mandschurei, nach Nordkorea und Südsachalin, so daß sich der West-Ost-Konflikt nun auch dort zu polarisieren begann. Das Kriegsende kam, als der Ministerpräsident des besiegten Kaiserreiches am 2. September 1945 mit MacArthur und Nimitz in der Bucht von Tokio die Kapitulationsurkunden unterzeichnete.

Der Triumph schien vollkommen. Die USA hatten mit dem Opfer von 322596 Gefallenen nicht weniger als drei Großmächte niedergeworfen und eine weltbeherrschende Stellung inne. Die „große Depression“ war überwunden. Der Dollar galt als Leitwährung des internationalen Zahlungsverkehrs. Das Land besaß zwei Drittel der globalen Industriekapazität und drei Viertel des in der Welt investierten Kapitals. Amerika verfügte daher über die Mittel zum Wiederaufbau des Wirtschaftssystems.

Keine zweite Macht konnte global Verantwortung übernehmen. Die Sowjetunion hatte nur unter großen Opfern, Großbritannien lediglich als Juniorpartner der USA den Krieg überlebt. Das Empire begann sich aufzulösen, ebenso das französische Kolonialreich. Beides erfüllte Amerika mit Genugtuung, doch mußte den befreiten, assoziierten und besiegten Nationen im Interesse der Vereinigten Staaten geholfen werden. Damit bestand die Notwendigkeit nachzuholen, was 1919/20 versäumt worden war und nun schnell Gestalt annahm: eine umfassende, elastische Weltordnung, die Pax americana.

DER VERLORENE FRIEDE

Die Nation ging mit starkem Sendungsbewußtsein aus dem Krieg hervor. Das Verstummen der Isolationisten befreite die Regierungspropaganda von Hemmungen. Fast unwidersprochen konnte sie suggerieren, daß bald auch die übrige Welt dem "American Way of Life" als der gegebenen Leitlinie zu „Fortschritt, Frieden und Freiheit" folgen werde. Mit grenzenlosem Optimismus erwartete Amerika die Entstehung der "one world".

Roosevelt hatte innerhalb von zwei Jahren alle Streitkräfte zurückziehen und die Friedenssicherung einer „Weltpolizei" überlassen wollen. Auch wenn Stalin die stillschweigende Preisgabe einiger Ziele der Atlantik-Charta nicht honorierte, so erwartete man doch in Washington, daß die UdSSR sich wegen ihrer enormen Kriegsschäden und Schulden der von Amerika gelenkten Friedensorganisation unterordnen werde.

Die sowjetische Regierung hatte sich der Allianz von 1941 und den Vereinten Nationen aber nur mit Scheinkonzessionen angeschlossen. Stalin gab wiederholt zu erkennen, daß der Kreml an den von Hitler zugestandenen Gebietserwerbungen festhalten und die Politik des nationalen und ideologischen Imperialismus fortsetzen werde. Den Erwartungen der Amerikaner fehlte daher die Grundlage.

Zunächst verdeckte den Gegensatz noch die Euphorie des gemeinsamen Sieges. Amerika wetteiferte mit den Sowjets sogar bei der Bestrafung ehemaliger Kriegsgegner. Zwar hatte Roosevelt seine Genehmigung des sogenannten Morgenthauplanes zurückgezogen, doch bildeten Elemente dieses Rachekonzeptes eine Direktive für die Militärgouverneure der Besatzungszonen, nach denen Deutschland und Japan verwaltet werden sollten.

Alliierte Militärgerichtshöfe in Nürnberg und Tokio schickten 18 „Hauptkriegsverbrecher" zum Galgen, andere, von den Vereinigten Staaten auf eigene Faust ernannte Tribunale weitere 1164 Deutsche und Japaner. Insgesamt wickelten die amerikanische Besatzungsjustiz und ihre Helfer 840200 Verfahren ab. Sowjets, Briten und Franzosen zeigten nicht so großen Eifer, dennoch war es Amerika, das als Führungsmacht des Westens bald eine konstruktive Politik gegenüber den besiegten Völkern entwickelte.

Gewarnt durch den Moskauer US-Botschafter William Averell Harriman und seinen Berater George F. Kennan, begegnete Truman der UdSSR mit Argwohn. Andererseits waren die Sowjets irritiert, als ihnen Amerika im Unterschied zu Großbritannien eine Anleihe verweigerte, die Leih-Pacht-Lieferungen abrupt beendete und Rußland nach der fast flehentlich erbetenen Teilnahme am Ostasienkrieg als Besatzungsmacht in Japan und Südkorea ausschloß.

Während der Kreml ein Heer von 4 Millionen Mann unterhielt, demobilisierte Washington im Vertrauen auf sein Atomwaffenmonopol so gründlich, daß kaum noch genügend Besatzungstruppen für Westdeutschland und Japan übrigblieben. Trotzdem ließen die Russen zu ihrer Sicherheit zwischen dem sowjetischen Okkupationsgebiet und dem der Amerikaner einen „Eisernen Vorhang“ nieder. Trumans Regierung protestierte gegen die damit vollzogene Teilung der Welt, ohne deshalb ernsthaft an eine atomare Auseinandersetzung zu denken.

Trotzdem war die Gefahr eines solchen Krieges ungeheuer groß. Amerika und Sowjetrußland standen sich wie zwei Giganten gegenüber, die ihr Mienenspiel wechselseitig beobachteten und keinen Schritt zurückwichen. Nur so konnten sie Gleichgewichtsstörungen korrigieren und die Katastrophe des Atomkrieges vermeiden. Beide Mächte waren schicksalhaft aneinandergekettet. In dieser unerfreulichen Lage gab es zwischen ihnen immer wieder Reibereien, Krisen und schwere Konflikte, notwendigerweise aber auch Entspannungsversuche und Perioden mißtrauischer Zusammenarbeit.

Die Ergebnisse der sechs Außenministerkonferenzen in London, Moskau, New York und Paris (1945–1947) waren dafür bezeichnend. Sie führten nach langen zähen Verhandlungen zum Abschluß fragwürdiger Friedensverträge mit Italien, Rumänien, Bulgarien, Ungarn und Finnland (den ehemaligen Waffengefährten des Deutschen Reiches) und bekräftigten, da man über Deutschland, Österreich und Korea keine Einigung erzielte, den beiderseitigen Besitzstand hinsichtlich der seit dem Krieg eingenommenen Positionen.

Allerdings hatten sich die USA und Sowjetrußland mit dieser Machtverteilung noch nicht abgefunden. James Byrnes und sein Nachfolger, der neue Staatssekretär George C. Marshall, wollten für Osteuropa, China und Korea das Prinzip der „Offenen Tür“ gewahrt sehen. Moskau drängte auf vollständige, seiner Lesart entsprechende Anwendung der Potsdamer Beschlüsse in Westdeutschland, verlangte dort eine Bodenreform nach kommunistischem Muster und das Mitspracherecht des Kreml bei der Ruhrkontrolle. Unter so konträren Voraussetzungen liefen sich die Verhandlungen fest und begann der „Kalte Krieg“.

Die Lage wurde noch schwieriger durch das Flüchtlingsproblem. Der Berliner Kontrollrat hatte mit 6,5 Millionen Umsiedlern gerechnet und einen entsprechenden Verteilerschlüssel festgesetzt. Es kamen jedoch weit mehr Vertriebene, von denen zwei Drittel den Angelsachsen zur Last fielen. Ihnen wurde es daher unmöglich, Reparationen und Demontagegut aus Westdeutschland an die Sowjetunion abzuführen. General Lucius D. Clay, der amerikanische Militärgouverneur, stellte die vorgesehenen Lieferungen ein.

Darauf zwangen die Sowjets dem größten Teil der osteuropäischen Staaten, vor allem Albanien, Bulgarien und Jugoslawien, Rumänien und Ungarn, Polen und der Tschechoslowakei kommunistische Herrschaftssysteme auf. Gleichzeitig unterstützte der Kreml eine linksorientierte Bürgerkriegspartei in Griechenland. Auch verlangte Moskau – schon zum vierten Male seit 1939 – von der Türkei die Abtretung bestimmter Meerengenstützpunkte und Grenzlandregionen.

Truman gründete einen Council of National Security, der Außen- und Sicherheitspolitik koordinieren sollte, und ließ die Nachrichtendienste unter Allan W. Dulles als Central Intelligence Agency (CIA) zusammenfassen. Marshall rief Kennan an die Spitze eines Planungsstabes im Department of State. Die Gremien entwickelten ein Programm zur Eindämmung des sowjetischen Imperialismus, dem der Senat zustimmte. Die "Containment"-Politik sollte zwar den Status quo hinnehmen, weiteren Expansionsbestrebungen der UdSSR jedoch mit Militär- und Wirtschaftshilfe für bedrohte Länder entgegentreten.

Die Truman-Doktrin vom 12. März 1947 entsprach diesen Grundsätzen. Da Großbritannien seinen Verpflichtungen gegenüber Griechenland und der Türkei nicht mehr nachkommen konnte, bat der Präsident das Bundesparlament um 400 Millionen Dollar für die beiden Staaten. Der Secretary of State forderte noch weitergehende Maßnahmen. Auf der nach ihm benannten Marshall-Plan-Konferenz in Paris waren 16 Länder vertreten. Das zu ihren Gunsten entwickelte European Recovery Program (ERP) wurde vorerst mit 12 Milliarden Dollar (in den nächsten vier Jahren mit 22,4 Milliarden Dollar) finanziert.

Der „Marshall-Plan“ verhinderte den wirtschaftlichen Zusammenbruch und führte zu neuem Aufschwung beiderseits des Atlantik. Truman erweiterte das Konzept noch durch ein „Punkt-Vier-Programm“ für die unterentwickelten Länder der „Dritten Welt“. Harriman, Kennan und andere Berater hofften durch die Verbreitung von Wohlstand den Kommunismus eindämmen zu können. Unter Mitwirkung des auswärtigen Senatsausschusses, den Arthur H. Vandenberg, ein ehemaliger Isolationist, leitete, entstand so eine weltweite Strategie.

Zum "Containment" gehörte auch die Zusammenlegung der westlichen Besatzungszonen in Deutschland. Ihre Währungsreform veranlaßte die Sowjetunion zur Blockade Berlins. Clay wollte den Sperriegel mit Panzerverbänden durchbrechen. Truman entschied sich jedoch für eine weniger gefährliche, von den USA, Großbritannien und Frankreich gemeinsam beschickte Luftbrücke (Airlift) zur Versorgung der 2,1-Millionen-Bevölkerung.

Die Brechung der Blockade festigte den Widerstandswillen des Westens. Am 4. April 1949 unterzeichneten die Außenminister von 12 Staaten (USA, Kanada, Großbritannien, Frankreich, Italien, Portugal, Niederlande, Belgien, Luxemburg, Dänemark, Norwegen, Island) in Washington den Nordatlantikpakt, ein Verteidigungsbündnis, dessen North Atlantic Treaty Organization (NATO) bald noch die Türkei und Griechenland, später auch die Bundesrepublik Deutschland einbezog.

Im Innern erlitt die Regierung schwere Niederlagen. Zum erstenmal seit 1928 gab es in beiden Häusern des Kongresses republikanische Mehrheiten. Unter Robert A. Taft und Thomas Connally unterstützten sie den antisowjetischen Kurs, beschnitten aber trotz des eingelegten Vetos mit dem Taft-Hartley-Gesetz die Macht der Gewerkschaften. Als Truman seine bisher ausstehende Wahl gewann und Reformen einleiten wollte, scheiterte er.

Sein Programm, das jedem Amerikaner eine echte Chance ("Fair Deal") geben sollte, bezog sich auf Bürgerrechte, das Gesundheitswesen und den Wohnungsbau, Preis- und Lohnkontrollen sowie Subventionen für die Landwirtschaft. Beeinflußt von Taft, Connally und Vandenberg, blockierten die Republikaner alle wichtigen Regierungsvorlagen. Ein übriges tat die erste wirtschaftliche Rezession der Nachkriegszeit.

Zugleich wuchsen die Schwierigkeiten in Ostasien. Amerika hatte den Philippinen die Unabhängigkeit zugestanden, dort 23 Militärstützpunkte gepachtet und vom UN-Sicherheitsrat das Mandatsrecht über 1400 Marshall-, Karolinen- und Marianeninseln erhalten. Da die USA auch Japan besetzt hielten, war ihre Stellung im Pazifik so stark, daß sie glaubten, ungestraft alle Truppen aus Südkorea zurückziehen zu können.

Diese Entscheidung stand im Zusammenhang mit dem Ausgang des chinesischen Bürgerkrieges. Marshall und andere Politiker hatten das Regime von Tschiang Kai-schek als reaktionär, unfähig und korrupt bezeichnet, in Washington erhebliche Kürzungen der Chinahilfe bewirkt und so, wie es schien, den Triumph des mit der Sowjetunion verbundenen Kommunistenführers Mao Tse-tung erleichtert.

Der Umschwung in China versetzte vielen Amerikanern einen Schock. Die Erklärung des neuen Staatssekretärs Dean Acheson, daß jeder Versuch, Tschiang Kai-schek zu stützen, wegen der Gefahr eines dritten Weltkrieges unmöglich gewesen sei, stieß auf Widerspruch. Man zieh die Regierung des „Verrates" an „400 Millionen Verbündeten", der Preisgabe wichtiger Positionen, um die jahrzehntelang gezagt und gestritten worden war. Zum Zorn über die Fehlleistung des State Department kamen Unsicherheit und Furcht, als bekannt wurde, daß jetzt auch Rußland nukleare Waffen besaß.

In dieser erhitzten Atmosphäre wurden zahlreiche Persönlichkeiten des öffentlichen Lebens der Sympathie für die Sowjetunion beschuldigt. Alger Hiss, ein Freund Achesons, kam wegen Meineids hinter Schloß und Riegel. Ebenso erging es Funktionären der diskreditierten Kommunistischen Partei. Starke Erregung verursachten Fälle von Atomspionage. Verschiedene Angeklagte erhielten hohe Freiheitsstrafen. Julius und Ethel Rosenberg starben auf dem elektrischen Stuhl.

Damit war die Zeit für Senator Joseph McCarthy gekommen, der als Vorsitzender eines seit langem bestehenden Untersuchungsausschusses zunächst hauptsächlich Atomwissenschaftler wie J. Robert Oppenheimer, bald auch andere Intellektuelle, besonders Hochschullehrer, Schriftsteller, Journalisten und Künstler sowie Angehörige des Department of State oft wahllos und fälschlich verdächtigte, „rosarote" (pink) oder „linke" (leftist) Neigungen zu haben. Zwei Internal Security Acts, die der Kongreß 1949/50 verabschiedet hatte, führten zu Loyalitätsprüfungen großen Umfanges.

Dies konnte geschehen, weil die allgemeine Empörung weiter wuchs. Ende Juni 1950 drangen starke, von der Sowjetunion ausgerüstete Truppenverbände über die Demarkationslinie am 38. Breitengrad hinweg in Südkorea ein. Anfang November des gleichen Jahres erhoben sich auf Puerto Rico bewaffnete Rebellen, deren Mitverschworene gleichzeitig in Washington zwei Mordanschläge auf den Präsidenten und das Repräsentantenhaus unternahmen.

Die Revolutionäre auf der Insel wurden nach kurzem Kampf bei einem Verlust von 68 Menschenleben überwältigt, ihre politischen Wünsche später durch Schaffung eines assoziierten "Commonwealth of Puerto Rico" teilweise erfüllt. Auch der Aggression in Korea begegneten Truman und Acheson taktisch geschickt. Da der Sowjetdelegierte im UN-Sicherheitsrat seit Ablehung eines rotchinesischen Aufnahmeantrages diesem Gremium fernblieb und deshalb kein Veto einlegen konnte, vermochten die USA dort einen Beschluß herbeizuführen, der ihr Eingreifen rechtfertigte.

So konnten sie, obwohl es zwischen den Vereinigten Staaten und Südkorea kein Bündnis gab, den zweiten sowjetischen Versuch einer gewaltsamen Änderung des Status quo unverzüglich zurückweisen und der NATO ihre Wachsamkeit und Schlagkraft vor Augen führen. Zum Glück für die Regierung Truman hatte der UN-Generalsekretär den kommunistischen Angriff als einen „Krieg gegen die Vereinten Nationen“ bezeichnet. Die USA ergriffen demzufolge nur „Polizeimaßnahmen“ im Auftrage der Weltorganisation.

Der Koreakrieg (1950–1953) entwickelte sich dennoch zu einem kostspieligen und gefahrvollen Ringen. Obwohl sich Truppenkontingente von fünfzehn UN-Mitgliedstaaten beteiligten, trug Amerika die Hauptlast. Die USA stellten den weitaus größten Teil der Streitkräfte und verzeichneten denn auch nach Süd- und Nordkorea die meisten Opfer (22556 Gefallene und 93933 Verwundete). Gleichzeitig mußten die Vereinigten Staaten 22 Milliarden Dollar aufwenden.

Douglas MacArthur, der UN-Oberbefehlshaber, war ein eigenwilliger Feldherr. Er befreite nicht nur durch amphibische Landungen in der tiefen Flanke des Feindes die angegriffene Republik Südkorea, sondern überschritt auch den 38. Breitengrad. Truman, der mit dem General auf Wake zusammentraf, hatte Mühe, den Gefahren weiter ausgreifender Operationen vorzubeugen. Bald war nahezu ganz Nordkorea bis zum Jalu an der mandschurischen Grenze erobert und damit die Wiedervereinigung des geteilten Landes vorbereitet.

Doch Ende November holte Mao Tse-tung mit einer sogenannten Freiwilligenarmee zum Gegenschlag aus. Die Amerikaner und ihre Waffengefährten zogen sich teilweise in regelloser Flucht hinter den 38. Breitengrad zurück. Als MacArthur angesichts dieser Niederlage wirksame Luftangriffe auf alle mandschurischen Nachschubbasen des Gegners und die Rückkehr der nach Taiwan verdrängten Nationalchinesen Tschiang Kai-scheks auf das Festland forderte, ließ der Präsident aus Sorge vor Weiterungen den General ablösen.

Der ehemalige Oberbefehlshaber kehrte im Triumph nach Amerika zurück. Aber die große, durch Herbert Hoover und Joseph P. Kennedy eingeleitete Koreadebatte war schon zugunsten der Regierung entschieden. Parlamentarische Untersuchungen, die einer Brandrede des Generals vor beiden Häusern des Kongresses folgten, bestätigten erneut den von Truman und Acheson gesteuerten Kurs. Umsonst ließ sich MacArthur als Präsidentschaftskandidat christlicher Nationalisten aufstellen. Er scheiterte und zog sich ins Privatleben zurück.

Gleichzeitig endete Trumans politische Laufbahn. Die vervollkommnete Methodik der Meinungsumfragen brachte zutage, daß sein „Popularitätsindex“ von 87 auf 23 Punkte gesunken war. Die Rückschläge in Korea, Korruptionsfälle, Zänkereien und mißverstandene Reformpläne verringerten die Aussichten der Demokraten. Nach einem anstrengenden Jahrzehnt wünschten sich viele Wähler gemächlichere Zeiten. Die Mehrheit unterstützte Dwight D. Eisenhower, den konservativen Präsidentschaftskandidaten der Republikanischen Partei.

Als Eisenhower sein neues Amt antrat, starb Stalin, und es begann für die Sowjetunion eine kritische Phase. Sie erleichterte den Abschluß der seit langem laufenden Waffenstillstandsverhandlungen in Panmunjon am 27. Juli 1953. Man einigte sich auf den Status quo ante bellum. Wenn es auch nicht gelang, einen regelrechten Friedensvertrag auszuhandeln, so stand nunmehr doch fest, daß die UdSSR, das maoistische China und Nordkorea sich von der Fortsetzung des Krieges keinen Vorteil mehr versprachen.

Die militärische Stärke der Vereinigten Staaten hatte wieder zugenommen. Heer, Flotte, Luftwaffe und Marinekorps zählten 3 Millionen Mann. Die Zerstörungskraft der nuklearen Sprengsätze ging über jedes vorstellbare Maß hinaus. Als Trägerwaffen verwendete Interkontinentalbomber sollten demnächst durch Atom-U-Boote und ein System weitreichender Raketen abgelöst werden.

Die Versuchung lag nahe, dieses Wehrpotential gegenüber dem Kreml auszuspielen. John Foster Dulles hatte auch bereits die Zurückdrängung der sowjetischen Macht (roll-back), eine Korrektur des Status quo durch den Westen, als wichtigste Aufgabe bezeichnet. An der Spitze des State Department operierte der ehemalige Parlamentarier freilich nicht so verwegen, obwohl neue Konflikte das Eingreifen der USA herausforderten.

Dulles verfolgte eine „Politik der Stärke“. Ein Gürtel von Militärstützpunkten rings um die UdSSR sollte die atomare Vergeltung (massive retaliation) ermöglichen. Dazu mußte der Staatssekretär noch Voraussetzungen schaffen. Er betrieb die Remilitarisierung Japans, mit dem während des Koreakrieges in San Francisco ein Friedensvertrag ohne die Russen unterzeichnet worden war. Gleichzeitig erfuhr Tschiang Kai-schek eine Aufwertung als Bundesgenosse der USA.

Damit nicht genug, gründeten die Vereinigten Staaten, Großbritannien, Frankreich, die Philippinen, Thailand und Pakistan nach dem Vorbild der NATO in Manila die SEATO (South-East Asia Treaty Organization), schlossen die Türkei und der Irak den Bagdadpakt, ein Bündnis, das durch Beitritt des Iran, Englands und Pakistans erweitert und später als CENTO (Central Treaty Organization) bezeichnet wurde.

1956 sah sich Dulles auf die Probe gestellt. Eine ungarische Erhebung gegen den Kommunismus und der von Israel, England und Frankreich ohne vorherige Rücksprache mit Amerika entfesselte Suezkrieg alarmierten die Sowjets. Sie schickten Panzer nach Budapest und erklärten, Ägypten durch Atombombeneinsatz helfen zu wollen. Die Vereinigten Staaten riskierten dagegen nichts. Sie unterstützten weder die aufständischen Ungarn noch das Suezabenteuer der Verbündeten.

Im Gegenteil: John Foster Dulles setzte Großbritannien und Frankreich derart unter Druck, so daß sie, erbittert über den großen Alliierten, der von "roll-back" gesprochen hatte, nun jedoch am Status quo festhielt, ihre Streitkräfte aus Ägypten zurückzogen. Die antisowjetische Bündnispolitik und das Ansehen der USA waren damit erschüttert. Trotzdem wurde Eisenhower erneut zum Präsidenten gewählt.

Sein Kabinett bestand vorwiegend aus Männern der Wirtschaft. Sie schworen auf das Prinzip des "Laisser-faire" und begünstigten Privatunternehmen. Die Preis- und Mietkontrollen der Kriegszeit wurden aufgehoben, Ergänzungen der Sozial- und Krankenversicherung blokkiert, das nationale Interesse an dem vor der Küste entdeckten Erdöl verneint und Zuschüsse aus Haushaltsmitteln für die TVA erheblich beschnitten.

Dies geschah, obwohl die Demokraten wieder im Kongreß herrschten und ihre Gegenspieler einige Reformen mitzutragen wünschten. Das Bundesparlament genehmigte Beihilfen für Mütter und Kinder sowie eine Anhebung der Alters- und Invalidenrenten. Man verständigte sich auch über die enge Fassung des Bürgerrechtsgesetzes von 1957. Erst recht handelten beide Parteien gemeinsam, als 1959 Alaska und Hawaii zu Staaten der Union erklärt wurden.

Der Präsident besaß keine mitreißenden Eigenschaften. Sein Mangel an Initiative, bahnbrechenden Ideen und taktischer Geschicklichkeit war offensichtlich. Eisenhower fühlte sich wohl, wenn er zwischen Gegensätzen vermitteln konnte. Kraft und Mut zu großen Entscheidungen hatte er nicht. Nur in drei seiner acht Amtsjahre kam ein ausgeglichener Haushalt zustande. Am Ende belief sich das Defizit auf 18 Milliarden Dollar.

Immerhin erfreuten sich die Amerikaner wachsenden Wohlstandes. Anfang 1960 betrug das Bruttosozialprodukt fast 500 Milliarden Dollar und verzeichnete die amerikanische Familie ein durchschnittliches Jahreseinkommen von 6819 Dollar. Die Zahl der privaten Kraftfahrzeuge erhöhte sich auf 60 Millionen. In 45 Millionen Wohnungen standen Fernsehapparate – Statussymbole der Leistungsgesellschaft.

Die Bevölkerung der USA war in den letzten zehn Jahren von 151 auf

179 Millionen angestiegen. Zugleich hatten Massenverschiebungen ungeahnten Ausmaßes stattgefunden. Günstige Arbeitsbedingungen lockten viele Menschen nach dem Süden und Westen des Landes, wo Atlanta, New Orleans und Los Angeles einen neuen Boom erlebten. Kalifornien überholte New York und wurde zum bevölkerungsreichsten Staat der Union.

Zahlreiche Menschen zogen auch vom Land in die Stadt, deren Einwohnerschaft bald 70 % der Bevölkerung ausmachte. Gleichzeitig aber räumte der Mittelstand die Stadtkerne (cities), um Eigenheime in den Vorstädten (suburbs) zu bewohnen. Mit Gewerbe- und Einkaufszentren durchsetzt, entwickelten sich riesige Stadtlandschaften, zersiedelte Regionen zwischen Boston, New York und Washington, Chicago und Detroit, San Francisco und Los Angeles.

Die Arbeiterschaft war weitgehend emanzipiert. AFL und CIO vereinigten fast 17 Millionen Mitglieder. Für ihre alten Forderungen – partielle Tarifautonomie, Höchstarbeitszeiten und Mindestlöhne, Arbeitslosenunterstützung und Versicherungsschutz – gab es gesetzliche Verankerungen, und wo es zu Abstrichen kam, traf der Supreme Court gewerkschaftsfreundliche Entscheidungen.

Während die AFL/CIO zur Lösung politischer Aufgaben beitrug, blieb das Rassenproblem eine offene Wunde der Gesellschaft. Truman war entschieden für die Rechte der Schwarzen eingetreten und hatte ihrer Diskriminierung in den Streitkräften ein Ende bereitet. Doch Eisenhower weigerte sich, dem Beispiel seines Vorgängers zu folgen, und die beiden großen Parteien zögerten mit negerfreundlichen Reformen aus Furcht, südstaatliche Wähler zu verlieren.

Wohl gab es bereits Farbige in hohen Positionen, einen Ralph J. Bunche, Benjamin Davis und Whitney Young. Aber sie waren Ausnahmen. Grundlegend hatte sich die Stellung der 19 Millionen Schwarzen nicht gebessert. Für die meisten gab es kaum Aufstiegschancen. Erst 7,5 Prozent der Negerkinder gingen mit weißen Jungen und Mädchen gemeinsam zur Schule.

Die heimkehrenden Negersoldaten integrierter Truppenteile zollten den Rassenschranken keinen Respekt mehr. Wie andere „Bürgerrechtskämpfer“ (Civil Rights Workers) beriefen sie sich auf die Außenpolitik der USA, mit deren Hilfe zahlreiche afrikanische Staaten entstanden, die gleichberechtigte Delegationen in die Weltfriedensorganisation schickten. „Nach Lage der Dinge“, schrieb der schwarze amerikanische Schriftsteller James Baldwin, „wird ganz Afrika frei sein, ehe wir auch nur eine verdammte Tasse Kaffee bekommen können.“

Die “National Association for the Advancement of Colored People”

(NAACO) setzte mit Erfolg einige Musterprozesse in Gang. Der Oberste Gerichtshof hatte 1954 unter Chief Justice Earl Warren entschieden, daß die Rassentrennung in den Schulen (segregation) verfassungswidrig sei. Aber hundert Abgeordnete des Repräsentantenhauses riefen zur Mißachtung des Spruches auf. Bürgerräte (White Citizens Councils) organisierten den Widerstand. Der Ku-Klux-Klan machte wieder von sich reden. Die Unruhe erfaßte den ganzen Süden, auch Alabama und Texas. Überall suchte man Negerkindern den Besuch öffentlicher Unterrichtsanstalten zu verwehren.

Mittlerweile verschlechterte sich die Lage der Afroamerikaner noch mehr. Viele hatten ihre unrentablen Farmen abgestoßen und auf der Suche nach Arbeit heruntergekommene Wohnviertel in den Städten bezogen. Der sie umgebende Wohlstand wirkte provozierend. Die Gemeinden konnten wegen des Rückganges ihrer Einnahmen aus dem Steueraufkommen der abgewanderten Mittelklasse den Verfall nicht aufhalten. In den schwarzen Gettos wuchs das Elend, der Zündstoff des Hasses.

Die besten Bildungsstätten blieben dem Nachwuchs der nichtfarbigen Bevölkerung vorbehalten. Zwei Drittel aller weißen Kinder besuchten nach der Elementarschule die High School; zwei Fünftel gingen später auf ein College. Die Studentenzahl hatte sich von 1940 bis 1960 um 2,5 Millionen erhöht. Diesem Andrang war das herkömmliche Erziehungswesen kaum noch gewachsen. Auch rächte sich nun die Vernachlässigung des sozialen Status der Lehrerschaft.

Das schulische Leistungsniveau lag tief unter dem vergleichbarer Länder. Die daraus resultierende Problematik hatte zunächst nur Teile der Öffentlichkeit berührt; dann jedoch war sie in ihrer Gesamtheit durch einen gelungenen Weltraumflug der Russen aufgeschreckt worden. Als die amerikanischen Unterrichtsanstalten fortan mehr Wert auf Kenntnisse und geistige Fähigkeiten legten, fühlte sich eine Minderheit von Lehrern und Schülern, Professoren und Studenten den steigenden Anforderungen nicht gewachsen.

Einige wähnten sich disqualifiziert und wurden aus verschiedenen Gründen zu Bürgerrechtskämpfern an der Seite des schwarzen Baptistenpredigers Martin Luther King. Andere stießen zu radikalen Gruppen wie dem "Student Nonviolent Coordinate Committee" (SNICK). Zahlreiche junge Menschen entflohen in die Traumwelt des Rauschgiftes, gaben sich als gedankenlose "Hippies" und fanden Trost bei einer abgeschmackten Subkultur, überzeugt, damit die Leistungs- und Wohlstandsgesellschaft zu „verunsichern".

Dies alles stand im Zusammenhang mit Schwächen der Erwachsenenwelt, ihrem Mangel an Inspiration, politischem Willen und sozialer Sicherheit, der Entwurzelung und wachsenden Kriminalität. Die Vereinigten Staaten hatten daher 1960/61 mehr als den üblichen Machtwechsel nötig. Sie brauchten einen neuen, schwungvollen und wendigen Präsidenten. Die Demokratische Partei glaubte ihn in John F. Kennedy gefunden zu haben, der bei den folgenden Wahlen allerdings nur geringe Stimmenmehrheiten erhielt.

Kennedy hatte versprochen, sich von Persönlichkeiten beraten zu lassen, die wissenschaftliches Denken mit dem Gefühl für historische Überlieferung verbanden. Er fand sie im Dozentenverzeichnis der Harvard-Universität. Außer dem Historiker Arthur M. Schlesinger gingen ihm der Volkswirt Walt W. Rostow und der Politologe McGeorge Bundy zur Hand. Ihr Ziel war die innere Erneuerung, eine "New Frontier". Doch der Regierung fehlte die Zeit, um dieses Neuland zu betreten. Die Außenpolitik behielt Vorrang.

Nach wie vor bestimmte der Gegensatz zwischen den Supermächten die Weltpolitik, nur ließ sich die Szene nicht mehr souverän überschauen. In Ost und West war die Geschlossenheit der frühen fünfziger Jahre verlorengegangen. Das „atomare Patt“ engte den Spielraum weiter ein, denn seit der Entwicklung interkontinentaler Fernraketen (Intercontinental Ballistic Missiles) von 8000 km Reichweite bedrohten sich Amerika und die Sowjetunion unmittelbar. Die Fortsetzung des „Kalten Krieges“ wurde daher schwierig.

Der Gedanke lag nahe, die mit ihrem weit überhöhten Potential sinnlos gewordene, dabei schier unerträglich teure Atom- und Raketenrüstung einzustellen. Dieser Entschluß mochte endlich Kräfte und Mittel für innere Reformen freisetzen, bedurfte allerdings einer vorherigen Verständigung zwischen Washington und Moskau, die nur in zeitraubenden Dialogen angestrebt werden konnte. Ehe sie begannen, galt es von beiden Seiten experimentell zu erkunden, wie weit die Aktionsfähigkeit einer jeden Supermacht noch ging.

Der Präsident genehmigte eine schon unter Eisenhower geplante Landung bewaffneter Emigranten auf Kuba, ließ ihr jedoch im letzten Augenblick den Rückhalt entziehen und verurteilte so das Unternehmen zum Scheitern. Für den Diktator der Zuckerinsel, dessen Regime nun vollends kommunistische Züge annahm, war dies ein leichter Triumph, während Kennedy herbe Kritik zu hören bekam. Erst ein erfolgreicher Raumflug, zu dem Alan Shepard am 5. Mai 1961 bei Cape Canaveral startete, lenkte die Öffentlichkeit von der Politik ab.

Während der Sommerferien erprobte Chruschtschow die Beweglichkeit der UdSSR. Den Geheimdiensten der NATO-Mächte konnte die

Massierung von 67500 sowjetische Soldaten und 1205 Panzern in und um Berlin nicht verborgen bleiben. Die Vereinigten Staaten, Großbritannien und Frankreich sahen jedoch untätig zu, als Truppen der DDR auf Geheiß des Kreml am 13. August 1961 gegenüber den drei Westsektoren eine Sperrmauer errichteten, obwohl sie kein Recht hatten, das Gebiet der alten Reichshauptstadt zu betreten.

Nach dieser zweiten Berlin-Krise war wieder Kennedy am Zuge. Er mußte Entschlossenheit und Stärke der Vereinigten Staaten demonstrieren. Allerdings sollte dies nicht geschehen, wo sich die Interessenlinien beider Mächte überschnitten. Der für die „Politik des begrenzten Risikos" geeignete Schauplatz war bald gefunden. Auf Grund eines vor drei Monate geschlossenen Beistandsabkommens befahl der Präsident, Südvietnam im Kampf gegen kommunistische Partisanen durch Entsendung von „Beratern" zu unterstützen, deren Zahl bald auf 16500 stieg.

Darauf setzte die sowjetische Strategie sozusagen im Rösselsprung über den Atlantik, um eine neue vorteilhafte Schlüsselposition gegenüber den USA einzunehmen. Amerikanische Aufklärungsflugzeuge und Beobachter der CIA meldeten, daß von den Russen auf Kuba insgeheim Abschußrampen für Mittel- und Langstreckenraketen errichtet wurden, die große Teile Nordamerikas, vor allem Washington, New York und Chicago bedrohten.

Dieser Aufmarsch konnte, wenn ihn Moskau plötzlich enttarnte, das Vertrauen der Alliierten in die Vereinigten Staaten erschüttern. Eine Unterredung zwischen Kennedy und dem sowjetischen Außenminister machte außerdem deutlich, daß Chruschtschow die bloße Existenz der kubanischen Raketenbasis erpresserisch auszunutzen gedachte. Noch vor Ende des Jahres ließ der Partei- und Regierungschef androhen, daß die Berlin-Frage gelöst werden müsse, widrigenfalls Rußland mit der DDR, dem zweiten deutschen Staat, einen Friedensvertrag abschließen werde. Die Ereignisse überstürzten sich. Der National Security Council empfahl energische Vorkehrungen. Das amerikanische Oberkommando setzte den größten Teil der Streitkräfte in Kampfbereitschaft, einschließlich überseeischer Stationierungstruppen, dazu die Sechste Flotte im Mittelmeer, die Siebente Flotte bei Taiwan sowie das U.S. Strategic Air Command, dessen Langstreckenflugzeuge mit Atom- und Wasserstoffbomben beladen waren. Fast 200 Schiffe der U.S. Navy nahmen Kurs auf Kuba. Marineinfanterie und Fallschirmverbände standen zur Landung bereit.

Zugleich übte Kennedy größte Vorsicht. Eine „Quarantäne", die er am 22. Oktober 1962 über Kuba verhängte, wurde so gehandhabt, daß der Kreml, um sein Gesicht zu wahren, fünfundzwanzig mit Kriegsmaterial beladene Transporter ohne viel Aufhebens zurückrufen konnte. Noch pokerte Chruschtschow: das erste sowjetische Schiff passierte die Blockadelinie. Aber die anderen Frachter verlangsamten ihre Fahrt und drehten schließlich ab. „Es ist, als starren sich zwei in die Augen – jetzt hat einer mit der Wimper gezuckt“, sagte Staatssekretär Dean Rusk.

Drei Monate nach der Raketen-Krise wurden neue Verhandlungen angeknüpft, alsbald unterbrochen, aber schließlich fortgesetzt. Sie führten Anfang August zu einem Vertrag über die teilweise Einstellung der Kernwaffenversuche. Diesen Schritt, dem weitere folgen sollten, erlebte Kennedy noch. Am 22. November 1963 fiel er auf der Fahrt durch Dallas in Texas einem Attentat zum Opfer, dessen Hintergründe die von Earl Warren geleitete Untersuchungskommission nicht restlos klärte.

Vielen Amerikanern, besonders Leuten im Süden und Westen der Union hatte stets mißfallen, daß Kennedy ihre Wünsche, Gefühle und Vorurteile zu ignorieren schien und als liberaler Katholik und Angehöriger eines reichen, ehrgeizigen Familienclans im Fernsehen nicht die schlichte Ausdrucksweise des kleinen Mannes annahm. Dagegen wirkte Lyndon B. Johnson, der Nachfolger des Ermordeten, eher volkstümlich. Jedenfalls gewann er spielend die Präsidentschaftswahlen von 1964.

DER VIETNAMKRIEG

Den Regierungsantritt des neuen Präsidenten begünstigte eine veränderte weltpolitische Lage. Rußland litt unter wirtschaftlichen Schwierigkeiten; ein Konflikt der Sowjetunion mit dem maoistischen China zog weite Kreise, Chruschtschow stürzte, und sein Nachfolger Leonid I. Breschnew mußte sich noch als der allein maßgebende Parteichef durchsetzen. Zum erstenmal seit einem Vierteljahrhundert hatten die Vereinigten Staaten daher genügend Zeit für soziale Reformen.

Lyndon B. Johnson verfügte auf Grund seiner langjährigen Kongreßtätigkeit über reiche Erfahrung im Umgang mit den parlamentarischen Institutionen. Auch durch den glänzenden Wahlsieg war er gut vorbereitet. Das reformpolitische Programm des Präsidenten ließ Kennedys "New Frontier" hinter sich zurück und wies auf die Konturen einer "Great Society" – Gleichberechtigung und Wohlstand für alle Amerikaner.

Die Reformen begannen mit einem „Feldzug gegen die Armut". Johnson löste Sozialvorlagen, die in Kongreßausschüssen festlagen, aus der Starre und gab nach Maßgabe eines neuen Economic Opportunity Program notleidenden Gruppen die Chance, sich selber zu helfen. Ein Appalachian Regional Act sollte für die wirtschaftliche Entwicklung zurückgebliebener Gebiete bahnbrechend werden.

Das kürzlich geschaffene Department of Housing and Urban Development versuchte die Großstadtprobleme zu lösen. Sein Leiter wurde Robert C. Weaver, ein Neger, der schon in anderen Positionen auf systematische Sanierung der Slums gedrungen hatte. Er vergab Kredite und Mietzuschüsse, stellte Geldmittel für Geländeerschließung, Wohnungsbau, Renovierungsarbeiten und Nahverkehrseinrichtungen bereit, schuf Erholungsgebiete und förderte den Denkmalschutz.

Überraschenderweise nahm Johnson alle Hindernisse, die bisher Eingriffen der Bundesregierung entgegengestanden hatten. Auf seinen Antrag verabschiedete der Kongreß in wenigen Jahren einhundert Gesetze zur Verbesserung des Schul- und Gesundheitswesens. Besonderes Gewicht hatte der Elementary and Secondary Education Act sowie das neue Krankenversicherungsgesetz zugunsten älterer Menschen.

Als Krönung des Reformwerkes sollten zwei weitere Bürgerrechtsgesetze nicht nur das Wahlrecht und die Wählbarkeit der Schwarzen sichern, sondern auch ihre Gleichstellung am Arbeitsplatz und im öffentlichen Leben gewährleisten. Die Bundesregierung wurde ermächtigt, das Ende der Rassendiskriminierung notfalls durch den Entzug finanzieller Zuwendungen an Einzelstaaten, Grafschaften und Gemeinden zu erzwingen.

Weiße Amerikaner wie George C. Wallace, der als Gouverneur von Alabama seit Jahren gegen die Bürgerrechtsbewegung kämpfte, antworteten mit heftigen Protesten und befürworteten harte, zum Teil ungesetzliche Gegenmaßnahmen. Auch unter den Schwarzen gärte es. Überspannte Erwartungen, die nicht erfüllt wurden und der Zorn auf das undurchschaubare Gewirr komplizierter Vorschriften entluden sich in Krawallen.

Die von Martin Luther King organisierte Southern Christian Leadership Conference verlor an Einfluß. Eine neue schwarze Generation besann sich auf ihr afrikanisches Erbe. Junge Neger empfanden sich als "Black Power". Ihr Idol war der ehemalige Sträfling Malcolm X. Die Führung übernahmen Stokely Carmichael und Huey Newton. In Stadt und Land formierten sich "Black Panthers", "Mau Maus" und "Black Muslims". Sie wollten nicht die Integration, sondern den Umsturz.

Der Brandschutt des Aufruhrs säumte noch die Straßenränder schwarzer Gettos in einigen großen Städten, als das Weiße Haus am 2. August 1964 eine weitere Unglücksnachricht erreichte. Im Golf von Tongking hatten nordvietnamesische Torpedoboote einen Zerstörer der U.S. Navy angegriffen und dadurch ein Seegefecht ausgelöst, an dem sich bald andere amerikanische Schiffe und Flugzeuge beteiligten.

Nach Beratungen mit Dean Rusk und George Ball (State Department), Robert McNamara und Cyrus Vance (Department of Defense), dem Council of National Security, Kongreßführern und Sprechern der Joint Chiefs of Staff befahl der Präsident, einen Vergeltungsschlag aus der Luft zu führen. Zugleich verabschiedete der Kongreß die sogenannte Tongking-Golf-Resolution.

Die Entschließung ermächtigte den Präsidenten, „jeden Angriff auf Streitkräfte der Vereinigten Staaten zurückzuweisen"; die Regierung sollte „alle erforderlichen Schritte" tun – und auch Truppen einsetzen –, „um den Mitgliedstaaten des SEATO-Paktes bei der Verteidigung zu helfen". Nur zwei Senatoren waren dagegen; alle 486 Abgeordnete des Repräsentantenhauses stimmten für die Resolution.

Johnson dachte an die Abberufung der Ausbilder, die Südvietnam beim Aufbau eigener Streitkräfte zur Abwehr kommunistischer Partisanen unterstützten. Ende 1964 erfuhr der Präsident jedoch, daß die Regierung in Hanoi das Genfer Abkommen von 1954 brach und mit regulären Verbänden eingriff. Angesichts dieser Aggression stand ein Disengagement nicht länger zur Debatte. Die katastrophalen Folgen des amerikanischen Truppenabzuges aus Korea (1949) waren noch in aller Erinnerung.

Anfang 1965 bat General William C. Westmoreland, der amerikanische Oberbefehlshaber in Vietnam, um Luftwaffenunterstützung. Sie wurde ebenso gewährt wie die Entsendung von Bodentruppen. McNamara, Vance, Bundy, auch Eisenhower, den Johnson zu Rate zog, empfahlen militärische Maßnahmen. Südkorea, Australien und Neuseeland schlossen sich an. Thailand stellte Stützpunkte zur Verfügung, als die Partisanenkämpfe auf Laos und Kambodscha übergriffen.

Dennoch trug Amerika die Hauptlast des Krieges. Die anderen Staaten leisteten nur geringen Beistand. Charles de Gaulle, der französische Staatspräsident, bestritt sogar die Notwendigkeit des Eingreifens. Dabei wußten alle, worum es ging. Hinter Hanoi stand das nach einer gelungenen Atombombenexplosion besonders aktive China. Mao Tsetung wollte mit Nordvietnam als Werkzeug das südostasiatische Staatengefüge aufbrechen.

Amerika stand mit feierlichen Stellungnahmen seiner Regierung bei den „freien Völkern" im Wort. Es garantierte das Recht auf die Existenz eines nichtkommunistischen Vietnam, während Maos Helfer, der nordvietnamesische Diktator Ho Tschi Minh und andere Machthaber, ganz Indochina zu überwältigen trachteten. Begegneten die USA dieser Aggression nicht mit starkem Widerstand, so wurde der SEATO-Pakt hinfällig und die Glaubwürdigkeit der Vereinigten Staaten erschüttert.

Nicht jeder Amerikaner verstand diese Zusammenhänge und ihre Konsequenzen. Parlamentarier wie Mike Mansfield neigten zum „Neo-Isolationismus" und forderten ein „Abstoppen" der Luftangriffe und „Verhandlungen mit den Kommunisten". Während der aus Anlaß einer zweiten Bürgerrechtsvorlage 1965 erneut losbrechenden Rassenkrawalle mischten sich unter sozialpolitische Forderungen erstmals Antikriegsparolen.

Gleiches geschah bei der „Campus-Revolte" an den Hochschulen. Herd dieser Umtriebe war die Universität Berkeley, wo sich unter dem Einfluß des Philosophen Herbert Marcuse eine „Neue Linke" bildete, geschart um die Literaten William S. Bourrough ("Junkie"), Jerry Rubin ("Do it") und Allen Ginsberg ("How"). Für Drogen, die häufig ins Spiel kamen, bildete der nahe Hafen von San Francisco das Eingangstor.

Carmichael und Newton behaupteten, in Vietnam fielen mehr Farbige als Weiße, was wieder einmal zeige, wie es wirklich um das Bürgerrechtsgesetz stehe. Rebellische Studenten verweigerten den Kriegsdienst, schmähten die Flagge und forderten „Systemveränderung“, eine „andere Republik“. Liberale, deren Sensibilität für den Totalitarismus erloschen war, verhalfen den Minderheiten zu breiter Publicity. Die amerikanischen Verluste waren anfänglich gering. Um so mehr stiegen die Kriegskosten. Johnson erklärte 1966 vor dem Kongreß, man könne „die Great Society aufbauen und zugleich in Vietnam kämpfen“. Aber bald mußte der Präsident um zehnprozentige Steuererhöhung nachsuchen. Das Parlament lehnte sie ab. Die Geldmittel für das Economic Opportunity Program begannen zu versiegen. Das Reformwerk stockte.

Neue schwere Unruhen waren die Folge. Bombenattentate forderten Menschenleben. Der Mob plünderte Geschäfte und brannte ganze Straßenzüge nieder. In Los Angeles, Chicago und Detroit, New York, Newark und Baltimore, Cleveland und Pittsburgh fanden Hunderte den Tod. Als Martin Luther King einem Mordanschlag zum Opfer fiel, wurden noch andere Städte von bürgerkriegsartigen Ausschreitungen betroffen.

Indessen hatten Luftstreitkräfte der USA mehr Bomben abgeworfen als die Alliierten während des Zweiten Weltkrieges. Die Zahl der in Südvietnam eingesetzten Soldaten stieg auf 548 500 Mann, von denen 1968 fast 14 500 fielen, größtenteils zur Zeit der kommunistischen „Tet-Offensive“. Das Fernsehen verbreitete mit seinen schonungslosen Bildberichten nicht allein Schrecken, sondern bestärkte auch die Abneigung der Amerikaner gegen „verstrickende Bündnisse“ (entangling alliances).

Die „Campus-Revolte“ hatte auf das ganze Land übergegriffen. Von Universitätsprofessoren in dem Glauben bestärkt, daß der Krieg ungesetzlich sei, empört über die zutage getretene Wehrungerechtigkeit und das Ausbleiben einer Kriegserklärung, waren 250 000 Demonstranten vor dem Pentagon zusammengeströmt. Viele junge Männer verbrannten ihre Einberufungsbefehle und entzogen sich dem Dienst mit der Waffe durch die Flucht nach Kanada.

Für die Politiker wuchs das Dilemma. Mike Mansfield, J. William Fulbright, Robert F. Kennedy und John McCormack begannen von der Tongking-Golf-Resolution abzurücken. Kabinettsmitglieder wie McNamara und Acheson drängten den Präsidenten zur Beendigung des Krieges. Doch der Versuch, die Vietnamgespräche wiederzubeleben, scheiterte ebenso wie ein Briefwechsel zwischen Johnson und Ho Tschi Minh.

Die Regierung stand vor einem politischen Scherbenhaufen. Ihr Reformwerk war unvollendet, die Nation in „Falken“ (hawks) und „Tauben“ (doves) gespalten, der Krieg aussichtslos. Nach reiflichen Überlegungen ließ Johnson die Bomberoffensive südlich des 20. Breitengrades einstellen und gleichzeitig bekanntgeben, daß er bei der bevorstehenden Wahl als Präsidentschaftskandidat nicht zur Verfügung stehen werde.

Robert F. Kennedy, dem nun die besten Aussichten prophezeit wurden, erlitt das gleiche Schicksal wie sein Bruder, der Präsident. Er wurde ermordet. Eine Straßenschlacht zwischen Demonstranten und Polizisten während des demokratischen Parteikonventes in Chicago vermehrte das allgemeine Mißbehagen. Obwohl die Demokraten wie ihre Gegenspieler "law and order" versprachen, stand das Urteil der „schweigenden Mehrheit“ (silent majority) fest. Sie wählte Richard M. Nixon, einen Republikaner, zum ersten Mann der Union.

Ein vorübergehendes Nachlassen der politischen Stürme erleichterte seinen Regierungsantritt. Aus den Negergettos und Universitäten schien die revolutionäre Unruhe gewichen. Die schwarze Protestbewegung zersplitterte ebenso wie die linksradikale Studentenschaft. Ein sensationelles Raumfahrexperiment der National Aeronautics and Space Administration (NASA) – die am 21. 7. 1969 gelungene Mondlandung von Edwin Aldrin, Neil Armstrong und Michael Collins – beschäftigte die Öffentlichkeit zeitweise mehr als der innere Hader.

Ende 1969 begann der Truppenabzug. Nixon hatte erkannt, daß Amerika „zweieinhalb Kriege“ – eine Strategie zur Verteidigung seiner Alliierten in Europa und Asien bei ausreichenden Reserven für einen dritten lokalen Konflikt – moralisch und materiell nicht durchstehen würde. In dieser Situation blieb den USA, wollten sie einen Atomwaffeneinsatz vermeiden, nur Abkehr (disengagement) und Entspannung (détente) übrig. Ein erster Schritt war bald getan. Der Präsident traf sich mit dem südvietnamesischen Staatschef auf Midway und vereinbarte die „Vietnamisierung“ des Konfliktes.

Henry A. Kissinger, der Sicherheitsberater und spätere Außenminister des Präsidenten, dachte an einen „ehrenhaften Frieden“ (peace with honor) unter Hinterlassung stabiler Verhältnisse in Südvietnam. Eine „Ära der Verhandlung“ mit der Sowjetunion, China und Nordvietnam sollte die „Détente“ fördern. Dazu gehörte ein Fortgang der seit dem Ende des Atomwaffenmonopols besonders dringenden und daher schon von Nixons Vorgängern eingeleiteten Abrüstungsgespräche.

Die kommunistischen Mächte waren aber nicht bereit, Amerika den Rückzug zu erleichtern. Trotz ihres fortdauernden Haderns unterstützten die Sowjetunion und China weiter das kämpfende Nordvietnam. Über den Ho-Tschi-Minh-Pfad, eine Dschungelroute in Laos und Kambodscha, wurden die Partisanen in Südindochina mit Nachschubgütern versorgt und befähigt, amerikanische Streitkräfte zu binden.

Nixon ließ den Bombenkrieg wiederaufnehmen und Vorstöße der Südvietnamesen in die Nachbarländer unterstützen. Mittlerweile bewahrheitete sich der Hinweis des chinesischen Ministerpräsidenten Tschu En-lai auf ein sehr wirksames Strategem seines Landes, die planmäßige Schwächung der U.S. Army durch Rauschgift. Demoralisierte Soldaten verweigerten den Gehorsam und ermordeten ihre Vorgesetzten.

Ebenso kräftig war die propagandistische Einflußnahme der Kommunisten. Auf jeden militärischen Entschluß der Regierung folgte an den Universitäten die Ausgabe antiamerikanischer Parolen. Begleitet von Bombenanschlägen, nahmen die Unruhen wieder zu, Studenten setzten sich mit Steinhageln gegen die Nationalgarde zur Wehr. Deserteure zogen zum Kapitol und warfen Kriegsauszeichnungen auf die Stufen des Kongreßgebäudes.

Das Bundesparlament begann sich aus der Verantwortung für den Krieg zurückzuziehen. Zwar wurden die Gelder weiter bewilligt, doch setzte der Kongreß seine Tongking-Golf-Resolution außer Kraft und Verbot den Einsatz amerikanischer Truppen in Laos. Der Ho-Tschi-Minh-Pfad blieb offen. Erneute Bombenangriffe zeigten keine entscheidende Wirkung. Nach dem Abzug des australischen Kontingentes begann die SEATO auseinanderzufallen.

Kissinger hatte die „Ära der Verhandlungen" eröffnet. Ihre wichtigste Prämisse waren die unterschiedlichen Interessen der Sowjetunion und Chinas. Der zwischen ihnen aufgerissene Graben mußte sie auch in Südostasien trennen, wo drei „Freiheitsbewegungen" (Vietkong, Pathet Lao und Rote Khmer) um den Sieg rangen und anfingen, ihre Helfer, die kommunistischen Großmächte, gegeneinander auszuspielen.

Kissinger hielt für seine Verhandlungen mit der UdSSR und China je einen Themenkatalog bereit. Den Kreml interessierte vor allem die Wiederaufnahme der Abrüstungsgespräche – Strategic Arms Limitation Talks (SALT) –, die denn auch zu einem ersten bescheidenen Ergebnis führten. Peking durfte hoffen, daß die Vereinigten Staaten nicht länger den Alleinvertretungsanspruch Taiwans bei der UNO unterstützten.

Im Februar und Mai 1972 waren die Verhandlungen so weit gediehen, daß Nixon als erster Präsident der USA nach Peking und Moskau fliegen konnte. Er half China durch Vereinbarungen über die Herabstufung der amerikanischen Präsenz auf dem ostasiatischen Festland aus der Isolation und unterzeichnete mit dem sowjetischen Parteichef Leonid I. Breschnew im Kreml das SALT-I-Abkommen zur zahlenmäßigen Begrenzung der beiderseitigen Trägerraketen und Atom-U-Boote.

Nun konnte sich auch Nordvietnam Verhandlungen nicht länger entziehen, zumal Nixon einer Großoffensive der Kommunisten 1972 mit den bisher schwersten Bombenangriffen auf Hanoi begegnete und die Gewässer von Haiphong verminen ließ. Anfang Januar 1973 schloß Kissinger mit dem Gegner in Paris ein Waffenstillstandsabkommen, das nach Abzug der letzten amerikanischen Verbände rechtskräftig werden sollte.

Als die Voraussetzung erfüllt war, setzte der Angreifer den Krieg fort, bis ganz Südvietnam, Laos und Kambodscha in kommunistischer Hand waren. Millionen Menschen erlebten vor dem Fernsehschirm, wie Saigon fiel. Noch eindringlicher zeigte die jahrelang andauernde Fluchtbewegung der Südostasiaten, daß 55 993 Amerikaner und 185 000 Verbündete ihr Leben für eine verlorene Sache gelassen hatten.

NIEDERGANG

Während des Vietnamkrieges hatte die „liberale", aufklärerische Indoktrination weiter zugenommen. Mit Hilfe von Massenmedien begann die „Demokratisierung" des öffentlichen Lebens, eine grenzenlose Diskussion über alles und jedes, um die Verantwortung für das Handeln auf möglichst viele Schultern zu verteilen. Ältere Wertvortstellungen gerieten ins Wanken. Autoritäre Führungsmethoden wurden in Frage gestellt.

Man diskreditierte den Antikommunismus, leugnete die latente Bedrohung des Friedens und der Freiheit. Der „Kalte Krieg" wurde zur beklemmenden Erinnerung. Vietnam erschien als Tummelplatz amerikanischer Verbrechen. Der Individualismus gefiel sich in grotesken Übersteigerungen. "Liberals" verharmlosten den Rauschgiftkonsum, erheischten Amnestie für Deserteure und verlangten die Abschaffung der Wehrpflicht.

Nach langen Jahren eines übertriebenen Konformismus ging der Konsens verloren. Der Zeitgeist gebot hemmungslose Kritik. Durch sie wurden Tugenden, von denen der Gemeinsinn lebte, geschwächt. Die Wahlbeteiligung sank. Waren 1960 noch 63 Prozent der amerikanischen Staatsbürger zu den Urnen gegangen, so fielen die vergleichbaren Zahlen 1964, 1968, 1972 und 1976 auf 61%, 60%, 55,6% und 54,4%.

Die Politiker gerieten unter zunehmenden Druck der Medien. Sie beschuldigten Johnson, seine Vollmachten überschritten und den Kongreß getäuscht zu haben. Damit war auch die Vivisektion von Nixon vorgezeichnet; schon zieh man ihn der „imperialen Präsidentschaft". Senatoren und Abgeordneten wurden vorgeworfen, sie hätten sich durch die Tongking-Golf-Resolution des Rechtes der Kriegerklärung begeben. Viele kamen so als Mitschuldige des Vietnam-Abenteuers an den Pranger. Wer wiedergewählt werden wollte, mußte klein beigeben.

Gleichwohl wünschten sich die meisten Amerikaner eine starke Führung. Um diesem Anspruch genügen zu können, waren die Präsidenten seit langem auf Advisers und Beratungsgremien angewiesen. Nixon erhöhte ihre Zahl, indem er einen Domestic Council berief. Doch das Bestreben, den Abstand zur Ministerialbürokratie zu vergrößern, brachte keinen Gewinn. Die Macht der Exekutive wurde weiter beschnitten, insbesondere durch den War Powers Act, eine gesetzliche Vorkehrung zur Kontrolle der ausführenden Gewalt bei militärischen Einsätzen.

Die „manipulatorische Regierungsweise" des Präsidenten wurde heftig kritisiert. Hinzu kam der Vorwurf des Amtsmißbrauches. Er nahm im Wahlkampf an Schärfe zu und wollte trotz des Erfolges, den Nixon errang, nicht verstummen. Der erste dramatische Höhepunkt war erreicht, als der Vizepräsident zu Fall kam. Die Prüfung seiner Konten und Steuererklärungen – eine bewährte Methode innenpolitischer Auseinandersetzungen – brachte ihn vor Gericht.

Die Regierung bot noch mehr Angriffsflächen. Helfer eines Komitees, das die Wiederwahl des Präsidenten unterstützt hatte, waren verhaftet worden, als sie Büroräume der Demokratischen Partei im Washingtoner Watergate-Hotel aufbrachen. Fünf Delinquenten und zwei Hintermänner aus dem Weißen Haus – ehemalige Mitarbeiter der Central Intelligence Agency (CIA) und des Federal Bureau of Investigation (FBI) – wurden angeklagt. Ihre Aussagen sowie Recherchen der "Washington Post" erhärteten den Verdacht, daß Nixon die kriminellen Machenschaften seiner politischen Freunde deckte.

Anhörungen eines Senatsausschusses, denen jeder Amerikaner am Fernsehschirm oder vor dem Rundfunkapparat folgen konnte, enthüllten, daß der Präsident im Weißen Haus von vertraulichen Gesprächen regelmäßig Tonbandaufnahmen anfertigen ließ. Durch dieses Untersuchungsergebnis wurde Nixon zum Kronzeugen des laufenden Verfahrens. Er bemühte sich die Angelegenheiten zu vertuschen und kämpfte ein Jahr lang verbissen um Zeitgewinn. Doch schließlich zwang ihn ein Gerichtsurteil zur Herausgabe der Beweismittel.

Nach ihrer Prüfung leitete der Rechtsausschuß des Repräsentantenhauses in drei Punkten das Amtsenthebungsverfahren (impeachment) ein. Kurz darauf berichteten die Kongreßführer der Republikanischen Partei dem Präsidenten, daß voraussichtlich nur wenige Senatoren und Abgeordnete gegen ein Verdikt stimmen würden. Um der sicheren Niederlage zu entgehen, trat Nixon am 9. August 1974 von seinem Posten zurück.

Gerald R. Ford, den die Republikaner für diesen Fall bereitgehalten hatten, zog mit Genehmigung des Kongresses in das Weiße Haus ein. Er amnestierte kraft Begnadigungsrechtes den aus seinem Amt vertriebenen Vorgänger, obwohl gegen ihn kein Gerichtsurteil ergangen war. Diese Entscheidung und die ausgebliebene Volkswahl verhinderten, daß Ford mehr als ein Übergangspräsident wurde.

Die Watergate-Affäre hatte den Sensationshunger der Presse nicht gestillt. Ihre Rechercheure suchten weiter nach Verborgenem. Sie brachten „Romanzen" von Roosevelt, Eisenhower und Kennedy ans Licht, enthüllten illegale Aktionen der CIA und geißelten die Bestechungspraktiken großer Rüstungskonzerne. Der Kongreß reagierte mit Untersuchungen und vorbeugenden Maßnahmen. Das Oberste Gericht bestätigte das neue Wahlkampfgesetz gegen die Korruption der Parteien.

Die verfassungsmäßigen Organe der USA gingen ohne Schaden aus den Erschütterungen hervor; Menschen hatten versagt, nicht Institutionen. Allerdings war, gestärkt durch neue Technologie und wirtschaftliche Konzentration, neben den drei klassischen Gewalten die Presse als vierte Kraft in Erscheinung getreten. Die Macht der Medien unterstand keiner politischen Kontrolle. Nur die Konkurrenz setzte ihnen Schranken.

Fords kurze Amtsperiode stand im Zeichen einer seit dem Vietnamkrieg andauernden Wirtschaftskrise. Der Konjunkturrückgang hatte schon zur Zeit von Kennedy begonnen, einmal wegen des hohen Sättigungsgrades an Konsumgütern, zum anderen auch, weil außer Japan die Europäische Wirtschaftsgemeinschaft den Export der Vereinigten Staaten erschwerte und Zollverhandlungen mit ihr daran nicht viel änderten.

Zur Konjunkturschwäche kam die Energiekrise. Während des Jom-Kippur-Krieges im Nahen Osten hatten arabische Staaten gegen Amerika ein Ölembargo verhängt, das neue Belastungen mit sich brachte. Obwohl die USA rund 55 Prozent ihres Bedarfs selbst deckten, in einem Gürtel, der sich vom südlichen Arizona über Wyoming bis nach Montana hinzieht, weitere Vorkommen erschlossen und 1975 mit dem Bau einer 1285 km langen Trans-Alaska-Pipeline begannen, trat keine Besserung ein.

Das System von Bretton Woods war zusammengebrochen, der Dollar nicht mehr allein die Leitwährung. Dank seiner zweimaligen Abwertung erzielten die USA wieder einen Handelsbilanzüberschuß. Aber die Stagflation hielt an. Der Kongreß behinderte das Energieprogramm des Präsidenten. Ungeachtet der Tatsache, daß dieses Konzept geeignet erschien, das Profitstreben der „Ölmultis" zu bremsen, warfen die Demokraten der Regierung allzu große Rücksichtnahme auf Kapitalinteressen vor.

James E. Carter, der 1977 das Weiße Haus bezog, hatte dem Lande eine neue Regierung versprochen, „so offen, ehrlich und anständig wie das amerikanische Volk". Dieser Versuch, ohne eine Konzeption auszukommen, mußte in den „Jahren nach Vietnam und Watergate" ebenso zusagen wie die kleinstädtische Attitüde des Präsidenten, sein Ausdruck von Biederkeit und Machtverzicht. Die wohlfeilen Verallgemeinerungen waren freilich kein Optimat für ein Amerika, das an sich selbst zu zweifeln begonnen hatte.

Wenn Carter ein politisches Thema – zum Beispiel das Problem der Menschenrechte – aufgriff, verlor er bald die Gesamtlage aus den Augen. Sein Handeln war ohne glaubhafte Prämisse. Das als Geste des guten Willens gemeinte Aussetzen strategischer Programme (B-1-Bomber, Neutronenwaffe) entlarvte den konfusen Führungsstil des Präsidenten und ließ die Risikobereitschaft der sowjetischen Außenpolitik anwachsen.

Die „Konferenz über Sicherheit und Zusammenarbeit in Europa" in Helsinki (KSZE) sollte der Entspannungspolitik neue Impulse geben und durch Folgetreffen und bilaterale Verträge, vor allem ein SALT-II-Abkommen, ergänzt werden. Jede der beiden Supermächte hoffte daraus Vorteile ziehen zu können, nur gingen ihre Interessen weit auseinander.

Für die Anerkennung der 1945 gezogenen Grenzen – des sowjetischen Besitzstandes – hatte sich Breschnew von Ford und Kissinger humanitäre Zugeständnisse abhandeln lassen. Die Dialektik der Schlußakte von Helsinki führte jedoch zu scharfen Kontroversen. Carter bestand auf Wahrung der Menschenrechte, der Kreml wies diese Vorstöße als „Einmischung in die inneren Angelegenheiten" energisch zurück.

Während sich die USA durch ihre beständigen Ermahnungen einige Staaten des Westens (Argentinien, Brasilien und Chile, Südafrika und die Türkei) entfremdeten, setzte die Sowjetunion ihre expansionistische Politik ungeniert fort, indem sie rüstete und wichtige Schlüsselpositionen an den Transportwegen des für alle Industrieländer lebenswichtigen Erdöls unter sowjetische Kontrolle brachte. In Angola landeten kubanische Truppen. Äthiopien und Südjemen wurden von Beratern aus dem sozialistischen Lager gegängelt.

Die USA konnten solchen Herausforderungen unterhalb der „Atomschwelle" kaum noch mit angemessenen Gegenzügen (flexible response) begegnen. Nach der „unehrenhaften Entlassung" von etwa 250000 Soldaten der U.S. Forces hatte Nixon die allgemeine Wehrpflicht abgeschafft und ein Berufsheer aufzustellen begonnen. Aber die Zahl der Freiwilligen blieb hinter den Erwartungen zurück. Amerika verfügte daher nicht über genügend starke Eingreifreserven.

Das „Vietnam-Syndrom" griff weiter um sich. Zwar zog Carter nicht, wie versprochen, die amerikanischen Kräfte aus Korea zurück, doch akzeptierte er Bedingungen für ein SALT-II-Abkommen, denen zahlreiche Senatoren widersprachen. Zuvor hatte der Kongreß nationalafrikanischen Freiheitsbewegungen die Militärhilfe entzogen, damit die von den Sowjets unterstützten Revolutionäre in Angola und anderen Ländern nicht länger auf starken Widerstand stießen und so ein „zweites Vietnam" vermieden wurde.

Die von Kissinger geforderte Gegenseitigkeit (linkage) blieb aus. Der Versuch, die UdSSR in dem zwischen Israel und den arabischen Staaten andauernden Nahost-Konflikt zu neutralisieren, mißlang. Eine iranische Revolution, die zum Sturz des mit Amerika eng verbundenen Schahs führte, überraschte Washington, verschärfte das Energieproblem der Industrieländer und bot Rußland Gelegenheit, Afghanistan zu besetzen.

Besonders schwer traf Amerika die Verhaftung des Personals der US-Botschaft in Teheran. Diese Geiselnahme wie auch das Scheitern der Versuche, die 52 Gefangenen durch Verhandlungen, UNO-Appelle, Interventionen von dritter Seite, wirtschaftlichen Druck und ein Kommandounternehmen freizubekommen, wurden als tiefe „Demütigung des Riesen" empfunden, den eine Handvoll Besessener hohnlachend umherstieß.

Die 8 Millionen Arbeitslosen und eine Inflationsrate von 13 Prozent lasteten schwer auf der Regierung. Das Versagen sozialer Reformen fiel ins Gewicht. Sie hatten einer neuen farbigen Mittelschicht zum Aufstieg verholfen, das Rassenproblem aber nicht gelöst. Die Masse der Neger war ärmer als zuvor, die Arbeitslosigkeit der jungen Schwarzen in den großen Städten mit 40–60 % katastrophal. Kein Wunder, daß die Kriminalität weiter zunahm und 1979 jeder zweite Strafgefangene aus dem afroamerikanischen Subproletariat kam.

Auch andere Minderheiten waren nicht integriert. Von 1,02 Millionen Indianern, denen man 1924 die amerikanische Staatsbürgerschaft verliehen hatte, lebten nicht mehr als 10 000 unter der weißen Bevölkerung. Ebenso hielten sich die 500 000 Chinesen und 400 000 Japaner sowie kleinen Gemeinden deutscher Quäker und chassidischer Juden abseits. Allerdings bildeten sie keine klassenkämpferischen Gruppen.

Daß die Vereinigten Staaten als „Schmelztiegel" (melting pot) nicht mehr ganz selbstverständlich den Typus des Durchschnittsamerikaners hervorbrachten, der menschliche Elemente aus England und Schottland, Irland und Wales, Deutschland, Polen und Skandinavien in sich vereinigte, bewies das Sozialverhalten neuer Einwanderermassen aus den spanischsprechenden Ländern des Doppelkontinentes.

Der größte Teil dieser "Chicanos" stammte aus Mexiko; andere "Latinos" waren kubanischer Herkunft oder kamen von Puerto Rico. Bis 1980 hatten sich 13 Millionen in den Vereinigten Staaten niedergelassen, dazu mindestens 7,3 Millionen illegale Einwanderer. Sie bildeten 10 Prozent der Gesamtbevölkerung und schickten sich an, mit ihrer hohen Geburtenrate die Neger (11,7 Prozent) zu überholen.

Diese und viele andere Entwicklungen hatten die "Liberals" der beiden großen Parteien glänzend analysiert, doch war in den von ihnen beherrschten Legislaturen und Gerichten häufig Unklarheit geschaffen worden. Den Demokraten fehlte die Kraft zur Innovation. Angesichts des bevorstehenden Wahlkampfes befiel sie Ratlosigkeit.

Jahrzehntelang hatte eine Elite von Akademikern (the best and the brightest) die Partei zu bahnbrechenden Leistungen inspiriert. Nun trieben die Gleichgesinnten auseinander. Ihr Credo, das Vertrauen in den ausgabefreudigen Staat, war erschüttert. Die Intellektuellen zogen sich zurück. Gewerkschafter und Farmer, Regierungsangestellte und Lehrer, der schwarze Mittelstand und jüdische Wähler suchten neue Orientierung.

Seit Aufzeichnung der Umfrageergebnisse war keine Popularitätskurve so tief abgesunken wie die Jimmy Carters. Wegen des auf drei Punkte bemessenen Amtsbonus glaubten die Auguren dem Präsidenten dennoch einen Wahlsieg voraussagen zu können. Sie übersahen, daß seit Kennedy noch kein Amerikaner die ihm vom 22. Amendment (1951) zugestandenen acht Jahre regiert hatte.

Am 4. November 1980 wurde der 69jährige Ronald W. Reagan zum Präsidenten gewählt. Der frühere Hollywood-Schauspieler hatte sich als Gouverneur von Kalifornien den Ruf eines konservativen Pragmatikers erworben. Doch sein Sieg war nicht nur ein persönlicher Triumph. Die bisher maßgebenden Politiker mußten abtreten. Zum erstenmal seit sechsundzwanzig Jahren errangen Republikaner die Senatsmehrheit. Man sprach von einer „Wende".

Auch in anderen Positionen verfochten die neuen Aufsteiger traditionelle Wertvorstellungen. Hatte der Supreme Court unter Warren Burger in einigen Fällen (Kriegsdienstverweigerung, Todesstrafe, Abtreibung) liberale Ansichten gelten lassen, so urteilte er seit kurzem weniger großzügig. In modifizierter Form war die Todesstrafe wieder verfassungsmäßig. Missouri konnte die Abtreibung einschränken. Ein Vetorecht gegenüber Amtshandlungen des Präsidenten verneinte das Gericht (1983).

Die neue Wirtschaftspolitik ("Reagonomics") kennzeichneten Steuersenkungen, gekappte Entwicklungsprojekte und erhöhte Verteidigungsausgaben. Infolgedessen mußten die Außenhandels- und Haushaltsdefizite drastisch zunehmen. Doch vorerst schadete dies dem Ansehen des Präsidenten sowenig wie eine militärische Intervention auf Grenada. Reagan erlebte eine triumphale Wiederwahl (1985).

Erst die Hilfsmaßnahmen für nikaraguanische Rebellen ("Contras") und Befehle zu Vergeltungsschlägen der U.S. Air Force gegen Libyen (1986) stießen auf wachsende Kritik. Die Republikaner verloren ihre Mehrheit im Senat. Reagans Popularität schwand zusehends, als ein mit der „Iran-Contra-Affäre" befaßter Kongreßausschuß dem Präsidenten vorwarf, seine Amtspflicht vernachlässigt zu haben (1987).

Die große Politik wurde davon nicht berührt. Reagan setzte die Sowjetunion (das „Reich des Bösen") unter Druck. Auf amerikanische Optionen für einen „Krieg der Sterne", die Stationierung moderner Mittelstreckenraketen und das Überschreiten der im nichtratifizierten SALT-II-Abkommen vereinbarten Obergrenze nuklearer Waffensysteme hatte Moskau keine beachtenswerte Antwort.

Die UdSSR verwandte etwa 24 Prozent ihres Bruttosozialproduktes für militärische Zwecke (Amerika nur 6,2 Prozent). Dabei befand sich vor allem die sozialistische Wirtschaft in einer desolaten Lage. Der sowjetische Partei- und Staatschef Michail Gorbatschow bemühte sich daher um Reformen und offerierte den Vereinigten Staaten einen Dreistufenplan zur Abschaffung aller Kernwaffen.

Zwei Begegnungen der Staatsoberhäupter endeten ohne greifbares Ergebnis. Der Russe war erst bei den nächsten „Gipfeltreffen" in Washington (1987) und Moskau (1988) kompromißbereit. Reagan und Gorbatschow vereinbarten eine „doppelte Nullösung", die Abschaffung der Mittelstreckenraketen (INF), und beschlossen, die strategischen Nuklearwaffensysteme (NST) um 50 Prozent zu reduzieren.

George Bush, der auf Reagan folgte, versicherte Gorbatschow, daß Amerika aus den bevorstehenden sowjetischen Reformen keinen Vorteil ziehen wolle. Inzwischen führte das „neue Denken" des Kremlchefs zur Lockerung der kommunistischen Herrschaft. Ein übriges bewirkte die von Ford und Carter eingeleitete KSZE-Politik. Polen und Ungarn, die Balten und die kaukasischen Völker gingen eigene Wege.

Ein Interventionskrieg der USA in Panama störte den Dialog nicht. Als Moskau das wankende Ost-Berlin-Regime seinem Schicksal überließ, konnte George Bush zusammen mit Staatssekretär James Baker die deutsche Wiedervereinigung vorantreiben, einen Raumgewinn für das NATO-Bündnis bis an die Oder erreichen und zur Auflösung des Warschauer Paktes beitragen (1990).

Die USA errangen ihren größten außenpolitischen Erfolg seit Ende des Zweiten Weltkrieges, nur sprach ihr innerer Zustand nicht mehr so überzeugend wie einst für das eigene System. In Amerika brachen wöchentlich 1300 Firmen zusammen, waren 12 % der Erwachsenen arbeitslos, 10 % (20 Millionen Menschen) drogenabhängig. Ganze Stadtteile verrotteten. Die Sozialleistungen sanken. Das Haushaltsdefizit betrug 320 Milliarden Dollar.

Trotzdem ging das Land in den nächsten Krieg. Saddam Hussein, ein irakischer Despot, hatte ihn ausgelöst, als er Kuwait nahm und darüber hinaus alle Erdölvorkommen am Persischen Golf an sich zu reißen drohte. Embargo und Ultimatum des UN-Sicherheitsrates blieben wirkungslos. Darauf eröffneten eine halbe Million amerikanischer Soldaten mit Kontingenten aus achtundzwanzig anderen Staaten den Kampf in der Wüste von Saudi-Arabien.

Der Ausgang des Golfkrieges schien berechenbar – die politischen Folgen waren es nicht. Der neue Nord-Süd-Konflikt, bei dem sich die UdSSR zurückhielt, obwohl sie mit Bagdad enge Beziehungen unterhielt, stärkte die Opposition gegen Gorbatschow, den wichtigsten Verhandlungspartner der USA. Bush ließ deshalb die militärischen Operationen vorzeitig beenden. Sein Interesse am bestehenden Mächtegleichgewicht blieb ausschlaggebend.

Doch die Ereignisse überstürzten sich. Nach einem fehlgeschlagenen Putsch reaktionärer Kommunisten zerbrach die Sowjetunion, und niemand konnte voraussehen, wann ihre Teile wieder zusammenfanden. Reiche Ressourcen und riesige Waffenarsenale standen zur Disposition. Die Abrüstungspolitik stockte. Internationale Bindungen wurden fragwürdig. Im Grunde veränderte sich das europäische Staatengefüge der letzten 45 Jahre. Die Welt bedurfte neuer Orientierung – auch Amerika.

ANHANG

ZEITTAFEL

Das vorkolumbianische Nordamerika

Etwa 50000 bis 10000 v. Chr.	wandern protomongolide Jäger in Amerika ein.
Etwa 5000 v. Chr.	Nachkommen dieser Scharen gehen zum Acker- und Gartenbau über.
Etwa 100 bis 900 n. Chr.	Die „klassische Epoche" der Hochkulturen in Mexiko und Peru.

Mittelalterliche Entdeckungsreisen

982–985	Erich der Rote, ein Wikinger aus Island, erreicht die Südwestküste von Grönland.
986	Bjarni Herjulfson sichtet das Festland des Kontinentes.
Etwa 1000	Leif Ericson erkundet nordamerikanische Küstenregionen (Helluland, Markland, Vinland), gefolgt von Thorvald Ericson, Thorstein Ericson und Thorfinn Karlsevni.
1367	Grönland wird zum letztenmal von einer skandinavischen Expedition besucht.
1472	Portugiesen entdecken „Terra do Bacalhau" (Neufundland). Diderik Pining und Hans Pothorst, zwei Deutsche, überqueren den Nordatlantik.

Die großen Expeditionen und Eroberungen

1492–1493	Christophus Columbus (ital.: Cristoforo Colombo; span.: Cristobál Colón) erreicht auf seiner ersten Reise Guanahani (wahrscheinlich Watlings Island in der Bahama-Gruppe), Kuba und Hispañola (San Domingo, Haiti).
1493	Papst Alexander VI. teilt die nicht unter christlicher Herr-

	schaft stehenden Überseegebiete den Herrschern von Kastilien und Aragón zu.
1494	Vertrag von Tordesillas. Spanien und Portugal ändern die vom Papst gezogene Demarkationslinie im Atlantik und legen damit ihre beiderseitigen Interessensphären fest. (Ergänzt durch den Vertrag von Salamanca 1529.)
1497–1498	John Cabot (ital.: Giovanni Caboto) erkundet auf zwei Reisen Neufundland und die Kontinentalküste zwischen Kap Breton und der Chesapeake Bay.
1499–1501	Spanier und Portugiesen, denen sich Amerigo Vespucci anschließt, erforschen die Ostküsten des Kontinentes.
1508–1511	Die Spanier unterwerfen Puerto Rico und Jamaika, Kuba und San Domingo.
1513	Juan Ponce de León landet in Florida. Vasco Núñez de Balboa überquert die Landenge von Panama und entdeckt den Pazifischen Ozean.
1519	Fernando Magellán (port.: Fernão Magalhães) beginnt mit der ersten Weltumsegelung. Hernando Cortés erobert Mexiko.
1523–1543	Giovanni di Verrazano erforscht große Abschnitte der nordamerikanischen Ostküste.
1534–1543	Französische Seefahrer erkunden das St.-Lorenz-Gebiet. Spanische Conquistadores dringen tief in das Innere des nördlichen Kontinentes ein.

Die ersten Stützpunkte

1572	Eine französische Niederlassung in Florida wird von den Spaniern zerstört.
1575–1584	Seefahrer aus England erreichen auf der Suche nach einer Westpassage und spanischen Goldtransporten die Küstengewässer der Neuen Welt.
1577–1580	Sir Francis Drake umsegelt die Welt.
1584–1585	Sir Walter Raleigh gründet eine Niederlassung auf Roanoke ("Virginia"), die bald zugrunde geht.
1587	Eine Neugründung des Stützpunktes scheitert.
1588	Die Niederlage der spanischen Armada ermöglicht das weitere Ausgreifen europäischer Gesellschaften.
1602	Eine nochmalige Expedition der Briten scheitert.
1603	Samuel de Champlain beginnt die erste seiner (11) Reisen,

die zur Gründung französischer Stützpunkte in Kanada führen.

Erste englische Kolonien

1606–1609 Die London Company gründet Jamestown, die erste dauerhafte Niederlassung in Virginia, das 1619 eine Legislatur erhält und 1624 königliche Kolonie wird.

1606–1614 Die Plymouth Company gründet Fischerei- und Handelsplätze an den Küsten von Maine und New Hampshire.

1620 "Pilgrims", eine separatistische Gruppe der Kirche von England, erreichen Nordamerika und gründen Plymouth.

1624–1628 Die Dorchester und New England Companies gründen Salem.

1629 Cambridge Agreement zwischen Bischof William Laud und zwölf Gesellschaftern über die Auswanderung von Puritanern.

1629–1630 Die Puritaner haben Rechte der New England Company erworben und Salem übernommen. Ihre Auswanderer gründen unter John Winthrop u. a. die Massachusetts Bay Colony.

1634 Lord Baltimore hat vom König die Privilegien eines Kolonialeigentümers (proprietor) erhalten. Sein Sohn gründet Maryland als Refugium für Katholiken aus England.

1635–1636 Kirchliche Streitigkeiten in der Massachusetts Bay Colony führen zur Absonderung verschiedener Siedlergruppen unter Roger Williams, Anne Hutchinson, John Wheelwright, William Coddington und Thomas Hooker. Aus den von ihnen gegründeten Niederlassungen entwickeln sich neue Kolonien: Rhode Island, Connecticut und New Hampshire.

1637 John Davenport gründet New Haven.

Revolution und Commonwealth

1640–1649 Während des Bürgerkrieges im Mutterland bauen die Kolonien ihre Selbstverwaltung weiter aus. Massachusetts hat bereits auf Grund seiner Charter eine fortgeschrittene konstitutionelle Ordnung errichtet. Jetzt wird es unabhängige Republik (Commonwealth). Es beginnt mit der

Annexion von New Hampshire und Maine und gründet 1643 in Boston auf Betreiben von John Winthrop eine Neu-England-Föderation, der Plymouth, Connecticut und New Haven beitreten.

1649 Nach der Hinrichtung König Karls I. wandern Angehörige der unterlegenen Kavalierspartei nach Amerika aus und lassen sich vorzugsweise in Virginia nieder.

1650 Virginia muß sich dem englischen Parlament unterwerfen und seinen königlichen Gouverneur entlassen. Maryland sieht sich zur Aufnahme von Puritanern gezwungen.

1651 Erste Navigationsakte des englischen Parlamentes.

1653 Oliver Cromwell (Lord Protector von England, Schottland und Irland) fördert die Selbstverwaltung der Kolonien.

1655 Bürgerkrieg in Maryland zwischen Katholiken und Puritanern.

1660 Ende der republikanischen Herrschaft im Mutterland. Restauration des Hauses Stuart.

Restauration und Revolution

1660–1662 Der königliche Gouverneur kehrt nach Virginia zurück. Connecticut, das sich New Haven einverleibt, Rhode Island und andere Neu-England-Kolonien beugen sich dem Willen des Herrschers. Erstere erhalten Freibriefe. Nur Massachusetts leistet Widerstand.

1663 König Karl II. verleiht acht treuen Anhängern des Hauses Stuart das Gebiet südlich von Virginia (zwischen Atlantik und Pazifik), Carolina genannt.

1664 Die (1624 gegründeten) Neu-Niederlande, welche sich im Vorjahr (das 1638 gegründete) Neu-Schweden unterworfen haben, werden von den Engländern erobert. Neu-Amsterdam kapituliert und heißt nach dem Bruder des Königs fortan New York. Auf dem Westufer des Hudson entsteht New Jersey.

1673–1674 Große Indianeraufstände in Neu-England und Virginia führen zu Krisen (King Philip's War; Bacon's Rebellion). Die Neu-England-Föderation ist endgültig zerbrochen.

1681–1682 William Penn wird Eigentümer (proprietor) eines vorerst nur teilweise begrenzten Gebietes zwischen Maryland und New Jersey. Er gibt den Siedlern seiner Kolonie Pennsylvania eine konstitutionelle Ordnung.

1684 Nach jahrelangem Streit zwischen Massachusetts und den königlichen Kommissaren wird die Charter der Kolonie annulliert. René Robert Cavelier, Sieur de La Salle fährt den Mississippi hinab und ermöglicht die Ausdehnung der französischen Herrschaft über Louisiana bis an den Golf von Mexiko. Damit werden die englischen Kolonien auf zwei Seiten umfaßt.

1685–1688 Sir Edmund Andros organisiert für die Krone zur Vorbereitung des drohenden Krieges mit Frankreich ein Dominion of New England, das Massachusetts, Plymouth, Rhode Island, New York, New Jersey und Pennsylvania vereinigt.

1688 Andros bricht den Widerstand der „Neu-England-Theokratie" unter den Geistlichen John Wise und Increase Mather. Doch greift die (1688) im Mutterland begonnene

1689 Glorreiche Revolution auf das angelsächsische Nordamerika über. Eine von Cotton Mather vorbereitete Erhebung beseitigt das Andros-Regime in Boston. In New York ergreift Jacob Leisler die Macht, in Maryland John Coode. Gleichzeitig beginnt der Krieg mit Frankreich (King William's War 1689–1697).

1691 Die neuen Herrscher (William and Mary) erneuern den alten Freibrief von Massachusetts nicht, sondern verleihen der Kolonie, die Plymouth und Maine annektieren darf, eine königliche Charter. Leisler wird hingerichtet, Coode verbannt. Trennung zwischen South und North Carolina.

Die Kolonien im 18. Jahrhundert

1701 William Penn verleiht Pennsylvania eine neue Verfassung und trennt Delaware ab, das sich künftig selbst regiert. Außer Pennsylvania und Maryland, Connecticut und Rhode Island unterstehen bald alle Kolonien der Verwaltung königlicher Gouverneure.

1702–1713 Der Spanische Erbfolgekrieg (Queen Anne's War). Im Frieden von Utrecht bekommt Großbritannien außer Acadia und Neufundland die Hudson-Bay-Länder. Große Bedeutung hat der Asiento: eine britische Gesellschaft er-

	hält das Recht, drei Dezennien lang jährlich 4800 Negersklaven in die spanischen Kolonien einzuführen.
1715–1716	Indianerkrieg in South Carolina.
1727–1728	Anglo-Spanischer Krieg.
1729	South und North Carolina vollends königliche Kolonien.
1732	James Edward Oglethorpe und andere "Trustees" erhalten einen Großteil der von den Proprietors in South Carolina veräußerten Gebiete und gründen Georgia.
1740–1748	Der Österreichische Erbfolgekrieg (King George's War) endet im Frieden von Aachen mit dem Status quo.
1744–1754	Das Vordringen angelsächsischer Pfadfinder, Fallensteller, Jäger und Händler aus Virginia und Pennsylvania durch die Alleghanies zum oberen Ohio verschärft den immer wiederkehrenden Konflikt mit Frankreich.
1755–1763	Der Siebenjährige Krieg (French and Indian War). Nach wechselvollen Kämpfen führt General James Wolfe 1759 auf den Abrahamsfeldern bei Quebec die Entscheidung herbei.
1763	Im Frieden von Paris tritt Frankreich die Gebiete östlich des Mississippi und Kanada an Großbritannien ab. Die Gebiete westlich des Mississippi erhält Spanien, das Florida verloren hat. Ein großer Indianeraufstand unter Pontiac vermag daran nichts zu ändern. Die britische Regierung proklamiert eine Trennungslinie zwischen den Kolonialsiedlungen und Indianerreservationen.

Revolution und Unabhängigkeitskampf

1763–1765	Regierung und Parlament des Mutterlandes versuchen einen Teil der Kriegsfolgelasten durch Truppenstationierung, Zoll- und Gerichtsreform, strengere Handhabung der Schiffahrts- und Handelsgesetze, Währungspolitik und neue Steuern (Sugar Act; Stamp Act) auf die Kolonien abzuwälzen.
1766	Lebhafte Proteste (James Otis: "No taxation without representation"), u.a. durch koloniale Legislaturen und einen Stamp Act Congress in New York sowie die von Komitees und Geheimbünden ("Sons of Liberty") organisierten Sanktionen (Non-Importation) zwingen London zum Einlenken.

1767–1770 Neue Zollgesetze (Townsend Acts) führen die auseinandergefallenen Kräfte wieder zusammen. Diesmal nehmen sich die Legislaturen von Virginia und Massachusetts der Non-Importation-Bewegung an. Regierung und Parlament weichen abermals zurück. Trotzdem ereignen sich blutige Zusammenstöße.

1771 Alte Gegensätze zwischen Küstenregionen und Binnengrafschaften sind wieder aufgebrochen. Die "Regulators" in North Carolina werden bei Alamance besiegt, einige ihrer Führer hingerichtet. Viele der Unzufriedenen wandern über die Alleghanies nach Tennessee und Kentucky aus.

1773 Als eine Tea Act zu wilden Ausschreitungen führt ("Boston Tea Party"), ergreift die Regierung strenge Maßnahmen (Boston Port Bill; Massachusetts Government Act; Quebec Act; Quartering Act). Darauf erneuert ein Erster Kontinentalkongreß in Philadelphia den Boykott englischer Waren.

1775–1783 Mit den Gefechten von Lexington und Concord beginnt der Unabhängigkeitskrieg. Ein Zweiter Kontinentalkongreß ernennt George Washington zum Oberbefehlshaber des um Boston zusammengezogenen Milizheeres, zögert aber mit der Unabhängigkeitserklärung. Nach neuen Kämpfen und dem Erscheinen des "Common Sense" von Thomas Paine gewinnt die Revolutionsbewegung an Boden. Die Bevölkerung spaltet sich in Radikale (Whigs) und Konservative (Tories).

1776 Versammlungen der Whigs geben zunächst acht Kolonien neue Verfassungen und damit die Unabhängigkeit. Gedrängt von diesen Staaten, jedoch erst, als eine französisch-spanische Intervention sicher ist, verabschiedet der Kongreß die von Thomas Jefferson u. a. entworfene Unabhängigkeitserklärung.

1777 Der Kongreß beschließt Konföderationsartikel für eine „dauernde Union" zwischen den Staaten (ratifiziert 1781). Benjamin Franklin u.a. stellen diplomatische Beziehungen her.

1778–1779 Frankreich schließt ein Bündnis mit den USA und erklärt Großbritannien den Krieg. Auch Spanien greift zu den Waffen, um Florida zurückzuerobern.

1781 Nach vielen Niederlagen gelingt es den Amerikanern, von

	starken französischen Flotten- und Heeresverbänden unterstützt, die Kapitulation einer britischen Armee bei Yorktown zu erzwingen.
1782–1783	Großbritannien, Frankreich und Spanien schließen den Frieden von Paris. Ihre Verträge werden vom Kongreß zögernd anerkannt. Damit sind den USA bestimmte Grenzen gesetzt. Kanada (British America) bleibt Bestandteil des Empire. Florida fällt an Spanien zurück, das auch Louisiana jenseits des Mississippi behält.
1784	Die Revolution ist abgeschlossen: alle 13 Staaten sind Republiken, haben den Landbesitz des Königs, der Proprietors und etwa von 100000 vertriebenen Loyalisten aufgeteilt und grundlegende Reformen verwirklicht. Die Konföderation entwickelt Exekutivbehörden. New York wird provisorische Hauptstadt.

Die junge Republik

1787	Der Kongreß löst das Problem der unorganisierten Westgebiete. Durch die North West Ordinance wird ein Territorium geschaffen, aus dem 2–5 neue Staaten hervorgehen sollen. Andere Fragen (Geldentwertung; zwischenstaatlicher Handel) führen zur Konstituierung eines Konvents in Philadelphia. Dieser setzt an die Stelle der Konföderationsartikel eine Verfassung.
1789	George Washington wird zum ersten Präsidenten der USA gewählt. Bildung einer Bundesregierung, des Obersten Gerichtes und beider Häuser des neuen Kongresses (Senat; Repräsentantenhaus). Sie ergänzen die Verfassung durch 10 Amendments, eine Bill of Rights.
1790	Alexander Hamilton entwickelt sein Programm zur Währungs- und Finanzreform. Thomas Jefferson wendet sich gegen ihn.
1791–1792	Aus der Hamilton-Jefferson-Fehde gehen zwei Parteien hervor: die Föderalisten und Jefferson-Republikaner. Ihr
1793–1796	Streit wird durch Auswirkungen der Französischen Revolution verschärft.
1797	John Adams übernimmt von Washington das Präsidentenamt.
1798–1800	Unerklärter Seekrieg gegen Frankreich.

1801	Thomas Jefferson wird in der neuen Bundeshauptstadt Washington D.C. als Präsident vereidigt. Kurz darauf beginnt der Tripolitanische Krieg (1801–1805).
1803	Kauf des Louisiana-Gebietes (zwischen Mississippi und Rocky Mountains) von Frankreich. Hamilton fällt im Duell.
1804–1806	Die Lewis-Clark-Expedition zum Pazifischen Ozean.
1806–1807	Durch die Napoleonischen Kriege (Kontinentalsperre; Zwischenfälle auf See) betroffen, drosselt Amerika seinen Export.
1810	James Madison wird Präsident. Annexion West-Floridas.
1811	Die Schlacht von Tippecanoe (Niederlage des Indianerhäuptlings Tecumseh) führt zu Spannungen mit Britisch-Nordamerika (Kanada), das die "War Hawks" zu erobern wünschen.
1812–1815	Der Krieg gegen Großbritannien endet im Frieden von Gent ohne greifbares Ergebnis. Eine Flottenexpedition nach Nordafrika sichert Handel und Schiffahrt.
1817	Zu Beginn der Amtszeit des Präsidenten James Monroe sind die alten Parteigegensätze verschwunden (Ära des guten Einvernehmens).
1817–1818	Erster Seminole-Krieg in Florida.
1819	Ost-Florida durch General Andrew Jackson gewaltsam besetzt und von Spanien gegen finanzielle Entschädigung abgetreten.
1820	Missouri-Kompromiß. Nachdem (bis 1784) 5 Staaten die Sklaverei für ungesetzlich erklärt hatten und der Sklavenimport (1808) verboten worden war, ist das Negerproblem dennoch zur politischen Frage geworden. Das Gleichgewicht im Senat (11 sklavenhaltende; 11 sklavenfreie Staaten) wird gewahrt, als der Kongreß 2 weitere Staaten mit unterschiedlicher Sozialstruktur (Missouri und Maine) in die Union aufnimmt.
1823	Erklärung der Monroe-Doktrin.
1824–1829	John Quincy Adams muß nach einer heftigen Auseinandersetzung das Weiße Haus einem Widersacher überlassen. Andrew Jackson gewinnt als Kandidat fortschrittsgläubiger Gruppen (ab 1832: Demokratische Partei) die Wahlen.

Das Zeitalter Jacksons

1829–1837	Bedeutende Reformen der Einzelstaaten. Der neue Präsident legt Gewicht auf die Zoll-, Währungs- und Bodenpolitik. Er beginnt, die Indianer aus ihren Gebieten östlich des Mississippi zu verdrängen. Eine Folge ist der
1835–1843	Zweiter Seminole-Krieg in Florida.
1836–1838	Im Texanischen Krieg zwischen angloamerikanischen Siedlern und Mexiko halten sich Jackson und sein Nachfolger Martin Van Buren zurück. William Henry Harrison und John Tyler gelangen mit Hilfe der neuen Whig-Partei 1841 kurz hintereinander zur Präsidentschaft. Texas bleibt vorerst unabhängiger Staat ("Lone Star Republic").
1844	John Tyler scheitert bei dem Versuch, das auch von Großbritannien beanspruchte Oregon zu annektieren.

Ausdehnung zum Pazifik

1845	Als der Kongreß die Republik Texas annektiert, kommt es zum Bruch mit Mexiko. Der drohende Krieg beschleunigt den Abschluß eines Kompromisses in der Oregon-Frage (1846).
1846–1848	Krieg mit Mexiko, provoziert durch Maßnahmen des Präsidenten James K. Polk in Texas. Nach schweren Niederlagen verzichtet Mexiko im Vertrag von Guadelupe Hidalgo auf Texas und andere große Gebiete, aus denen später ganz oder teilweise neue Staaten der USA (California, New Mexico, Utah, Nevada, Arizona, Colorado) hervorgehen.
1849–1850	In Utah sind die Mormonen eingetroffen. Kalifornien wird von Goldsuchern besiedelt. Beide Bevölkerungsgruppen geben sich Verfassungen. Das damit erneut gestörte Gleichgewicht zwischen sklavenhaltenden und sklavenfreien Staaten wird durch den „Kompromiß von 1850" wiederhergestellt.
1853	Die USA erwerben mit dem Gadsden-Kauf von Mexiko einen Grenzstreifen zum Zwecke des transkontinentalen Bahnbaus.
1854	Commodore Matthew C. Perry hat mit seinem Flottengeschwader den Pazifik überquert und zwingt Japan zur An-

nahme eines Friedens-, Freundschafts- und Handelsvertrages.

Die Spaltung der Union

1854 Anerkennung der sog. Squatter-Souveränität durch die Kansas-Nebraska-Akte. Aufhebung des Missouri-Kompromisses.

1855 Der Streit um das Recht, Sklaven zu besitzen, führt in Kansas zum Bürgerkrieg ("Bleeding Kansas").

1856 James Buchanan erringt als Kandidat der sklavereifreundlichen Demokraten einen großen Wahlsieg.

1857 Mit der Dred-Scott-Entscheidung des Obersten Gerichtes wird dem Kongreß indirekt das Recht abgesprochen, über Eigentum und Besitz (Sklaven) amerikanischer Bürger zu befinden.

1859 Das Zerwürfnis zwischen Befürwortern und Gegnern der Sklaverei wird größer angesichts eines Putschversuches in Harper's Ferry und der Hinrichtung von John Brown. Die Demokratische Partei spaltet sich. Ehemalige Whigs, Freibodenleute und abtrünnige Demokraten gründen eine neue Republikanische Partei.

1860 Abraham Lincoln gewinnt als Kandidat der Republikaner die Präsidentschaftswahlen. Er versichert, die „besonderen Einrichtungen" des Südens (Sklaverei) achten zu wollen, findet aber keinen Glauben. Ein Konvent in Columbia beschließt die Trennung South Carolinas von den USA.

1861 Mississippi, Florida, Alabama, Georgia, Louisiana und Texas folgen diesem Beispiel. Delegierte aus 6 der 7 abtrünnigen Staaten gründen in Montgomery eine Konföderation mit Jefferson Davis als Präsidenten. Eine Kanonade um Fort Sumter bei Charleston führt zur bewaffneten Auseinandersetzung. Darauf schließen sich Virginia (ohne 50 westliche Grafschaften), Arkansas, Tennessee und North Carolina (z. T. "Border States") dem Sonderbund des Südens an.

1861–1865 Der Sezessionskrieg: 23 Nordstaaten (22 Millionen Bewohner) kämpfen gegen 11 Südstaaten (9 Millionen Bewohner). Die Konföderierten erfechten unter General Robert E. Lee bedeutende Landsiege. Doch eine Seeblokkade schwächt ihre Kräfte dermaßen, daß sie am Ende den Schlägen des von General Ulysses S. Grant geführten Bundesheeres erliegen. Lincoln, dem es gelungen ist, drohende Interventionen abzuwenden, stirbt 1865 nach einem Attentat. Sein Nachfolger Andrew Johnson setzt die eingeleitete Rekonstruktionspolitik fort, wird jedoch von radikalen Republikanern des Kongresses überspielt.

1865–1870 Die Staaten der ehemaligen Konföderation werden von landfremden Politikern oder Militärs, oft auch Negern, regiert und müssen immer neue Bedingungen (13., 14., 15. Amendment; Reconstruction Acts; Civil Rights Act) erfüllen, bevor sie ihr Selbstbestimmungsrecht zurückgewinnen und wieder Vertreter in den Kongreß entsenden können. Ein Versuch, den Präsidenten durch Parlamentsprozeß auszuschalten, scheitert (1868). Geheimbünde (u. a. Ku-Klux-Klan) nehmen den Kampf auf.

1867 Staatssekretär William H. Seward zwingt Napoleon III. ultimativ zum Abzug seiner Truppen aus Mexiko, läßt Midway okkupieren und erwirbt Alaska von Rußland.

1872 Präsident Ulysses S. Grant amnestiert die führenden Konföderierten (ausgenommen etwa 500).

1876 Rutherford B. Hayes ist als Präsident auf die Hilfe südlicher Demokraten angewiesen. Er zieht daher die Besatzungstruppen zurück und ermutigt „innerstaatliche Verbesserungen“ zu Lasten der 1863 bzw. 1865 frei gewordenen Neger.

1877 Sämtliche Südstaaten stehen wieder unter konservativer Herrschaft.

1881 James Garfield fällt kurz nach seinem Einzug ins Weiße Haus einem Attentat zum Opfer. Es folgt Chester A. Arthur. Diesen löst Groover Cleveland ab, der nach Benjamin Harrison noch einmal Präsident wird.

1882–1896 Die Einwanderung nimmt wieder zu. Der Trans-Mississippi-Westen wird erschlossen. Die natürlichen Reichtumsquellen kommen in private Hand. Riesige Firmenzusammenschlüsse in Verbindung mit dem Großkapital (Standard Oil Company; U. S. Steel Corporation) treiben die Entwicklung weiter voran.

1889 Unter dem Druck der Geschäftswelt wird das kürzlich den Indianern überlassene Gebiet von Oklahoma bereitstehenden Bodenspekulanten und Farmern geöffnet. Die

Folge sind neue Kämpfe mit den Sioux und anderen Stämmen.

1890 Der Zensusdirektor gibt bekannt, daß von einer "frontier line" kaum noch die Rede sein könne. Während der letzten 2 Dezennien sind 10 neue Staaten des Westens in die Union aufgenommen worden.

Anfänge des Imperialismus

1893 Amerikanische Einwanderer erheben sich auf Hawaii und stürzen die regierende Königin der Inseln.

1897 William McKinley wird Präsident. Geschäftskreise und Zeitungsmagnaten, hohe Beamte und Militärs drängen ihn zur Eroberung im Karibischen Meer und Pazifik.

1898 Der Spanisch-Amerikanische Krieg. Nach den Seeschlachten von Manila und Santiago muß Spanien den USA, die inzwischen Wake Island besetzt und Hawaii annektiert haben, Kuba und Puerto Rico, Guam und die Philippinen überlassen.

1899 Durch den Vertrag von Berlin erwerben die USA einen Teil der Samoa-Inseln (Tutuila samt Pago Pago).

1899–1902 Im Philippinen-Krieg brechen amerikanische Truppen den Widerstand der Eingeborenen. Das State Department fordert "Open Door" für alle Mächte in China (1900).

1901 McKinley wird in Buffalo ermordet. An seine Stelle tritt Theodore Roosevelt. Unter ihm werden die Philippinen und Puerto Rico „nichtorganisierte Territorien" (1902) und erhält Kuba durch das Platt Amendment den Status eines Protektorates mit amerikanischem Interventionsrecht (1903).

1902 Eine von Wisconsin ausgehende Reformbewegung (für Einkommensteuer, Firmenkontrolle, Vorwahlen, Initiative und Referendum, Arbeiterschutz, Mindestlöhne und gesetzliche Arbeitszeit) erfaßt andere Staaten, z.T. auch das Weiße Haus und den Kongreß (Einsetzung einer National Conservation Commission, erweiterte Jurisdiktion der Interstate Commerce Commission).

1903 Eine in Washington ermutigte Revolutionsbewegung reißt Panama von Kolumbien los und verpachtet den USA auf dem Isthmus eine breite Zone zwecks Fertigstellung und Betrieb des dort begonnenen Kanals.

1905 Theodore Roosevelt vermittelt den Frieden von Portsmouth zwischen Rußland und Japan.

1907 Weltreise der amerikanischen Hochseeflotte (verbunden mit einer Demonstration vor Tokio).

1908–1913 Präsident William H. Taft fördert die Open-Door- und Dollar-Diplomatie in China. Nikaragua und Honduras müssen sich dem Willen der Vereinigten Staaten beugen.

1913 Anbahnung bundesgesetzlicher Regelungen für Einkommensteuer (16. Amendment) und Volkswahl der Senatoren (17. Amendment).

1914 Amerikanische Streitkräfte bombardieren Vera Cruz und besetzen die Stadt.

Der Erste Weltkrieg

1914 Präsident Woodrow Wilson erklärt nach Ausbruch des Krieges in Europa die USA für neutral. Japan bemächtigt sich der deutschen Besitzungen im Pazifik und in China. Der Panamakanal wird fertiggestellt. Eine Blockade der Entente schneidet Deutschland und Österreich-Ungarn von Zufuhren ab. Daher steigt der Wert des amerikanischen Exportes im Handel mit Westeuropa von 800 Millionen (1914) auf 1,2 Milliarden (1916), während die Ausfuhr nach Zentraleuropa stockt. Auch private, von der Regierung genehmigte Kapitalexporte kommen einseitig der Entente zugute.

1915 Als der britische Passagierdampfer "Lusitania" einem Torpedo zum Opfer fällt und dabei 124 Amerikaner den Tod finden, zeigt es sich, wie weit die Interessenverflechtung zwischen Washington und London bereits geht. Wilson windet mit zum Teil ultimativen Noten dem Deutschen Reich zeitweilig die Waffe des U-Boot-Krieges aus der Hand. Haiti wird von amerikanischen Truppen besetzt.

1916 Auch San Domingo muß eine militärische Intervention der USA über sich ergehen lassen. Gleichzeitig beginnt die U.S. Army in Mexiko mit einem Straffeldzug. Der Versuch des Präsidenten, die amerikanischen Investitionen durch

Friedensvermittlung zwischen den kriegführenden Mächten zu sichern, scheitert.

1917 Dänemark verkauft den USA seine Inseln im Karibischen Meer. Als Deutschland den „uneingeschränkten" U-Boot-Krieg wiederaufnimmt, läßt Wilson die diplomatischen Beziehungen abbrechen und alle Handelsschiffe bewaffnen. Vollends der Sturz des russischen Zaren, die Möglichkeit, daß Deutschland nunmehr durch Konzentration seiner Kräfte den Krieg für sich entscheiden könnte, läßt in Washington rasch den Entschluß zur Intervention reifen. Die USA werden „assoziierte" Macht auf seiten der Entente.

1918 Wilson formuliert die amerikanischen Kriegsziele in Form eines 14-Punkte-Programms. US-Truppen landen in Nordrußland und Wladiwostok, um angeliefertes Material den Bolschewiken vorzuenthalten bzw. die Japaner zu beschatten. Das Gros der Amerikaner hilft die letzten deutschen Offensiven in Nordfrankreich abwehren.

1919 Auf der Pariser Friedenskonferenz sucht Wilson möglichst viel von seinem 14-Punkte-Programm durchzusetzen; u.a. verpflichtet er die Teilnehmerstaaten zur Gründung eines Völkerbundes. Der Senat verweigert jedoch die Ratifizierung.

Zwischen den Kriegen

1920 Mit dem 19. Amendment wird das Frauenstimmrecht eingeführt.

1921–1929 Unter den Präsidenten Warren G. Harding und Calvin Coolidge „Rückkehr zur Normalität". Die USA bleiben dem Völkerbund fern und schließen Sonderfriedensverträge mit Deutschland, Österreich und Ungarn, streben jedoch nach Abrüstung und kollektiver Sicherheit (Washingtoner Konferenz 1921/22; Kellogg-Briand-Pakt 1927) und bemühen sich mit den Dawes- und Young-Plänen (zuletzt 1929) um Lösung der Reparationsfrage.

1929–1933 Zur Amtszeit des Präsidenten Herbert Hoover beginnt die Weltwirtschaftskrise (15 Millionen Arbeitslose). Sie führt Franklin D. Roosevelt ins Weiße Haus und zwingt zur Straffung der Bundesgewalt.

1933 Beginn des New Deal, einer vielseitigen Finanz-, Wirtschafts- und Sozialpolitik, die zahlreiche Reformen mit sich bringt.

1934 Kuba erhält uneingeschränkte Souveränität. Die Philippinen gehen der Unabhängigkeit entgegen.

1935–1937 Der Kongreß verabschiedet Neutralitätsgesetze.

1938 Nach dem japanischen Angriff auf China (1937) entschließen sich die USA zur verstärkten Flotten- und Luftrüstung. – Gründung der Industriegewerkschaft CIO.

1939 Angesichts der deutsch-italienischen Machtpolitik läßt der Präsident die europäischen Westmächte zum Widerstand ermutigen.

Der Zweite Weltkrieg

1939 Nach der Entfesselung des Krieges in Europa erklären sich die USA wieder für neutral. Sie veranlassen die Interamerikanische Konferenz von Panama, eine „Sicherheitszone" mit „Neutralitätspatrouillen" in der „Westlichen Hemisphäre" zu schaffen. Kurz darauf beschließt der Kongreß ein Neutralitätsgesetz, dessen Cash-and-carry-Klausel den Waffenexport (zugunsten Englands und Frankreichs) ermöglicht.

1940 Als sich die USA mit Kanada verbünden, England gegen die Verpachtung zahlreicher Stützpunkte 50 Zerstörer überlassen und den Japanern, die Französisch-Indochina besetzen, wirtschaftliche Repressalien androhen, schließen Deutschland, Italien und Japan einen Dreimächtepakt. Ihre Hoffnung, die amerikanischen Präsidentschaftswahlen zu beeinflussen, trügt jedoch. Franklin D. Roosevelt wird zum dritten Male gewählt.

1941 Mit dem Lend-Lease Act werden Roosevelt außerordentliche Vollmachten erteilt; das Gesetz ermöglichte eine umfangreiche Versorgung des Britischen Commonwealth, bald auch der von Deutschland angegriffenen Sowjetunion. Um die Operationen deutscher U-Boote zu behindern, läßt Roosevelt den Sicherheitsgürtel der „Westlichen Hemisphäre" über den Atlantik vorschieben sowie Grönland und Island besetzen. Er führt einen „unerklärten Krieg". Bald proklamieren die USA mit Großbritannien in der Atlantik-Charta gemeinsame Kriegsziele.

Japan, das vergeblich um Lockerung des amerikanischen Embargos gerungen hat, erklärt den Krieg und zerschlägt durch überfallartigen Angriff auf Pearl Harbor die U.S. Pacific Fleet. Deutschland und Italien schließen sich der japanischen Kriegserklärung an.

1942 Nach schweren Niederlagen (u.a. dem Verlust der Philippinen) erkämpfen amerikanische Flugzeugträger bei Midway die entscheidende Wende des Krieges im Pazifik. Roosevelt hält jedoch an seiner Strategie ("Germany first") fest. Ende des Jahres landen anglo-amerikanische Truppen in Französisch-Nordwestafrika.

1943 Konferenz von Casablanca. Die deutsch-italienischen Truppen in Tunesien kapitulieren. Landungen der Westalliierten auf Sizilien und in Unteritalien führen zum Bruch zwischen Deutschland und Italien. Verstärkte Bomberoffensive gegen Zentraleuropa. Konferenz von Teheran.

1944 Anglo-amerikanische Invasionen im Westen (abgestimmt mit sowjetischen Operationen im Osten) überwinden die deutsche Gegenwehr in Frankreich, Belgien und Luxemburg.

Die Konferenz von Bretton Woods erhebt den Dollar zur Leitwährung im internationalen Zahlungsverkehr. Die Konferenz von Dumbarton Oaks beschließt, den Völkerbund durch die „Vereinten Nationen" zu ersetzen.

Beginn amphibischer Operationen zur Rückeroberung der Philippinen. See-Luft-Schlacht im Leyte-Golf.

1945 Franklin D. Roosevelt (zum viertenmal gewählt) stirbt nach der Konferenz von Jalta. Anglo-amerikanische Armeen dringen bis zur Elbe und in die Alpen vor (Sowjetstreitkräfte nehmen Wien, Prag und Berlin). Kapitulation der Deutschen Wehrmacht.

Gründung der Vereinten Nationen in San Francisco.

Eroberung von Iwojima und Okinawa.

Potsdamer Konferenz.

Präsident Harry S. Truman läßt Atombomben über Hiroshima und Nagasaki abwerfen.

Japan kapituliert.

Die Organisation der Vereinten Nationen (UNO) beginnt mit dem Aufbau ihrer Institutionen.

1946 Der UN-Sicherheitsrat erteilt den USA das Mandat über

die Marianen-, Marshall- und Karolinen-Inseln. Amerika gibt die Philippinen frei, pachtet dort aber Militärstützpunkte. Prozesse gegen die „Hauptkriegsverbrecher" in Nürnberg und Tokio. Beginn des „Kalten Krieges" zwischen Ost und West.

Der verlorene Friede

1947 Truman-Doktrin und Marshall-Plan. Der Kongreß genehmigt 12 Milliarden Dollar für den Wiederaufbau in Europa. Verhärtung der Gegensätze zwischen den USA und der UdSSR.

1948 Friedensschlüsse mit Italien, Ungarn, Rumänien, Bulgarien und Finnland in Paris. Weitere Außenministerkonferenzen der Siegermächte erzielen keine Fortschritte mehr. Beginn der ersten Berlin-Krise (Blockade und Luftbrücke).

1949 Gründung der NATO (USA, Großbritannien, Frankreich, Belgien, die Niederlande, Portugal, Luxemburg, Dänemark, Norwegen, Island, Kanada).
Zwei Internal Security Acts (1949/50) diskriminieren die Kommunistische Partei. Beginn von Untersuchungen und politischen Prozessen.

1950–1953 Korea-Krieg – Zurückweisung einer kommunistischen Aggression durch die UN-Mehrheit unter Führung der USA. Aufstand der Puertoricaner (mit Attentaten auf den Präsidenten und das Repräsentantenhaus). Spionagefälle.

1951 Friedensschluß mit Japan. Das 22. Amendment verwehrt den Präsidenten künftig eine dritte Amtszeit. Hinrichtung der Atomspione Julius und Ethel Rosenberg.

1952 Aufnahme der Türkei und Griechenlands in die NATO. Dwight D. Eisenhower gewinnt die Präsidentschaftswahlen.

1953–1955 Staatssekretär John Foster Dulles entwickelt seine Politik der Stärke. Die UdSSR wird mit einem Gürtel amerikanischer Militärstützpunkte umgeben. Die Bundesrepublik Deutschland tritt der NATO bei. Es entstehen die SEATO (1954) und der Bagdadpakt, später CENTO genannt (1955).

1956	Infolge des Ungarn-Aufstandes und des Suez-Krieges wird die Politik von Dulles erschüttert.
1957	Die Negerfrage, aufgeworfen durch Bürgerrechtskämpfer (u.a. Martin Luther King), führt zu einem weiteren Bürgerrechtsgesetz.
1958	Eine Intervention im Libanon kann den Zerfall der CENTO nicht verhindern. Beginn der zweiten Berlin-Krise. – Gründung der NASA für die Raketenforschung und Raumfahrt.
1959–1960	Treffen zwischen Eisenhower und Chruschtschow enden mit dem Affront von Paris.

Der Vietnamkrieg

1961–1973	Vietnamkrieg. Nach einer ersten Kuba-Krise (Landung von Emigranten in der Schweinebucht) und dritten Berlin-Krise (Mauerbau) kommt Präsident John F. Kennedy der Republik Südvietnam im Kampf gegen kommunistische Partisanen mit 16000 Mann zu Hilfe. Erfolgreiches Raumfahrtexperiment der NASA.
1962	Eine zweite Kuba-Krise (infolge der Stationierung sowjetischer Langstreckenraketen) wird durch Verhandlungen beigelegt.
1963	Kennedy in Dallas ermordet.
1964	Präsident Lyndon B. Johnson leitet mit dem Blick auf eine "Great Society" zahlreiche Reformen ein. Infolge eines Zwischenfalls im Golf von Tongking wird Amerika tiefer in den Vietnamkrieg verstrickt. Ein Bürgerrechtsgesetz soll den Negern zur Gleichberechtigung verhelfen, führt aber zu Unruhen.
1965	Die Zahl der in Vietnam eingesetzten Amerikaner steigt auf rd. 500000 Soldaten. Spaltung der Nation in „Falken" und „Tauben". Protestbewegung gegen den Krieg. Eine studentische „Campus-Revolte" verbindet sich mit Rassenkrawallen. Die Reformpolitik stockt infolge steigender Kriegskosten.
1968	Ein weiteres Bürgerrechtsgesetz tritt in Kraft. Versuche, den Krieg zu beenden, scheitern. Martin Luther King (Bürgerrechtler) und Robert F. Ken-

	nedy (Präsidentschaftsanwärter) ermordet. Bürgerkriegsartige Ausschreitungen.
1969	Johnson stellt sich nicht zur Wiederwahl. Amerikaner landen auf dem Mond.
1970	Präsident Richard M. Nixon beginnt mit der „Vietnamisierung" des Krieges und läßt durch seinen Sicherheitsberater und späteren Außenminister Henry A. Kissinger eine „Ära der Verhandlungen" einleiten. Die USA intervenieren in Kambodscha und Laos.
1971	Weitere Schritte zur Entspannung (Détente) und Abrüstung (SALT).
1972	Nixon als erster Präsident in Moskau und Peking. Bombenangriffe auf Saigon. Verminung der Gewässer von Haiphong.
1973	Kissinger vereinbart mit Beauftragten der kriegführenden Parteien in Paris einen Waffenstillstand. Nach Abzug der amerikanischen Streitkräfte aus Vietnam setzen die Kommunisten den Krieg fort.
1974	Das „Vietnam-Syndrom" schwächt Außenpolitik, Wirtschaft und Währung der USA. Zusammenbruch des Systems von Bretton Woods. Die Watergate-Affäre erschüttert das Ansehen der Regierung. Um der drohenden Amtsenthebung zu entgehen, tritt Nixon zurück. Die illegal erweiterte Macht der CIA wird eingeschränkt. Enthüllungen über Bestechungsskandale großer Rüstungsfirmen berühren verbündete Staaten.
1975	Präsident Gerald R. Ford versucht zusammen mit Kissinger die Entspannungspolitik fortzuführen. Konferenz für Sicherheit und Zusammenarbeit in Europa (KSZE).
1977	Präsident James E. Carter scheitert mit seiner Innenpolitik (8 Millionen Arbeitslose und 13% Inflation, Energieproblem und Dollarschwäche, Zunahme der Minderheitenprobleme). Auch die Außenpolitik der Regierung erleidet Rückschläge (SALT und KSZE-Folgekonferenz; Afrika und Lateinamerika; Naher und Mittlerer Osten).
1979	Revolution im Iran: amerikanische Botschaftsangehörige als Geiseln festgenommen. Sowjetische Truppen besetzen Afghanistan. Verschärfung der Energiekrise. Spannungen in der NATO.
1980	Ronald W. Reagan zum 40. Präsidenten der USA gewählt.

1981	Präsident Reagan vertieft mit seiner Wirtschaftspolitik ("Reagonomics") die Krise.
1983	Intervention auf Grenada.
1986	Luftangriffe auf libysche Städte.
1987–1988	Gipfeltreffen zwischen Reagan und Gorbatschow in Washington und Moskau. Fortschritte bei der Abrüstung.
1989	Interventionskrieg in Panama.
1990	Deutsche Wiedervereinigung. Erweiterung des NATO-Gebietes.
1991	Präsident George Bush eröffnet mit 28 verbündeten Staaten den Golfkrieg gegen Irak. Die kommunistische Herrschaft in Mitteleuropa und der Sowjetunion bricht zusammen. Ende des „Kalten Krieges“.

LITERATURAUSWAHL

Nachschlagewerke

Americana 1964–1976. Literaturbericht über Neuerscheinungen zur Geschichte der Vereinigten Staaten von Amerika von U. Sautter, München 1978. – Biographical Directory of the American Congress, Washington, D. C., 1774–1980. – Bibliographie zum Studium der Geschichte der Vereinigten Staaten von Amerika, hrsg. v. W. Hess (u. a.), Paderborn 1975. – The Encyclopedia Americana, 30 Bde., New York 1979. – F. Freidel (Hrsg.): Harvard Guide to American History, Bicentennial Edition, New York 1976. – National Cyclopedia of American Biography, 52 Bde., Bd. 1–50, Ann Arbor 1976, Bd. 51–52, New York 1969, Index, New York 1971. – USA-Ploetz. Die Vereinigten Staaten von Amerika. Geschichte, Probleme, Perspektiven, Würzburg ^{2}1979. – U. S. Bureau of Census: Historical Statistics of the United States, Colonial Times to 1975, Washington, D. C., 1980.

Gesamtdarstellungen

W. P. Adams (Hrsg.): Die Vereinigten Staaten von Amerika, Fischer Weltgeschichte, Bd. 30, Frankfurt ^{2}1978. – T. A. Bailey: A Diplomatic History of the American People, Englewood Cliffs, N. J., ^{10}1980. – T. A. Bailey u. D. M. Kennedy: The American Pageant. A History of the Republic, 2 Bde., Lexington, Mass., ^{6}1979. – B. Bailyn, D. B. Davis (u. a.): The Great Republic, 2 Bde., Lexington, Mass., ^{3}1985. – J. M. Blum: The National Experience. A History of the United States, New York ^{4}1977. – M. Borden u. O. L. Graham: Portrait of a Nation. A History of the United States, Lexington, Mass., 1973. – P. N. Carroll u. D. W. Noble: The Free and the Unfree. A History of the United States, Harmondsworth 1977. – R. N. Current (u. a.): American History. A Survey, New York ^{4}1975. – G. A. Garraty: The American Nation. A History of the United States, New York ^{5}1983. – H. R. Guggisberg: Geschichte der USA, 2 Bde., Stuttgart 1975. – W. Jordan u. a.: The United States, Englewood Cliffs, N. J., ^{5}1982. – S. E. Morison, H. S. Commager, W. Leuchtenburg: The Growth of the American Republic, Oxford ^{7}1980. – M. B. Norton (u. a.): A People A Nation. A History of the United States, 2 Bde., Dallas, Tx., 1982. – J. S. Olson: The Ethnic Dimension in American History, New York 1979. – U. Sautter: Geschichte der Vereinigten Staaten von Amerika, Stuttgart ^{3}1986. – H. Wasser: Die Vereinigten Staaten von Amerika. Portrait einer Weltmacht, Stuttgart 1980. – H. Zinn: A People's History of the United States, New York 1980.

Gesellschaft

H.R. Bedford: The Americans. A Brief History. 2 Teile, New York [3]1981. – J.Brecher: Streiks und Arbeiterrevolten. Amerikanische Arbeiterbewegung 1877–1970, Frankfurt 1975. – D.Burner, E.D. Genovese, F.McDonald: The American People, St.James, N.Y., 1980. – A.F. Davis: Conflict and Consensus in American History, 2 Bde., Lexington, Mass., [5]1980. – L.Dinnerstein u. D.M. Reimers: Ethnic Americans. A History of Immigration and Assimilation, New York [2]1981. – F.R. Dulles u. M.Dubofsky: Labor in America, Arlington Heights, Ill., [4]1984. – C.Erickson: Invisible Immigrants. The Adaption of English and Scottish Immigrants in Nineteenth Century America, London 1972. – H.L. Feingold: Zion in America. The Jewish Experiment from Colonial Times to the Present, New York 1974. – G.C. Fite: American Farmers, Bloomington, Ind., 1981. – R.Gorden: American Labor and European Politics. The AFL, New York 1977. – A.M. Greeley: That Most Distrastful Nation. The Taming of the American Irish, Chicago 1972. – E.Helms: USA. Staat und Gesellschaft, Hannover [4]1978. – J.Higham (Hrsg.): Ethic Leadership in America, Baltimore 1980. – J.N. Ingham: The Iron Barons. A Social Analysis of an American Urban Elite, 1947–1965, Westport, Conn., 1978. – H.H.L. Kitano: Japanese–Americans, Englewood Cliffs, N.J., 1969. – P.Marschalck: Deutsche Überseewanderung im 19.Jahrhundert. Ein Beitrag zur soziologischen Theorie der Bevölkerung, Stuttgart 1973. – Z.L. Miller: The Urbanization of Modern America, New York 1973. – G.Moltmann (Hrsg.): Deutsche Amerikaauswanderung im 19.Jahrhundert, Stuttgart 1976. – J.M. Morris: Our Maritime Heritage, Washington, D.C., 1979. – E.Pessen (Hrsg.): Three Centuries of Social Mobility in America, Lexington, Mass., 1974. – F.D. Scott: The Peopling of America, Perspectives in Immigration, Washington, D.C., 1972. – P.Taylor: The Distant Magnet. European Emigration to the USA, London 1971. – P.L. Weed: The White Ethnic Movement and Ethnic Politics, New York 1973.

Wirtschaft

T.C. Cochran: Business in American Life. A History, New York 1972. – L.E. Davis (u.a.): American Economic Growth, New York 1972. – L.E. Davis, R.E. Easterlin, W.N. Parker: American Economic Growth. An Economist's History of the United States, New York 1972. – R.C. Edwards, M.Reich, T.E. Weisskopf: The Capitalist System, Englewood Cliffs, N.J., 1972. – J.E. Fell: Ores to Metals. The Rocky Mountains Smelting Industry, Lincoln, Neb., 1980. – C.G. Fito u. J.E. Reese: An Economic History of the United States, Boston [2]1973. – R.W. Fogel: Railroads and American Economic Growth, Baltimore, Md., 1964. – M.Friedman u. A.Jacobson Schwartz: A Monetary History of the United States, 1867–1960, Princeton, N.J., 1963. – J.R.T. Hughes: Industrialization and Economic History, New York 1970. – H.Jaeger: Geschichte der amerikanischen Wirtschaft im 20.Jahrhundert, Wiesbaden 1973. – P. d'A. Jones: The Consumer

Society. A History of American Capitalism, Harmondsworth ²1965. – S. P. Lee u. P. Passell: A New Economic View of American History, New York 1979. – D. Morgan: Merchants of Grain, New York 1980. – D. C. North: Growth and Welfare in the American Past. A New Economic History, Englewood Cliffs, N. J., ³1983. – J. O'Sullivan u. E. F. Keuchel: American Economic History, New York 1981. – G. M. Ostrander: American Civilization in the First Machine Age, 1890–1940, New York 1970. – N. Rosenberg: Technology and American Economic Growth, New York 1972. – B. Thomas: Migration and Economic Growth, Cambridge, Mass., ²1973. – W. Woodruff: America's Impact in the World. A Study of the Role of the United States in the World Economy, 1750–1970, New York 1975. – A. Zischka: Der Dollar, Glanz und Elend, München 1987.

Geistesgeschichte

S. E. Ahlstrom: A Religious History of the American People, New Haven, Conn., 1972. – P. Anderson u. M. Fisch: Philosophy from Puritans to James, New York, 1969. – P. Avrich: The Modern School Movement. Anarchism and Education in the United States, Princeton, N. J., 1980. – J. L. Blau: Men and Movements in American Philosophy, Westport, Conn., 1977. – H. S. Commager: The American Mind. An Interpretation of American Thought and Character since 1880's, New Haven, Conn., 1950. – M. Cunliffe (Hrsg.): American Literature since 1900, London 1975. – D. G. Czitrom: Media and the American Mind, Chapel Hill, N. C., 1982. — R. T. Handy: A History of the Churches in the United States and Canada, New York 1977. – R. Hofstadter: Anti-Intellectualism in American Life, New York 1963. – A. Kazin: Bright Book of Life. American Novelist and Story Tellers. From Hemingway to Mailer, New York 1973. – M. I. Lowance: The Language of Canaan. Metaphor and Symbol in New England from the Puritans to the Transcendentalists, Cambridge, Mass., 1979. – A. M. Schlesinger u. M. White (Hrsg.): Path of American Thought, Boston 1970. – M. J. Skidmore: American Political Thought, New York 1978. – P. F. Walker: Moral Choises. Memory, Desire, and Imagination in Nineteenth-Century American Absolutism, Baton Rouge, La., 1978. – M. White: Social Thought in America. The Revolt Against Formalism, New York–London ³1976. – H. Wish: Society and Thought in America, 2 Bde., New York ²1962.

Regierungssystem

L. Baum: The Supreme Court, Washington, D. C., 1981. – L. Berman: The Office of Management and Budget and the Presidency, 1921–1979, Princeton, N. J., 1980. – R. A. Dahl: Pluralist Democracy in the United States, Chicago 1967. – R. A. Dahl: Democracy in the United States. Promise and Performance, Chicago ³1976. – W. N. Chambers u. W. D. Burnham (Hrsg.): The American Party System, New York ²1975. – T. E. Cronin: The State of the Presidency, Boston

[3]1973. – D.J. Devine: The Political Culture of the United States, Boston 1972. – D.H. Everson: American Political Parties, New York 1980. – L. Fisher: President and Congress, New York 1972. – E. Fraenkel: Das amerikanische Regierungssystem, Opladen [4]1982. – G. Goodwin: The Little Legislatures. Committees of the Congress?, Amherst, Mass., 1970. – M. Green u. M. Calabrese: Who Runs Congress?, New York [3]1980. – J. Havemann: Congress and the Budget, Bloomington, Ind., 1978. – R. Hodder-Williams: The Politics of the United States Supreme Court, London–Boston 1980. – A.H. Kelly u. W.A. Harison: The American Constitution. Its Origins and Development, New York [6]1982. – J.H. Kettner: The Development of American Citizenship, 1608–1870, Chapel Hill, N.C., 1978. – V.O. Key: Politics, Parties, and Pressure Groups, New York [5]1964. – E. Keynes: Undecleared War. Twilight Zone of Constitutional Power, University Park, Pa., 1982. – E.L. Levine u. E.E. Cornwall: An Introduction of American Government, New York–London [4]1979. – K.-H. Ritter: Das politische System der USA, Köln 1980. – R.A. Rutland: The Democrats. From Jefferson to Carter, Baton Rouge, La., 1979. – A.M. Schlesinger (Hrsg.): History of American Presidential Elections, 1789–1968, 4 Bde., New York 1971. – A.M. Schlesinger: The Imperial Presidency, Boston 1973. – A.M. Schlesinger: History of U.S. Political Parties, 4 Bde., New York–London 1973. – K.L. Shell: Das politische System der USA, Stuttgart 1975. – W. Simpson: Vision and Reality. The Evolution of American Government, London 1978. – W.F. Swindler: Court and Constitution in the 20th Century, 3 Bde., Stanford, Cal., 1975. – F. Watts u. C. Division: A Constitutional History of the United States, New York 1982.

Auslandsbeziehungen

M. Berkovitz (u.a.): The Politics of American Foreign Policy, Englewood Cliffs, N.J., 1977. – W. Bundy: Two Hundred Years of American Foreign Policy, New York 1977. – W.H. Calcott: The Western Hemisphere. Its Influence in U.S. Policies, Austin, Tex., 1968. – E.-O. Czempiel (Hrsg.): Amerikanische Außenpolitik im Wandel, Stuttgart [2]1982. – T.M. Franck u. E. Weisband: Foreign Policy by Congress, New York 1979. – H.W. Gatzke: Germany and the United States. A Special Relationship?, Cambridge, Mass., 1980. – E. Hölzle: Amerika und Rußland. Entstehung ihres Weltgegensatzes, Göttingen–Zürich 1980. – H.S. Hughes: The United States and Italy, Cambridge, Mass., [3]1979. – Jo Yung-kwan (Hrsg.): U.S. Foreign Policy in Asia, Santa Barbara, Cal., 1978. – G.F. Kennan: American Diplomacy, 1900–1950, Chicago [2]1985. – R.O. Keohane u. J.S. Nye (Hrsg.): Transnational Relations and World Politics, Cambridge, Mass., 1972. – M. Knapp: Die USA und Deutschland 1918–1975, München 1978. – L.D. Langley: The United States and the Caribbean, 1900–1970, Athens, Ga., 1979. – E.R. May u. J.C. Thomson: American East Asian Relations. A Survey, Cambridge, Mass., 1972. – H.G. Nicholas: The United States and Britain, Chicago 1975. – W.R. Polk: The United States and the Arab World, Cambridge, Mass., [3]1975. – J. Pratt: A History of United States Foreign Policy, Englewood Cliffs, N.J., [4]1980. – M. Schaller: The United States and China, New York 1979.

Streitkräfte

C.W. Borklund: The Department of Defense, New York 1968. – K.B. Gallway u. R.B. Johnson: West Point, New York 1973. – J.L. Korb: The Fall and Rise of the Pentagon. American Defense Policy in the 1970's, Westport, Conn., 1979. – T.C. Leonard: Above the Battle. War Making in America from Appomattox to Versailles, New York 1976. – M.G. MacGregor: Integration of the Armed Forces, Washington, D.C., 1981. – D.P. Mannix: The Old Navy, New York [3]1984. – M. Matloff: American Military History, Washington, D.C., 1969. – G. Parker: The Military Revolution, 1500–1800, New York 1991. – S.W. Potter u. C.W. Nimitz: Seemacht, München 1975. – R.H. Smith: OSS. The History of America's First Intelligence Agency, Berkeley, Cal., 1972. – S.A. Stouffer: The American Soldier, 3 Bde., Princeton, N.J., [2]1965. – U.S. Army War College, Strategic Studies Institute: Die USA und das strategische Gleichgewicht, München 1980.

Vorgeschichte

A. Debo: History of the Indians of the United States, Norman, Okla., 1970. – A.M. Gibson: The American Indians. Prehistory to the Present, Lexington, Mass., 1980. – F. Jennings: The Invasion of Amerika, New York 1979. – B.J. Meggers: Prehistoric America. An Ecological Perspective, New York [3]1984. – H.S. Russel: Indian New England Before the Mayflower, Hannover, N.H., 1980. – D.R. Snow: Native American History, Bloomington, Ind., 1982. – H. Steiert: Tausend Jahre Neue Welt. Auf den Spuren der Wikinger in Grönland und Amerika, Stuttgart 1982. – W.E. Washburn: The Indian in America, New York 1980. – C. Wissler: Indians of the U.S. Four Centuries of their History, New York 1966. – H.M. Wormington: Prehistoric Indians of the Southwest, Denver, U., [3]1966. – H.M. Wormington: Ancient Man in North America, Denver, U., [4]1968.

Kolonialzeit

J. Axten: The American People in the Colonial South, Belmont, Cal., 1973. – B. Bailyn: The New England Merchants in the Seventeenth Century, Cambridge, Mass., 1955. – E.D. Baltzell: Puritan Boston and Quaker Philadelphia, Riverside, N.J., 1980. – P.L. Barbour: The Jamestown Voyages under the First Charter, 1606–1609, London 1969. – S. Berecovitch: The American Jeremiad, Madison, Wisc., 1978. – L.H. Brockway: Science and Colonial Expansion, Chappaqua, N.Y., 1979. – R.L. Bushman: From Puritan to Yankee. Character and Social Order in Connecticut, 1690–1765, Cambridge, Mass., 1980. – R. Claiborne: Die Besiedlung Amerikas, Amsterdam [3]1976. – P.G. Clemens: The

Atlantic Economic and Colonial Maryland's Eastern Shore: From Tobacco to Grain, Ithaca, N.Y., 1980. – W.F. Craven: Colonies in Transition, 1660–1713, New York 1980. – B.C. Daniels (Hrsg.): Town and Country. Essays on the Structure of Local Governments in the American Colonies, Middletown, Conn., 1978. – J. Demos: A Little Commonwealth. Family Life in Plymouth Colony, New York 1971. – J.E. Ferling: A Wilderness of Miseries. War and Warriors in Early America, Westport, Conn., 1980. – H.A. Gemery u. J.S. Hogendorn: The Uncommon Market. Essays on the Economic History of the Atlantic Slave Trade, New York 1979. – D. Goodnough: The Colony of New York, New York 1973. – D. Greenberg: Crime and Law Enforcement in the Colony of New York, 1691–1776, Ithaca, N.Y., 1974. – J.P. Greene: The Quest for Power. The Lower Houses of Assembly in the Southern Royal Colonies, 1689–1776, Chapel Hill, N.C., 1963. – J.R. Hale: Age of Exploration, New York ³1971. – J.A. Henretta: The Evolution of American Society, 1700–1815, Lexington, Mass., 1973. – L.H. Higginbotham: The Matter of the Color. Race and American Legal Process. The Colonial Period, New York 1980. – R. Hofstadter: America at 1750, New York 1971. – M. Kammen: Empire and Interest. The American Colonies and the Politics of Mercantilism, Philadelphia 1970. – S.N. Katz (Hrsg.): Colonial America, Boston 1971. – F.A. Kirkpatrick: The Spanish Conquistadores, London 1982. – J. Lang: Conquest and Commerce. Spain and England in the Americas, New York 1975. – S.M. Morison: The European Discovery of America, Oxford 1971. – H.H. Peckham: The Colonial Wars, 1699–1762, Chicago 1964. – H.C. Porter: The Inconstant Savage. England and the North American Indian, 1500–1660, London 1979. – D.B. Quinn: North America from Earliest Discovery to First Settlements. The Norse Voyages to 1612, New York 1980. – H. Savage: Discovering America, 1700–1875, New York 1980. – R.C. Simmons: The American Colonies. From Settlement to Independence, London ²1980. – R. Slotkin u. J.K. Folsom (Hrsg.): So Dreadful a Judgment. Puritan Responses to King Philipp's War, 1676–1677, Middletown, Conn., 1978.

Revolution

W.P. Adams: The First American Constitutions. Republican Ideology and the Making of the State Constitutions of the Revolutionary Era, Chapel Hill, N.C., 1981. – J.R. Alden: The American Revolution, New York 1980. – R.K. Andrut: George Washington, New York 1972. – P. Bairati: Benjamin Franklin, Mailand 1979. – W.K. Bottorff: Thomas Jefferson, Boston 1979. – P.U. Bonomi (Hrsg.): Party and Political Opposition in Revolutionary America, Tarrytown, N.Y., 1981. – C. Boyster: A Revolutionary People at War, Chapel Hill, D.C., 1979. – R.M. Brown: Tradition, Conflict, and Modernization. Perspectives on the American Revolution, Stanford, Cal., 1977. – E. Countryman: The American Revolution, New York 1985. – H. Dippel: Die amerikanische Revolution, Frankfurt a.M. 1985. – E.J. Ferguson: The American Revolution, Homewood, Ill., 1978. – J. T. Flexner: George Washington, 4 Bde., Stanford, Cal., 1975. –

E. Foner: Tom Paine and Revolutionary America, New York 1976. – L.H. Gipson: The Coming of the Revolution, New York 1980. – D. Hoeder: Crowd Action in Revolutionary Massachusetts, 1765–1780, Cambridge, Mass., 1977. – D.W. Howe: The Political Culture of the American Whigs, New York 1979. – M. Jensen: The Articles of Confederation. An Interpretation of Social-Constitutional History of the American Revolution, 1774–1781, Madison, Wisc., 1963. – R. Knollenberg: The Growth of the American Revolution, 1766–1775, Riverside, N.J., 1974. – S. G. Kurtz u. J. H. Hudson (Hrsg.): Essays on the American Revolution, Chapel Hill, N. C., 1973. – P. Mackesy: The War for America, Cambridge, Mass., 1964. – H. H. Peckham: The Toll of Independence, Engagement and Battle Casualties of the American Revolution, Chicago 1974. – M. P. Peterson: Adams and Jefferson. A Revolutionary Dialogue, New York 1978. – J. R. Pole: Foundations of American Independence, 1763–1815, Indianapolis, Ind., 1972. – G. Stourzh: Alexander Hamilton and the Idea of Republican Government, Stanford, Cal., 1970. – M. White: The Philosophy of the American Revolution, New York ²1981. – G. Wood: The Creation of the American Republic, 1776–1787, Chapel Hill., N. C., 1969. – A. F. Young (Hrsg.): The American Revolution, DeKalb, Ill., 1976.

Die junge Republik

J. P. Barry: The Louisiana Purchase, New York 1973. – J. A. Bear (Hrsg.): Jefferson at Monticello, Charlottesville, Va., 1967. – F. M. Binder: The Color Problem in Early National America as Viewed by John Adams, Jefferson, and Jackson, Den Haag 1968. – R. Buel: Securing the Republic. Ideology in American Politics, 1789–1815, Ithaca, N. Y., 1972. – B. Catton: The Bold and Magnificent Dream. America's Founding Years, New York 1978. – J. W. Cooke: The American Tradition of Liberty, 1800–1860, Lewiston, N.Y., 1991. – N. E. Cunningham: The Jeffersonian Republicans in Power. Party Operations, 1802–1809, Chapel Hill, N. C., 1963. – G. Dagerfield: The Awaking of American Nationalism, 1815–1828, New York 1980. – C. Eaton: A History of the South, Riverside, N.J., 1974. – R. Horsman: The War of 1812, New York 1969. – H. J. Looze: Alexander Hamilton and the British Orientation of American Foreign Policy, 1783–1803, Den Haag 1969. – G. Mace: Locke, Hobbes, and the Federalist Papers, Carbondale, Ill., 1980. – J. K. Mahon: The War of 1912, Gainsville, Fa., 1972. – D. Malone: Jefferson in His Time, 5 Bde., Stanford, Cal., 1975. – R. McColley: Federalists, Republicans, and Foreign Entanglements, 1789–1815, Englewood Cliffs, N.J., 1969. – A. C. McLaughlin: The Confederation and the Constitution, 1783–1789, New York–London 1971. – J. C. Miller: The Federalist Era, 1789–1801, New York 1980. – B. Perkins: Prologue to the War. England and the United States 1805–1812, Los Angeles 1961. – F. N. Sittes: John Marshall. Defender of Constitution, East Brunswick, N.J., 1980. – M. Smelser: The Democratic Republic, 1801–1815, New York 1981.

Manifest Destiny

W. A. Achenbaum: Old Age in the New Land, Baltimore, Md., 1980. – R. A. Bartlett: The New Country. A Social History of the American Frontier, 1776–1890, New York 1974. – R. A. Billington: Westward Expansion. A History of the American Frontier, New York ^{4}1974. – R. A. Billington: The Far Western Frontier, 1830–1860, New York 1980. – A. Bogue (u. a.): The West and the American People, Ithaca, Ill., 1970. – C. Chilton: Discovery of the American West, Feltham 1970. – O. B. Faulk u. J. A. Strout (Hrsg.): The Mexican War, Chicago 1973. – D. E. Fehrenbacher (Hrsg.): Manifest Destiny and the Coming of the Civil War, 1840–1861, Northbrook, Ill., 1970. – M. Feldberg: The Turbulent Era. Riot and Disaster in Jacksonian America, New York 1980. – R. Griswold del Castillo: The Treaty of Guadelupe Hidalgo, Norman, Okl., 1990. – V. B. Peters: The Florida Wars, Hamden, Conn., 1979. – A. Reichstein: Der texanische Unabhängigkeitskrieg 1835/36, Berlin 1984. – N. K. Risjord: The Old Republicans. Southern Conservatism in the Age of Jackson, New York 1965. – M. J. Rohrbough: The Trans-Appalachian Frontier. People, Societies, and Institutions, 1775–1850, New York 1978. – A. F. Rolle u. J. S. Gaines: The Golden State. A History of California, Arlington Heights, Ill., ^{2}1979. – R. N. Satz: American Indian Policy in the Jacksonian Era, Lincoln, Neb., 1974. – A. M. Schlesinger: The Age of Jackson, Boston ^{7}1950. – J. H. Schroeder: Mr. Polk's War, 1846–1848, Madison, Wisc., 1973. – D. A. Singletary: The Mexican War, Chicago ^{2}1964. – F. Turner: Beyond Geography. The Western Spirit Against the Wilderness, New York 1980. – G. G. Van Deusen: The Jacksonian Era, 1828–1848, New York 1981. – W. P. Webb: The Great Frontier, Austin, Tex., ^{2}1964.

Sklavereifrage

J. W. Blassingame: The Slave Community. Plantation Life in the Antebellum South, New York ^{2}1979. – W. J. Cooper: The South and the Politics of Slavery, 1828–1856, Baton Rouge, La., 1978. – D. B. Davis: The Problem of Slavery in the Age of Revolution, 1770–1823, Ithaca, N. Y., 1975. – C. Duncan Rice: The Rise and Fall of Black Slavery, London 1975. – C. Eaton: The Growth of Southern Civilization, 1790–1860, New York 1980. – D. E. Fehrenbacher: Slavery, Law, and Politics. The Dred Scott Case in Historical Perspective, New York ^{2}1981. – L. Filler: The Crusade against Slavery, 1830–1860, New York 1980. – J. E. Friedman: The Revolt of the Conservative Democrats, 1837–1844, Ann Arbor, Mich., 1978. – R. W. Fogel: Time on the Cross. The Economics of American Negro Slavery, Boston 1974. – H. G. Gutman: Slavery and the Numbers Game, Chicago 1976. – K. L. Hall: The Politics of Justice. Lower Federal Judicial Selection and the Second Party System, 1829–1861, Lincoln, Neb., 1980. – R. W. Johannsen: Lincoln, the South, and Slavery, Baton Rouge, La., 1991. – S. Lynd: Class Conflict, Slavery, and the U.S. Constitution, Indianapolis, Ind., 1967. – J. Oakes: Slavery and Freedom. An Interpretation of the Old South, New York

1990. – L. L. Richards: Gentlemen of Property and Standing, Anti-Abolition Mobs in Jacksonian America, New York 1970. – J. R. Roll: The World the Slaves Made, New York 1974. – M. V. Tushnet: The American Law of Slavery, 1810–1860, Princeton, N. J., 1981. – A. Weinstein u. F. O. Gatell: American Negro Slavery, New York [3]1979. – W. M. Wiecek: The Sources of Antislavery Constitutionalism in America, 1760–1848, Ithaca, N. Y., 1977.

Bürgerkrieg

D. J. Anderson: Abraham Lincoln, New York 1982. – P. Belperron: La guerre de Sécession, Paris [2]1965. – A. G. Bogue: The Earnest Men. Republicans of the Civil War Senate, New York 1982. – B. Catton: The Centennial History of the Civil War, 3 Bde., Garden City, N. Y., 1961–1965. – Civil War Naval Chronology. Compiled by Naval Division. Navy Department, Washington, D. C., 1971. – D. Donald: Why the North Won the Civil War, New York 1965. – C. Eaton: Jefferson Davis, Riverside, N. J., 1980. – C. A. Evans (Hrsg.): Confederate Military History, 12 Bde., New York 1968 (ff.). – P. A. Findley: Lincoln, New York 1979. – E. Foner: Politics and Ideology in the Age of the Civil War, New York 1981. – F. Franz-Willing: Der weltgeschichtliche Aufstieg der Vereinigten Staaten von Amerika durch die Entscheidung im Bürgerkrieg von 1861–1865, Osnabrück 1979. – D. S. Freeman: Robert Edward Lee, 4 Bde., New York 1935. – D. Gerhard: Abraham Lincoln und die Sklavenbefreiung, Hannover 1965. – D. T. Gilchrist u. W. D. Lewis (Hrsg.): Economic Change in the Civil War, Greenville, Del., 1965. – H. B. Hancock: Delaware in the Civil War, Wilmington, Del., 1961. – O. u. L. Handlin: Abraham Lincoln and the Union. The Library of American Biography, Boston–Toronto 1980. – H. Hattaway u. A. Jones: How the North won, Urbana, Ill., 1983. – J. M. McPherson: Battle Cry of Freedom, Oxford 1988. – A. Nevins: The Emergence of Lincoln, 2 Bde., New York 1950. – A. Nevins: The War for the Union, 4 Bde., New York 1959–1971. – S. B. Oates: Lincoln, Paris 1984. – W. H. Price: The Civil War. Centurial Handbook, Arlington, Va., 1965. – J. G. Randall u. D. Donald: Civil War and Reconstruction, Boston [2]1961. – J. A. Rawley: The Politics of Union. Northern Politics during the Civil War, Lincoln, Nebr., [2]1980. – K. M. Stampp: The Imperiled Union. Essays on the Background of Civil War, New York [2]1981. – E. M. Thomas: The Confederate Nation, 1861–1865, New York 1978.

Rekonstruktion

T. B. Alexander: Political Reconstruction in Tennessee, Nashville, Tenn., 1950. – H. Belz: Emancipation and Equal Rights, New York 1978. – G. R. Bentley: A History of the Freedman's Bureau, Philadelphia [2]1963. – W. R. Brock: An American Crisis. Congress and Reconstruction, Boston [2]1966. – M. L. Calcott: The Negro in Maryland Politics, 1870–1912, Baltimore, Md., 1969. – R. O.

Curry: A House Divided. A Study of Statehood Politics and the Copperhead Movement in West Virginia, Pittsburgh, Pa., 1964. – R. O. Curry: Radicalism and Party Realignment. The Border States during Reconstruction, Baltimore, Md., 1969. – J. H. Franklin: Reconstruction. After the Civil War, Chicago 1968. – W. Gillette: The Right to Vote. Politics and the Passage of the Fifteenth Amendment, Baltimore, Md., 1965. – R. S. Henry: The Story of Reconstruction, New York 1937. – W. E. Parrish: Turbulent Partnership. Missouri in the Union, 1861–1865, Columbia, Mo., 1963. – M. Perman: Reunion without Compromise. The South and Reconstruction, 1865–1868, Cambridge, Mass., 1973. – D. M. Potter: The Impending Crisis, New York 1980. – L. N. Potter: New Masters. Northern Planters during the Civil War and Reconstruction, New Haven, Conn., 1980. – W. P. Randel: The Ku Klux Klan. A Century of Infamy, Philadelphia 1965. – L. Wagant: The Mighty Revolution, 1862–1864, Baltimore, Md., 1964.

Strukturwandel

J. L. Bates: The United States, 1898–1928. Progressivism and a Society on Transition, New York 1976. – J. W. Chambers: The Tyranny of Change. American in the Progressive Era, 1900–1917, New York 1980. – V. P. DeSantis: The Gilded Age, 1877–1896, Northbrook, Ill., 1973. – A. A. Ekirch: Progressivism in America. A Study of the Era from Theodore Roosevelt to Woodrow Wilson, New York 1974. – R. Ginger: The Age of Express. The United States from 1877 to 1914, New York–London ²1975. – N. Glazer u. P. Moynihan: Beyond the Melting Pot, Cambridge, Mass., 1970. – L. Goodwyn: The Populist Movement. A Short History of the Agrarian Revolt in America, New York 1978. – L. L. Gould (Hrsg.): The Progressive Era, Syracuse, N. Y., 1974. – R. Hofstadter: The Age of Reform, New York 1955. – R. Jensen: The Winning of the Midwest, Chicago 1971. – P. Kleppner: The Cross of Culture. A Social Analysis, 1850–1900, New York 1970. – W. LaFeber u. R. Polenberg: The American Century. A History of the United States since the 1880's, New York ²1979. – H. R. Lamar: The Far Northwest, 1846–1912, New Haven, Conn., 1966. – W. M. Leckie: The Buffalo Soldiers, Norman, Okla., 1967. – H. W. Morgan (Hrsg.): The Gilded Age, Syracuse, N. Y., 1972. – D. F. Noble: America by Design. Science, Technology, and the Rise of Corporate Capitalism, New York 1979. – J. F. Wall: Andrew Carnegie, New York 1970. – P. L. Weed: The White Ethnic Movement and Ethnic Politics, New York 1973. – O. O. Winther: The Transportation Frontier, New York 1964. – L. Ziff: The American 1890's. Life and Times of a Lost Generation, New York 1966.

Imperialismus

D. D. Anderson: Woodrow Wilson, Boston 1978. – R. L. Beisner: Twelve against Empire. The Anti-Imperialists, 1898–1900, New York 1968. – C. S. Campbell: The Transformation of American Foreign Relations, 1865–1900, New York

1976. – R.D. Chalener: Admirals, Generals, and the Foreign Policy, 1898–1914, Princeton, N.J., 1973. – S. Coben (Hrsg.): Reform, War, and Reaction, 1912–1932. Documentary History of the United States, Columbia, Ohio, 1972. – J.W. Coogan: The End of Neutrality. The United States, Britain, and Maritime Rights, 1899–1915, New York 1982. – F. Czernin: Versailles 1919, München 1968. – P. Devlin: Too Proud to Fight. Woodrow Wilson's Neutrality, New York 1975. – R. Doerries: Berlin – Washington, 1909–1917, Düsseldorf 1973. – F.R. Dulles: America's Rise to World Power, 1898–1954, New York 1980. – R.A. Esthus: Theodore Roosevelt and the International Rivalries, Waltham, Mass., 1970. – F. Freidel: Over There. The Story of America's First Great Overseas Crusade, Boston ²1968. – C. Gilbert: American Financing of World War I. Contributions in Economies and Economic History, Westport, Conn., 1970. – L.L. Gould: The Presidency of McKinley, Lawrence, Ks., 1980. – R. Gregory: The Origins of American Intervention in the First World War, New York 1971. – J. Joll: The Origins of the First World War, London–New York 1984. – D.M. Kennedy: Over Here. The First World War and American Society, New York 1980. – K. Krakau: Missionsbewußtsein und Völkerrechtsdoktrin in den Vereinigten Staaten von Amerika, Frankfurt–Berlin 1967. – W. LaFeber: The New Empire. An Interpretation of American Expansion, 1860–1898, Ithaca, N.Y., 1963. – N.G. Levin: Woodrow Wilson and World Politics. America's Response to War and Revolution, New York 1968. – A.S. Link: Wilson, 5 Bde., Princeton, N.J., 1947–1965. – A.S. Link: Woodrow Wilson and the Progressive Era, 1910–1917, New York 1980. – S.D. Lovell: The Presidential Election of 1916, Carbondale, Ill., 1980. – M. Matloff (Hrsg.): World War I, Bd. 1, New York 1979. – E.R. May: American Imperialism, New York 1968. – A.J. Mayer: Politics and Diplomacy of Peacemaking. Containment and Counterrevolution at Versailles, 1918–1919, New York 1967. – J. Möckelmann: Amerikas Kriegseintritt 1917. Deutschland im Blick der USA, Frankfurt 1966. – H.W. Morgan: America's Road to Empire. The War with Spain and Overseas Expansion, New York 1965. – G.E. Mowry: The Era of Theodore Roosevelt and the Birth of Modern America, 1900–1912, New York 1980. – W.V. u. M.V. Scholes: The Foreign Policy of the Taft Administration, Columbia, Mo., 1970. – K. Schwabe: Woodrow Wilson, Revolutionary Germany, and Peace Making, 1918–1919, Chapel Hill, N.C., 1985. – D.R. Trask: The War with Spain in 1898, Riverside, N.J., 1982. – A. Walworth: America's Moment, 1918. American Diplomacy at the End of World War I, New York 1977. – H.-U. Wehler: Der Aufstieg des amerikanischen Imperialismus. Studien zur Entwicklung des Imperium Americanum 1865–1900, Göttingen 1974. – R.E. Welsh: Response to Imperialism. The United States and the Philippine-American War, 1898–1902, Chapel Hill, N.C., 1979. – R. West: The Department of State on the Eve of the First World War, Athens, Ga., 1978.

1919–1939

D. Aaron u. R. Bendiner (Hrsg.): The Strenuous Decade. A Social and Intellectual Record of the 1930's, Garden City, N. Y., 1970. – J. Braeman, R. H. Bremner u. D. Drody (Hrsg.): The New Deal, 2 Bde., Columbus, Ohio, 1975. – R. J. Carido: 20th Century American Foreign Policy. Security and Self-Interest, Englewood Cliffs, N. J., 1974. – L. V. Chandler: America's Greatest Depression, 1939–1941, New York 1970. – P. K. Conkin: The New Deal, New York ²1975. – F. Freidel: Franklin D. Roosevelt, 4 Bde., Boston 1952–1973. – F. Freidel: America in the Twentieth Century, New York ⁴1974. – O. L. Graham: Toward a Planned Society. From Roosevelt to Nixon, New York 1976. – D. Junker: Der unteilbare Weltmarkt. Das ökonomische Interesse in der Außenpolitik der USA 1933–1941, Stuttgart 1975. – S. E. Kennedy: The Banking Crisis of 1933, Lexington, Ky., 1973. – C. P. Kindleberger: Die Weltwirtschaftskrise 1929–1939, München 1973. – R. S. Kirkendall: The United States, 1939–1945. Years of Crisis and Change, New York 1974. – W. E. Leuchtenburg: The Perils of Prosperity, 1914–1932, Chicago 1958. – W. E. Leuchtenburg: Franklin D. Roosevelt and the New Deal, 1933–1940, New York 1963. – W. E. Leuchtenburg (Hrsg.): The Unfinished Century. America since 1900, Boston 1973. – H. S. Link u. W. B. Catton: American Epoch. A History of the United States since 1900, 3 Bde., New York ⁴1973–1974. – P. Lösche: Industriegewerkschaften im organisierten Kapitalismus. Der CIO in der Roosevelt-Ära, Opladen 1974. – K. Louchheim: The Making of the New Deal, Cambridge, Mass., 1983. – E. R. May: The World War and the American Isolation, Cambridge, Mass., 1959. – D. R. McCoy: Coming of Age. The United States during the 1920's and 1930's, London–Baltimore, M., 1973. – A. E. Morgan: The Making of the TVA, Buffalo, N. Y., 1974. – D. W. Noble u. P. N. Carroll: Twentieth Century Limited. A History of Recent America, 3 Bde., Dallas, Tex., 1980. – A. A. Offner: American Appeasement. United States Foreign Policy and Germany, 1933–1938, Cambridge, Mass., 1969. – G. B. Ostrower: Collective Insecurity. The United States and League of Nations during the Early Thirties, Cranbury, N. J., 1980. – E. A. Rosen: Hoover, Roosevelt, and the Brain Trust. From Depression to the New Deal, Irvington, N. Y., 1978. – M. N. Rothbard: America's Great Depression, Los Angeles ²1972. – A. M. Schlesinger: The Age of Roosevelt, 3 Bde., New York 1950–1963. – D. A. Shannon: America 1919–1941, Dallas, Tex., ²1979. – D. A. Shannon: Between the Wars. America, 1919–1941, Dallas, Tex., ²1983. – G. D. Taylor: The New Deal and American Tribalism, 1935–1945, Lincoln, Neb., 1980. – R. G. Tugwell: The Brain Trust, New York 1968. – E. Wandel: Die Bedeutung der Vereinigten Staaten von Amerika für das deutsche Reparationsproblem 1924–1929, Tübingen 1971. – H. A. Winkler (Hrsg.): Die große Krise in Amerika. Vergleichende Studien zur politischen Sozialgeschichte 1929–1939. Kritische Studien zur Geschichtswissenschaft, Bd. 6, Göttingen 1973.

Zweiter Weltkrieg

H. Adams: 1942. The Year that Doomed the Axis, New York 1981. – R. Barnet: Roots of War, New York 1972. – J. Bishop: F. D. R.'s Last Year, New York 1974. – W. F. Craven u. J. L. Cate: The Army Air Force in World War II, 7 Bde., Chicago 1955 (ff.). – H. G. Dahms: Geschichte des Zweiten Weltkrieges, Berlin ^{4}1990. – R. Dallek: Franklin D. Roosevelt and American Foreign Policy, 1932–1945, New York ^{2}1981. – K. S. Davis: The Experience of War. The United States in World War II, Garden City, N. Y., 1965. – R. A. Divine: The Reluctant Belligrant. American Entry into World War II, New York ^{2}1979. – J. J. Dougherty: The Politics of Wartime Aid, 1940–1946, Westport, Conn., 1978. – A. E. Eckes: A Search for Solvency. Bretton Woods and the International Monetary System, 1941–1971, Austin, Tex., 1975. – G. T. Eggleston: Roosevelt, Churchill, and the World War II Opposition, Old Greenwich, Conn., 1979. – D. Eisenhower: Eisenhower at War, New York 1986. – L. C. Gardner: Architects of Illusion. Men and Ideas in American Foreign Policy, 1941–1945, Chicago 1970. – K. R. Greenfield: American Strategy in World War II, Baltimore, Md., 1963. – K. R. Greenfield u. S. Conn (Hrsg.): U. S. Army in World War II, 24 Bde., Washington, D. C., 1947–1969. – E. W. Hawley: The Great War and the Search for a Modern Order, New York 1979. – P. Herde: Pearl Harbor, 7. Dezember 1941. Der Ausbruch des Krieges zwischen Japan und den Vereinigten Staaten ..., Darmstadt 1980. – G. C. Herring: Aid to Russian, 1941–1946, Norman, Okla., 1973. – S. Ienaga: The Pacific War, 1931–1945, New York 1980. – D. C. James: The Year of Mac Arthur, Bd. 2 (1941–1945), Boston 1975. – D. Junker: Franklin D. Roosevelt, Göttingen 1979. – W. F. Kimball: The Most Unsordid Act. Lend-Lease 1939–1941, Baltimore, Md., 1969. – W. F. Kimball (Hrsg.): Swords or Plughshares? The Morgenthau Plan for Defeated Nazi Germany, 1943–1946, Philadelphia 1976. – F. Knipping: Die amerikanische Rußlandpolitik in der Zeit des Hitler-Stalin-Paktes, 1939–1941, Tübingen 1974. – J. P. Lash: Roosevelt and Churchill, 1939–1941. The Partnership that saved the World, New York 1976. – W. Loth: Die Teilung der Welt, 1941–1955, München 1980. – C. B. MacDonald: The Mighty Endeavor. American Armed Forces in the European Theater in World War II, New York 1969. – M. Matloff u. E. M. Snell: Strategic Planning for Coalition Warfare, 1941–1942, Washington, D. C., 1953. – S. E. Morison: History of the U. S. Naval Operations in World War II, 11 Bde., Boston 1963 (ff.). – G. D. Nash: The Great Depression and World War II. Organizing America, 1933–1945, New York 1979. – S. Ovendale: The Origins of the Second World War. American Foreign Policy and the War Politics, New York 1975. – E. N. Peterson: The American Occupation of Germany, Detroit, Wisc., 1978. – F. C. Pogue: George C. Marshall, 3 Bde., New York 1963–1973. – E. B. Potter: Nimitz, Annapolis, Md., 1973. – J. W. Pratt: Cordell Hull, New York 1964. – L. R. Rose: Dubious Victory. The United States and the End of World War II, Kent, Ohio, 1973. – W. Schlauch: Rüstungshilfe der USA an die Verbündeten im Zweiten Weltkrieg, Darmstadt 1967. – W. Scott Dunn: Second Front Now – 1943, Alabama, Ala., 1980. – R. E. Sherwood: Roosevelt und Hopkins, Oldenburg 1950. – J. L. Snell: The Meaning of Yalta,

Baton Rouge, La., 1976. – R.W. Steele: The First Offensive, 1942. Roosevelt, Marshall, and the Making of American Strategy, Bloomington, Ind., 1973. – A.A. Stein: The Nation at War, Baltimore, Md., 1980. – M.B. Stoff: Oil, War, and American Security. The Search for a National Policy on Foreign Oil, 1941–1947, New Haven, Conn., 1980. – M.A. Stoler: The Politics of the Second Front. American Military Planning and Diplomacy in Coalition Warfare, 1941–1943, Westport, Conn., 1977. – R. Wohlstetter: Pearl Harbor, Stanford, Cal., 1962. – D. Yergin: Der zerbrochene Frieden, Frankfurt 1979.

Supermacht

J.L. Abrahamson: America Arms a New Century. The Making of a Great Power, New York 1981. – C.C. Alexander: Holding the Line. The Eisenhower Years, 1952–1961, Bloomington, Ind., 1975. – G. Allison (u.a.): Die Rüstungspolitik der USA. Politische Entscheidungen und ökonomische Interessen, Baden-Baden 1980. – G. Alperowitz: Atomare Diplomatie, München 1966. – S.E. Ambrose: Rise to Globalism. American Foreign Policy, New York ²1980. – R. Aron: Die imperiale Republik. Die Vereinigten Staaten und die übrige Welt seit 1945, Stuttgart–Zürich 1975. – C.N. Degler: Affluance and Anxiety. Americanis since 1945, Glenview, Ill., ²1975. – P.W. Dickon: Kissinger and the Meaning of History, Cambridge, Mass., 1978. – R.A. Divine: Since 1945. Politics and Diplomacy in Recent American History, New York 1975. – R.A. Divine: Eisenhower and the Cold War, New York 1981. – J.D. Doenecke: Not to the Swift. The Old Isolationists in the Cold War Era, Cranbury, N.Y., 1980. – C.M. Eichelberger: Organizing for Peace. A Personal History of the Founding of the United Nations, New York 1977. – R.H. Ferrell: George C. Marshall. The American Secretaries of State and Their Diplomacy, Bd. 15, New York 1966. – E. Friedland (u.a.): The Great Détente Disaster. Oil and the Decline of American Foreign Policy, New York 1975. – J.L. Gaddis: The United States and the Origins of the Cold War 1941–1947, New York 1972. – R.L. Galluci: Neither Peace nor Honor. The Politics of American Military Policy in Viet-Nam, Baltimore, Md., 1975. – J. Gimbel: The Origins of the Marshall Plan, Stanford, Cal., 1976. – M. Görtenmaker: Die unheilige Allianz. Die Geschichte der Entspannungspolitik 1943–1979, München 1979. – B. Greiner: Amerikanische Außenpolitik von Truman bis heute, Köln 1980. – C. Hacke: Die Ära Nixon–Kissinger 1969–1974, Stuttgart 1983. – J.F. Heath: Decade of Disillusionment. The Kennedy-Johnson Years, Bloomington, Ind., 1975. – H. Hoffmann: Atomkrieg – Atomfrieden, München 1980. – D.A. Horowitz: Kalter Krieg. Hintergründe der US-Außenpolitik von Jalta bis Vietnam, Berlin 1969. – R.S. Kirkendall: The Globe Power. The United States since 1941, Boston 1973. – E. Krippendorf: Die amerikanische Strategie. Entscheidungsprozesse und Instrumentarien der amerikanischen Außenpolitik, Frankfurt 1970. – W. LaFeber: America, Russia, and the Cold War, 1945–1975, New York ³1975. – P. Lowe: The Origins of the Korean War, London–New York 1986. – M. Mandelbaum: The Nuclear Question. The

United States and Nuclear Weapons, 1946–1976, Cambridge, Mass., 1980. – D.S. McLellan: Dean Acheson. The State Department Years, New York 1976. – H.Meyer: USA und UdSSR. Entwicklung und Gegenwartsprobleme, Hannover 1980. – G.Palma: The McNamara Strategy and the Vietnam War, Westport, Conn., 1978. – K.-J.Ruhl: Die Besatzer und die Deutschen. Amerikanische Zone 1945–1948, Düsseldorf 1980. – G.Schweigler: Von Kissinger zu Carter. Entspannung im Widerstreit von Innen- und Außenpolitik 1969–1981, München–Wien 1982. – J.Spanier: American Foreign Policy since World War II, New York [8]1980. – J.C. Thomson, P.W. Stanley u. J.Curtis: Sentimental Imperialists. The American Experience in East-Asia, New York 1981. – O.Vogler: Öl und Sicherheit, München 1981. – L.S. Wittner: Cold War America. From Hiroshima to Watergate, New York [2]1978.

Innere Konflikte

H.W. Brands: Inside Cold War, New York 1991. – P. Collier u. D. Horowitz: Die Kennedys, Berlin 1985. – R. Dallek: Ronald Reagan, New York 1989. – R.A. Divine: Exploring the Johnson Years, Austin, Tex., 1981. – P.Duigan u. A.Rabushka: The United States in the 80's, Stanford, Cal., 1980. – H.Fairlie: The Kennedy Promise, New York 1973. – D.J. Garrow: Protest at Selma. Martin Luther King and the Voting Rights of 1965, New Haven, Conn., 1980. – N.Glazer u. D.P. Moyninghan: Beyond the Melting Pot. The Negros, Puerto Ricans, Jews, Italians, and Irish of New York City, Cambridge, Mass., [2]1970. – D.W. Grantham: The United States since 1945. The Ordeal of Power, New York 1976. – D.Halberstam: The Best and the Brightest, New York 1973. – G.Hodgson: America in Our Time. From World War II to Nixon. What Happened and Why, New York 1978. – M.Janowitz: The Last Half Century. Social Change and Politics in America, Chicago 1978. – H.Jordan: Crisis, The Last Year of the Carter Presidency, New York 1982. – W.D. Jordan: The White Man's Burden. Historical Origins of Racism in the United States, New York 1974. – A.Kendrick: The Wound Within. America in the Vietnam Years, 1945–1974, Boston 1974. – G.F. Kennan (u.a.): Democracy and the Student Left, London 1968. – K.Kenniston: Youth and Dissent. The Rise of a New Opposition, New York 1971. – M.L. Kurtz: Crime of the Century. The Kennedy Assassination from a Historian's Perspective, Knoxville, Tenn., 1982. – C.McKay: The Negros in America, Port Washington, N.Y., 1979. – M.S. Meier u. F.Rivera: The Chicanos. A History of the Mexican Americans, New York 1975. – R.P. Nathan: The Plot that Failed. Nixon and the Administrative Presidency, New York 1975. – H.Parmet: Eisenhower, New York 1972. – W.Peggy u. G.R. Degen: Neue politische Entwicklungen in den Vereinigten Staaten, Göttingen 1980. – C.Phillips: The Truman Presidency, New York 1966. – R.Polenberg: One Nation Devisible. Class, Race, and Ethnicity in the United States Since 1938, New York 1980. – A.Posener: John F. Kennedy, Reinbek 1991. – T.Powers: CIA, Hamburg 1980. – N.L. Rosenberg (u.a.): In Our Time. America Since World War II, Englewood Cliffs, N.J.,

1976. – W. Safire: Before the Fall. An Inside View of the Pre-Watergate White House, Garden City, N.Y., 1975. – A.M. Schlesinger: Die Tausend Tage Kennedys, 2 Bde., Bern 1966. – T.C. Sorensen: Kennedy, München 1966. – A. Steinberg: The Man from Missouri. The Life and Times of Harry S. Truman, New York 1962. – C. Vann Woodward: The Strange Career of Jim Crow, New York [3]1974. – L.S. Wittner: Rebels Against War. The American Peace Movement, 1941–1960, New York 1969. – H. Zinn: Postwar America, 1945–1971, Indianapolis, Ind., 1973.

PERSONENVERZEICHNIS

KARTEN

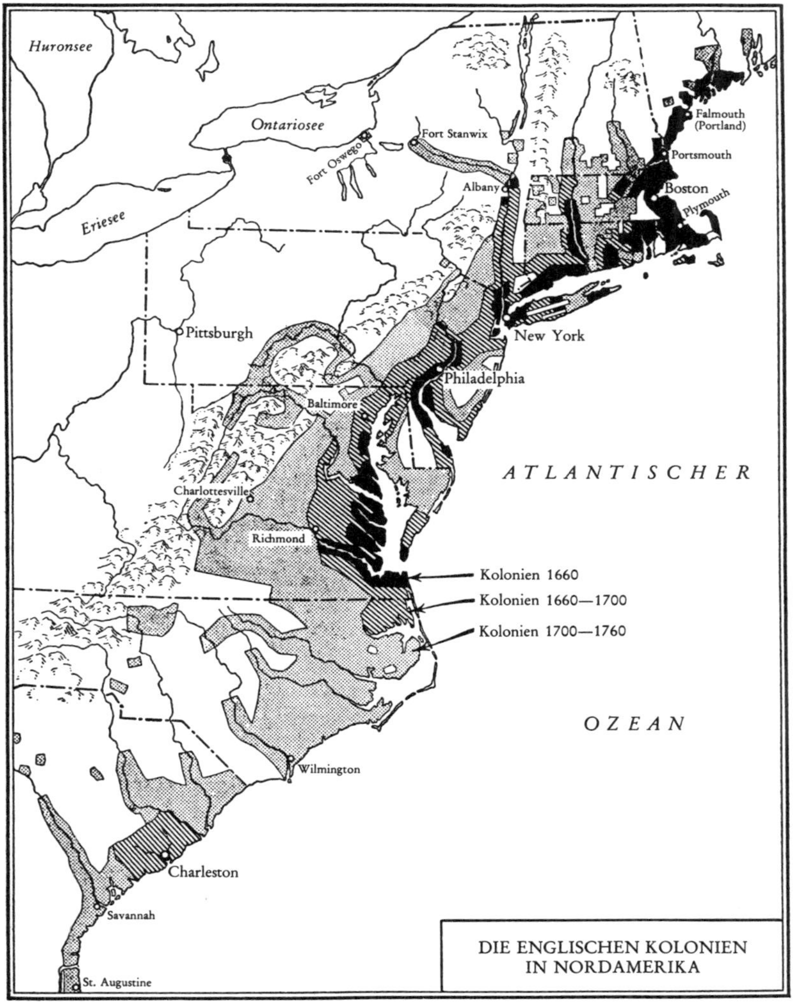
Huronsee
Ontariosee
Eriesee
Fort Oswego
Fort Stanwix
Albany
Falmouth (Portland)
Portsmouth
Boston
Plymouth
New York
Pittsburgh
Philadelphia
Baltimore
Charlottesville
Richmond
ATLANTISCHER
OZEAN
Kolonien 1660
Kolonien 1660—1700
Kolonien 1700—1760
Wilmington
Charleston
Savannah
St. Augustine
DIE ENGLISCHEN KOLONIEN IN NORDAMERIKA

Die Vereinigten Staaten 1812

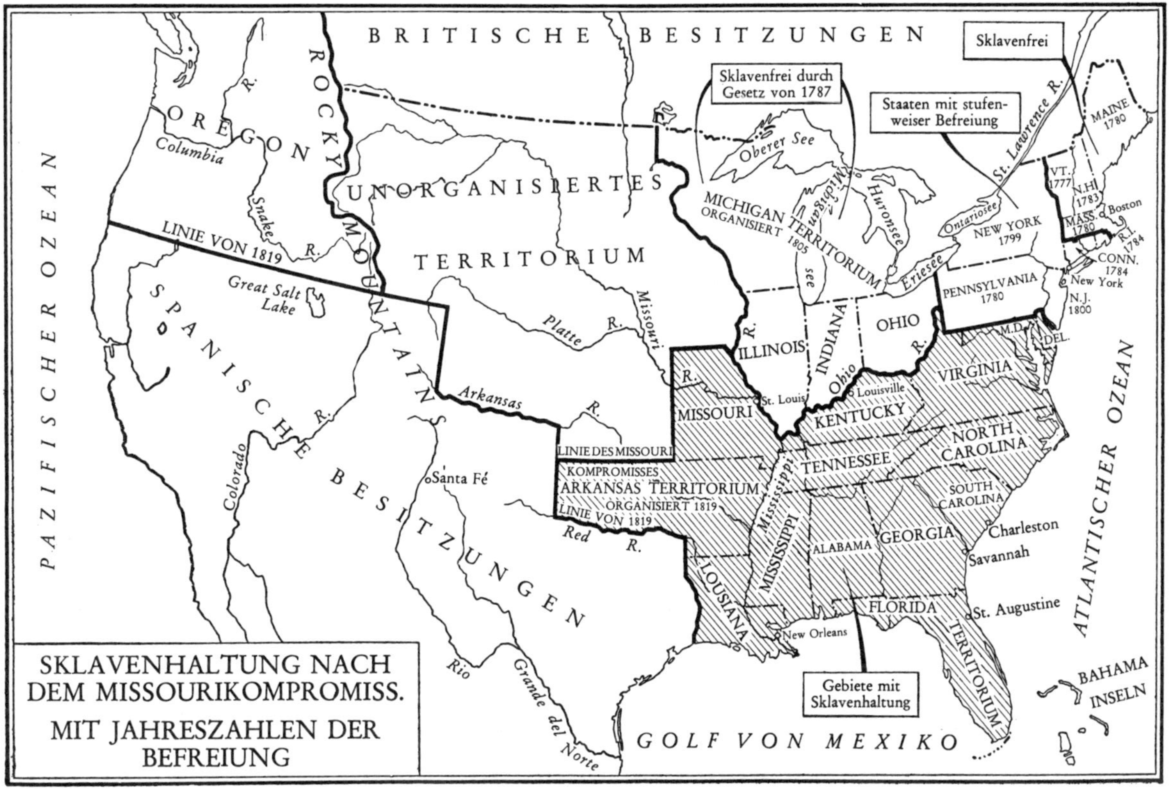

SKLAVENHALTUNG NACH DEM MISSOURIKOMPROMISS.
MIT JAHRESZAHLEN DER BEFREIUNG

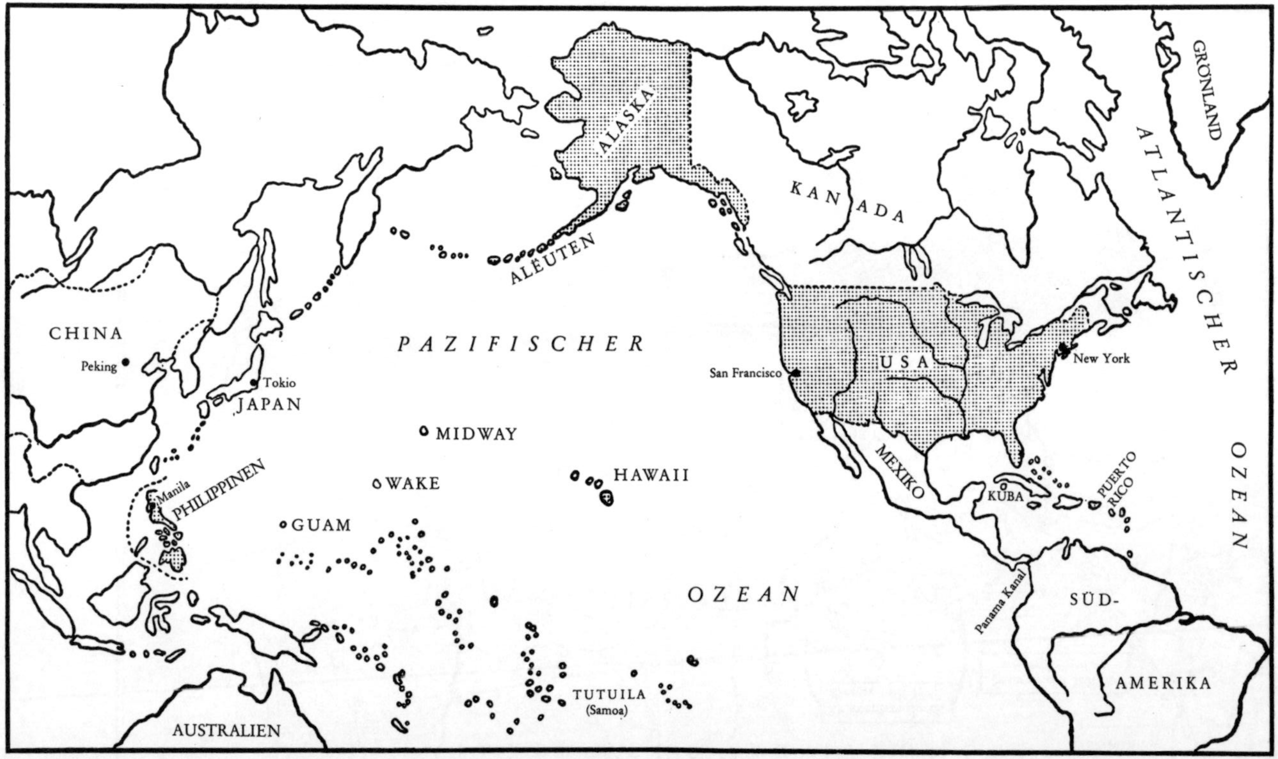

Der amerikanische Herrschaftsbereich am Ende des 19. Jahrhunderts

DAS PAKTSYSTEM
DER VEREINIGTEN STAATEN
(NATO, CENTO, SEATO)
1949 (1955)–1970 (1975)